☆本书得到2015年国家知识产权局课题（zlzlxm—C-04）资助

国际贸易
理论与实务
前沿丛书

中蒙
专利技术贸易与
科技合作

孙志伟　　侯淑霞△著

CHINA—MONGOLIA
PATENT TECHNOLOGY TRADE AND
INTERNATIONAL SCIENTIFIC AND TECHNOLOGICAL COOPERATION

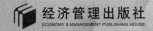

经济管理出版社
ECONOMY & MANAGEMENT PUBLISHING HOUSE

图书在版编目（CIP）数据

中蒙专利技术贸易与科技合作/孙志伟，侯淑霞著．—北京：经济管理出版社，2019.4
ISBN 978 - 7 - 5096 - 6336 - 3

Ⅰ．①中…　Ⅱ.①孙…②侯…　Ⅲ.①专利技术—对外贸易—技术贸易—研究—中国、蒙古②国际科技合作—研究—中国、蒙古　Ⅳ.①F752.67②G322.5③G323.115

中国版本图书馆 CIP 数据核字（2019）第 016567 号

组稿编辑：王光艳
责任编辑：李红贤
责任印制：黄章平
责任校对：张晓燕

出版发行：经济管理出版社
　　　　　（北京市海淀区北蜂窝 8 号中雅大厦 A 座 11 层　100038）
网　　　址：www.E - mp.com.cn
电　　　话：(010) 51915602
印　　　刷：三河市延风印装有限公司
经　　　销：新华书店
开　　　本：720mm×1000mm/16
印　　　张：15.75
字　　　数：274 千字
版　　　次：2019 年 10 月第 1 版　　2019 年 10 月第 1 次印刷
书　　　号：ISBN 978 - 7 - 5096 - 6336 - 3
定　　　价：68.00 元

摘　要

"一带一路"是中国首倡、高层推动的国家战略，这个战略构想的提出，契合沿线国家的共同需求，为沿线国家优势互补、开放发展开启了新的机遇之窗，是国际合作的新平台。蒙古国在"一带一路"战略中具有重要的地位，由于地域及民族方面的原因，蒙古国与中国的经贸往来具有得天独厚的优势，自1999年起，中国就成为蒙古国的第一大贸易伙伴。但是，中蒙贸易的进一步发展仍然面临许多矛盾和问题，主要表现为进出口商品分布过分集中，主要以资源密集型为主，技术含量低，产业结构、贸易结构单一。蒙古国缺乏先进的技术，单靠国家自己的力量开发和加工丰富的畜产品、矿产资源很困难，急需从国外大量引进先进的生产技术。技术贸易具有促进技术进步、节约技术研究开发费用和研制时间、迅速增强国家的经济技术实力等重大意义。我国目前正好拥有大量的相关技术，特别是专利技术，这些优秀的专利亟须转化成实际的生产力实现专利价值。在这种技术供需市场和规模已经形成的形势下，可以利用我国在技术方面的优势，通过专利技术贸易推动中蒙两国的技术合作，达到促进边境贸易的产业升级、改善对外贸易结构、扩大贸易规模的目的。

内蒙古自治区与蒙古国在地理位置、气候条件、资源以及文化等方面有许多相似或共同之处，内连八省、外接俄蒙的独特区位优势，以及中俄蒙经贸合作战略的深入实施，使内蒙古自治区在中国"一带一路"发展战略中具有重要的作用和责任。内蒙古自治区与蒙古国在科技领域开展专利技术贸易、进行科技合作，具有技术、人才和经济等方面的优势互补条件。截至目前，内蒙古自治区已有专利技术上千项，有相当一部分具有农牧、矿产特色，而且是精品，符合蒙古国对相关技术的需求。因此，本书以内蒙古自治区为例，深入分析中蒙专利技术贸易与科技合作的方向、途径，并提出相关政策建议。

本书从实证性调查入手，采用实证分析和定量、定性分析相结合的方法，理论与实践相结合的研究范式，实证分析与系统分析有机结合的论证思路，从技术经济学、管理学、地理学、国际贸易学、统计学等角度进行跨学科交叉性综合研究。在对内蒙古自治区专利技术现状及蒙古国经济发展中急需技术进行调研的基础上，通过对内蒙古自治区与蒙古国科技合作的优势与制约因素的分析，研究了内蒙古自治区如何将专利技术的供给与蒙古国对技术的需求进行有效的对接，探讨了内蒙古自治区与蒙古国科技合作前景以及科技合作的主要形式、专利技术贸易与科技合作的实现途径，最后提出了中蒙专利技术贸易与科技合作的政策建议。

本书根据国际经济发展趋势，结合蒙古国的经济发展战略和科学技术情况，认为蒙古国在农业、牧业、能源、矿产、城市建设等领域都需要大量的技术支持，这是中国与蒙古国进行专利技术贸易的主要发展方向，不仅可以通过单纯的技术转让、引进技术与引进设备相结合、引进技术与引进外资相结合三类途径实现，还可以通过一些新兴的国际技术贸易方式如企业兼并、电子商务、第三方技术供给等来实现。中蒙的专利技术贸易要特别注意中蒙知识产权制度、法律的不同，处理好相关的法律问题。在意识方面通过提高专利转化的认识，加强政策引导，营造有利于专利技术出口的环境氛围；在政府方面构建促进专利技术出口的制度环境，完善专利技术出口的税收优惠政策；在资金方面完善专利实施资金投入体系，发展风险投资业，为专利实施提供后备资金；在知识产权服务方面加强知识产权中介服务机构建设，扩展已有知识产权信息平台功能，建立技术出口服务平台，积极鼓励科技型企业"走出去"，促进中蒙专利技术贸易的发展，加强国际技术合作。

内蒙古自治区经济发展快，迫切需要开拓国际市场，企业"走出去"的愿望很强，产业结构与蒙古国也有很强的互补性。因此，通过中蒙的专利技术贸易进行科技合作，不仅有利于内蒙古自治区充分利用国内外两种资源、两个市场，还可以为与其他国家开展科技领域的合作探索途径、积累经验。

目　录

第一章 导论

一、选题背景与研究意义

（一）选题背景

"一带一路"是中国首倡、高层推动的国家战略，这个战略构想的提出，契合沿线国家的共同需求，为沿线国家优势互补、开放发展开启了新的机遇之窗，是国际合作的新平台。蒙古国在"一带一路"战略中具有重要的地位，由于地域及民族方面的原因，蒙古国与中国的经贸往来具有得天独厚的优势，1999年起，中国就成为蒙古国的第一大贸易伙伴。但是，中蒙贸易的进一步发展仍然面临许多矛盾和问题，主要表现为进出口商品分布过分集中，主要以资源密集型为主，技术含量低，产业结构、贸易结构单一。蒙古国缺乏先进的技术，单靠国家自己的力量开发和加工丰富的畜产品、矿产资源很困难，急需从国外大量引进先进的生产技术。技术贸易具有促进技术进步、节约技术研究开发费用和研制时间、迅速增强国家的经济技术实力等重大意义。我国目前正好拥有大量的相关技术，特别是专利技术，这些优秀的专利亟须转化成实际的生产力实现专利价值。在这种技术供需市场和规模已经形成的形势下，可以利用我国在技术方面的优势，通过专利技术贸易推动中蒙两国的技术合作，达到促进边境贸易的产业升级、改善对外贸易结构、扩大贸易规模的目的。

内蒙古自治区与蒙古国在地理位置、气候条件、资源以及文化等方面有许多相似或共同之处，内连八省、外接俄蒙的独特区位优势，以及中俄蒙经贸合作战略的深入实施，使内蒙古自治区在中国"一带一路"发展战略中具有重要的作用和责任。内蒙古自治区与蒙古国在科技领域开展专利技术贸易、进行科技合作，具有技术、人才和经济等方面的优势互补条件。截至目前，内蒙古自治区已有专利技术上千项，有相当一部分具有农牧、矿产特色，而且是精品，符合蒙古国对相关技术的需求。因此，本书以内蒙古自治区为例，深入分析中蒙专利技术贸易与科技合作的方向、途径，并提出相关政策建议。我国可以利用在技术方面拥有的优势，通过专利技术贸易推动中蒙边境贸易的产业升级，从而达到调整产业结构、改善对外贸易结构、改善中蒙贸易关系和扩大贸易规模的目的。

（二）研究意义

与蒙古国进行专利技术贸易，使专利技术成为出口的商品，不但可以使专利技术转化成现实的生产力，实现专利的价值，改变我国的产业结构，改变我国对蒙古国出口商品单一的现状，还可以提升出口商品的档次，调整两国贸易商品的结构，提高我国出口产品的国际综合竞争力和创汇能力。

借力专利技术贸易推动中蒙两国贸易产业升级，符合党的十八大"五位一体"总布局的精神，符合内蒙古自治区"8337"的发展思路，既为专利推动科技进步实现专利价值、产业结构升级、中蒙贸易发展提供了有效路径，又为内蒙古自治区经济快速发展做出贡献，还可以使中蒙两国建立较长时间的合作关系，实为一举三得。

依据蒙古国对专利技术的价值诉求及相关领域现状，以及我方的专利技术贸易实施能力，制作中蒙专利技术贸易供给—需求等级表，使专利使用方式与专利的价值诉求相对应。在此基础上研究具体的不同等级的专利技术贸易的有效实现途径，同时探讨在支持有效实现途径的过程中，知识产权管理者应匹配的相关技术贸易市场运行的政策，如如何应对中蒙专利贸易壁垒、如何有效保护我们的知识产权、如何进行有目的的中蒙专利技术储备、如何引导有目的的专利技术开发等，为政府、专利管理者、专利持有者提供有效的政策参考，有的放矢，更具可操作性。

探索如何通过中蒙国际间专利技术交易的途径，大力推进在农牧及资源矿产方面的专利和标准相结合，引领国际标准的制定，以及探索如何成为技术标准中的基本专利、加入国际专利池的途径，这对于专利技术应用价值的最大发挥具有战略意义。

专利技术贸易的商品主要是专利技术，通过中蒙专利贸易的平台，专利技术的使用可以使其更完善，甚至发展出新的技术，使原有技术增值，从而有益于我国现有专利技术的再发展和完善。

通过对内蒙古自治区专利供给现状和蒙古国专利需求现状的调研，形成两个调研报告，留下宝贵的资料。

二、研究内容与研究目标

（一）研究内容

本书包括四大部分。

第一部分：即第一章。总括性介绍本书研究的目的、意义、内容与方法等，这是本书的研究背景。

第二部分：包括第二、三、四章。这三章是本书研究的逻辑起点，属于基础研究。其中，第二章对内蒙古自治区专利现状进行了调查分析，并得出了详细的调查结论；第三章是对蒙古国经济发展情况的调查，包括蒙古国国家概况、蒙古国经济发展情况、蒙古国各产业发展情况及发展战略，最后得出蒙古国经济发展情况的调查结论；第四章阐述了蒙古国科学技术及研究投入情况、蒙古国的技术贸易情况，使我们对蒙古国科学技术研究及技术贸易情况有清楚的了解，为我们后续的研究提供了事实和数据基础。

第三部分：包括第五、六、七章。这三章是本书的重点。其中，第五章对内蒙古自治区与蒙古国科技合作进行了分析，包括蒙古国各重点战略产业的技术需求、内蒙古自治区专利技术的供给与蒙古国技术的需求如何进行对接、内蒙古自治区与蒙古国科技合作前景、内蒙古自治区与蒙古国科技合作的主要形式，并列举了内蒙古自治区与蒙古国科技合作成功的案例；第六章通过分析总结影响中蒙专利技术贸易实现途径选择的主要因素，分别从传统和新兴的角度探讨了中蒙专利技术贸易与科技合作的实现途径；第七章在中蒙科技合作中专利技术贸易的相关法律和我国专利实施政策对专利技术转化的影响下，提出中蒙专利技术贸易与科技合作的政策建议。

第四部分：即第八章。全面总结本书的主要结论，并在此基础上提出相关研究展望。

（二）研究目标

通过在内蒙古自治区内的调研，明确内蒙古自治区目前在各领域共有多少专利项目，以及实际生产中应用的情况，从而掌握内蒙古自治区对于特色领域的专利技术供给有哪些，了解这些技术的运用成熟度、运用范围和目前相关的知识产权政策法规，得到调研报告。

结合调研的情况，依据蒙古国对专利技术的价值诉求及相关领域现状，以及我方的实施能力，制作中蒙专利技术贸易供给—需求等级表，详细分析出这些专利技术在蒙古国内应用的优势和劣势，得到调研报告。

在对内蒙古自治区专利技术现状及蒙古国经济发展中亟须技术进行调研的基础上，对内蒙古自治区与蒙古国科技合作进行了分析。具体包括蒙古国各重点战略产业的技术需求、内蒙古自治区专利技术的供给与蒙古国技术的需求如何进行对接、内蒙古自治区与蒙古国科技合作前景、内蒙古自治区与蒙古国科技合作的主要形式。

分析总结影响中蒙专利技术贸易实现途径选择的主要因素，分别从传统和新兴的角度探讨了中蒙专利技术贸易与科技合作的实现途径。在中蒙科技合作中专利技术贸易的相关法律和我国专利实施政策对专利技术转化的影响下，提出中蒙专利技术贸易与科技合作的政策建议。通过对这些既符合激励相容又符合参与约束的政策的合理设计，不但刺激中方对于专利技术的输出，而且鼓励蒙方对于中国专利技术的运用，从而达到既实现我国专利技术的转化和价值的实现，又实现调和两国贸易矛盾，调整两国产业结构、贸易形势和贸易结构的目的，达到两国贸易和产业升级的双赢，为政府、专利管理者、专利持有者提供有效的政策参考。

三、相关概念的界定

（一）专利技术

专利技术，顾名思义，是指被处于有效期内的专利所保护的技术。根据我国专利法对专利的分类，主要包括发明专利和实用新型专利所保护的技术。外观设计专利因为保护的是新设计，而非技术，所以从严格意义上说，应称为专利设计，而不是专利技术。但是，大家通常所说的有宽泛外延的专利技术一词，是把发明专利、实用新型专利和外观设计专利都包括在内的。

需要注意的是，专利技术仅仅是指被授权专利所保护的技术，也就是仅仅指被专利的权利要求所保护的技术，而不能认为专利说明书中所记载的技术都是专利技术，更不能认为未被授权的专利申请所记载的技术也是专利技术。另外，专利技术会随着专利有效期的结束而变成非专利技术，或称过期专利技术，可以无偿使用，但需要注意是否有其他相关专利权仍处于有效期内。

我国的专利类型有三种：

1. 发明专利

我国《专利法实施细则》第二条第一款对发明的定义如下："发明是指对产品、方法或者其改进所提出的新的技术方案。"

所谓产品，是指工业上能够制造的各种新制品，包括有一定形状和结构的固体、液体、气体之类的物品。所谓方法，是指对原料进行加工，制成各种产品的方法。发明专利并不要求它是经过实践证明可以直接应用于工业生产的技术成果，它可以是一项解决技术问题的方案或是一种构思，具有在工业上应用的可能性，但这也不能将这种技术方案或构思与单纯地提出课题、设想相混同，因单纯的课题、设想不具备工业上应用的可能性。

2. 实用新型专利

我国《专利法实施细则》第二条第二款对实用新型的定义如下："实用新型是指对产品的形状、构造或者其结合所提出的适于实用的新的技术方案。"

同发明一样，实用新型保护的也是一个技术方案。但实用新型专利保护的范围较窄，它只保护有一定形状或结构的新产品，不保护方法以及没有固定形状的物质。实用新型的技术方案更注重实用性，其技术水平较发明而言要低一些。多数国家实用新型专利保护的都是比较简单的、改进性的技术发明，可以称为"小发明"。

3. 外观设计专利

我国《专利法实施细则》第二条第三款对外观设计的定义如下："外观设计是指对产品的形状、图案或者其结合以及色彩与形状、图案所作出的富有美感并适于工业上应用的新设计。"

外观设计与发明、实用新型有着明显的区别。外观设计注重的是设计人对一项产品的外观所作出的富于艺术性、具有美感的创造，但这种具有艺术性的创造不是单纯的工艺品，它必须具有能够为产业上所应用的实用性。外观设计专利实质上是保护美术思想的，而发明专利和实用新型专利保护的是技术思想。虽然外观设计和实用新型与产品的形状有关，但两者的目的却不相同，前者的目的在于使产品形状产生美感，而后者的目的在于使具有形态的产品能够解决某一技术问题。例如一把雨伞，若它的形状、图案、色彩相当美观，那么应申请外观设计专利；如果雨伞的伞柄、伞骨、伞头结构设计精简合理，可以节省材料，又有耐用的功能，那么应申请实用新型专利。

（二）技术贸易（Technology Transactions）

1. 技术贸易的含义

技术贸易是指不同国家的企业、经济组织或个人之间，按照一般商业条件，向对方出售或从对方购买软件技术使用权的一种国际贸易行为。它由技术出口和技术引进两方面组成。简言之，技术贸易是一种国际间的以纯技术的使用权为主要交易标的的商业行为，是技术转让的主要形式之一。技术贸易有两种方式：一是买卖专利、专有技术和商标使用权，通称"软件买卖"；二是买卖成套设备和器材，通称"硬件买卖"。有时两种贸易方式结合进行。

2. 技术贸易的特点

技术贸易（以下简称"技贸"）与自标货物贸易（以下简称"物贸"）有着明显的区别。

（1）交易标的性质不同。物贸的标的是有形的物质商品，易计量、论质和定价；而技贸的标的是无形的知识，其计量、论质和定价的标准都是很复杂的。

（2）交易双方当事人不同。一方面，物贸双方当事人一般不是同行，而技贸双方当事人则一般是同行。因为只有双方是同行，引进方才会对转让方的技术感兴趣，引进方才有能力使用这种技术。另一方面，物贸中的卖方始终是以销售为目的的，而技贸中的卖方（转让方）一般并不是为了转让，而是为了自己使用才去开发技术的，只是在某些特定情况下才转让技术。

（3）交货过程不同。物贸的交货是实物移交，其过程较简单。技贸的"交货"则是传授技术知识、经验和技艺的复杂而又漫长的过程。

（4）所涉及的问题和法律不同。技贸涉及的问题多、复杂、特殊，如技贸涉及工业产权保护、技术风险、技术定价、限制与反限制、保密、权利和技术保证、支持办法等问题。技贸中涉及的国内法律和国际法律、公约也比物贸多，因而从事技贸远比从事物贸难度大。

（5）政府干预程度不同。政府对技贸的干预程度大于对物贸的干预程度。由于技术出口实际上是一种技术水平、制造能力和发展能力的出口，所以为了国家的安全和经济利益上的考虑，国家对技术出口审查较严。在技贸中，技术转让方往往在技术上占优势，为了防止其凭借这种优势迫使引进方接受不合理的交易条件，也为了国内经济、社会、科技发展政策上的考虑，国家对技术引进也予以严格的管理。

3. 技术贸易的方式

技术贸易的主要方式有：①技术买卖，即技术所有权的转移，这种工业产权所有权的转让，在技术贸易中是极少见的；②许可证贸易，即技术使用权的转移，是指技术的输出方将某项工业产权或专用技术的使用权及相关产品的制造权、销售权，通过许可证合同有偿地转让给引进方的一种交易，主要包括专利许可、商标许可、专有技术许可、组合许可等；③有偿技术咨询；④技术服务与技术协助；⑤合作开发经营；⑥国际直接投资；⑦成套工程承包。

（三）国际科技合作

科学技术是第一生产力，是当代生产诸要素中最重要的、最富有时代特征的。第二次世界大战以来，在生产国际化带动资本国际化和商品国际化的进程中，科技国际化的地位和作用已日趋重要，在世界各国国民经济主要部门中已起到支配地位。

1. 国际科技合作的概念

国际科技合作就是各主权国家在平等互利的基础上，为促进世界经济国际化，完成科学技术方面智力资源的国际间移动、配置、组合的科学研究、技术开发和生产的合作活动。国际科技合作主要包括国际科技交流、国际技术援助和国际技术贸易三个方面。国际科技合作的对象（内容）是科学和技术。国际科技交流不仅包括实用技术，更主要的是科学和非完善的初步科研成果的国际交流。国际科技交流是以国际科技人才交流为主题的综合性"软"交流。国际科技（人才）交流是国际商品交流的发展和继续，商品靠技术制造，而技术则靠人的观念掌握和发展。所以，国际科技交流是以人才交流为主题的，加上信息、技术、管理、智力和观念等综合性的"软"交流，是教育、科学研究、实验研究、生产技术和市场营销等方面人才和智力的国际交流和合作研究，其形式有管理科学研究成果的交流、引进科研和技术专家、国际科技研究合作、举办和参加国际学术会议扩大专项进修和培训。

2. 联合国多边技术合作

联合国多边技术合作是一项由多国政府共同参加的国际技术合作事业，是国际社会根据联合国宪章和历届联大决议对发展中国家所尽的义务，是国际相互合作和相互帮助的形式。例如，南南合作是促进发展的国际多边合作不可或缺的重要组成部分，是发展中国家自力更生、谋求进步的重要渠道，也是确保发展中国家有效融入和参与世界经济的有效手段，其目的是推动发展中国家间的技术合作和经济合作，并致力于加强基础设施建设、能源与环境、中小企业发展、人才资源开发、健康教育等产业领域的交流合作。国际科技合作的主体有政府、法人和经济实体以及自然人，如国际科技交流的各方可以是联合国多边技术合作、政府双边合作、法人和自然人间的合作。国际技术贸易主要是在法人或自然人之间进行的商业性技术合作，故它是要素的有偿转移，且往往带动有形产品的出口。而国际技术援助主要是由联合国和政府提供的，国际技术援助中联合国多边技术合作和双边援助属于无偿转移。

四、研究方法与技术路线

本书的研究主要采用实地调查访谈、资料收集整理、综合归纳分析、专家咨询等方法。本书主要从实证性调查入手，借鉴发达国家专利技术贸易的成功经验，结合我国的实际情况，运用理论作为分析工具，运用数据挖掘技术，采用定量与定性分析相结合的方法、理论与实践相结合的研究范式、实证分析与系统分析有机结合的论证思路。考虑到这是关系支撑"一带一路"国家战略、中蒙专利技术贸易知识产权政策制定工作的重大问题，本书还从技术经济学、管理学、地理学、国际贸易学、统计学等角度进行跨学科交叉性综合式研究。最后，滚动召开研究可行性专家论证会，对研究结果不断进行修正，同时借助于计算机手段、统计学软件对数据进行处理等，从而使该项研究成果具有较强的实用性。

五、研究的创新之处

本书研究的创新之处主要有以下几点：

首先，根据国际经济发展趋势，结合蒙古国 2015 年经济发展战略和该国的科学技术情况，认为蒙古国在农业、牧业、能源、矿产、城市建设等领域都需要大量的技术支持，这是中国与蒙古国进行专利技术贸易的主要发展方向，可以通过单纯的技术转让、引进技术与引进设备相结合、引进技术与引进外资相结合三类途径实现，还可以通过一些新兴的国际技术贸易方式如企业兼并、电子商务、第三方技术供给来实现。

其次，内蒙古自治区经济发展快，迫切需要开拓国际市场，企业"走出去"的愿望很强，产业结构与蒙古国也有很强的互补性。因此，通过中蒙的专利技术贸易进行科技合作，将有利于内蒙古自治区充分利用国内外两种资源、两个市场，同时还可以为与其他国家开展科技领域的合作探索途径、积累经验。

最后，中蒙的专利技术贸易要特别注意中蒙知识产权制度、法律的不同，处理好相关的法律问题。进行中蒙专利技术贸易应主要注意以下内容：在意识方面通过提高专利转化的认识，加强政策引导，营造有利于专利技术出口的环境氛围；在政府方面构建促进专利技术出口的制度环境，完善专利技术出口的税收优惠政策；在资金方面完善专利实施资金投入体系，发展风险投资业，为专利实施提供后备资金；在知识产权服务方面加强知识产权中介服务机构建设，扩展已有知识产权信息平台功能，建立技术出口服务平台，积极鼓励科技型企业"走出去"，促进中蒙专利技术贸易的发展，加强国际技术合作。

第二章 内蒙古自治区专利技术现状调查

一、调查背景

（一）调查背景

为了贯彻落实党的十八大"五位一体总布局"的精神，同时体现国务院21号文件将内蒙古自治区的发展上升到国家战略层面的精神，明确内蒙古自治区在国家发展战略中的定位，内蒙古自治区于2013年提出了"8337"的发展思路，着力强调了调整产业结构。内蒙古自治区内连八省、外接俄蒙的独特区位优势是内蒙古自治区确定"8337"发展思路的市场保障，特别是中俄蒙经贸合作战略的深入实施，为内蒙古自治区产品走出区门提供了广阔的市场舞台。随后，内蒙古自治区又重点提出了建设我国向北开放的重要桥头堡和充满活力的沿边经济带，坚持扩大对外经贸合作的具体建设思路。所以，科技推动产业结构升级和中蒙贸易同时成为了目前研究的热点问题。我国专利数量众多，其中有相当一部分具有农牧、矿产特色，特别是内蒙古自治区此种类型专利尤其多，并有相当一部分专利是精品，截至2017年，内蒙古自治区已有专利技术上千项，其中11项专利获得中国专利优秀奖。这些优秀的专利亟须转化成实际的生产力实现专利价值，从而为国家的产业升级特别是内蒙古自治区的产业升级、贸易发展做出贡献。

特别是由于地域及民族方面的原因，蒙古国与中国的经贸往来频繁，自1999年起，中国便成为蒙古国第一大贸易伙伴。但是，中蒙贸易的进一步发展仍然面临许多矛盾和问题。中蒙贸易多年来呈现持续逆差，蒙古国出口产品以资源密集型为主,进出口商品分布集中,产业结构、贸易结构单一,产品质量、产品附加值和劳动生产率低,国际竞争力微弱,缺乏先进的技术,急需从国外大量引进先进的生产技术,把以原材料、半成品出口为主导的贸易结构升级到以成品出口为主导的贸易结构。我国目前正好拥有大量的相关技术,特别是专利技术。在这种供需市场和规模已经形成的形势下,我国可以利用技术方面拥有的优势,通过专利技术贸易推动中蒙边境贸易的产业升级,从而达到调整产业结构、改善对外贸易结构、改善中蒙贸易关系和扩大贸易规模的目的。本书以内蒙古自治区为例,对内蒙古自治区的专利情况进行了调查摸底,同时对内蒙古自治区与蒙古国的科技交流情况进行了详细的了解,列举了一些中蒙科技合作的案例,探讨了一些国际科技合作的形式,为今后中蒙进行技术贸易做一些准备工作,留下一些宝贵的参考资料。

(二) 调查时间、地点、手段、参与人员

本书的研究以内蒙古自治区专利产出为研究对象,尽可能地从定量分析的角度加以分析,首先对内蒙古自治区全区 2008 ~ 2017 年的专利情况进行分析,在详尽的数据呈现的基础上进行深度挖掘,为专利的技术输出提供依据。开展调查工作的时间为 2017 年 6 月至 2017 年 8 月,调查的主要内容的时间为 2008 年 1 月至 2017 年 6 月,地点主要是内蒙古自治区全区 12 个盟市,调查的方法主要采取了文献资料研究方法,即查阅历史文献,从网站、期刊、论文、科学报告等收集统计相关数据资料,并通过实地调查走访和查找数据、邀请专家进行咨询等方式进行充实补充。

二、内蒙古自治区专利现状调查分析

(一) 内蒙古自治区专利现状

1. 专利创造

内蒙古自治区(以下简称自治区)强化企业专利创造的主体地位,发挥了

高校和科研机构在自主创新中的重要作用，推动了群众性发明创造活动的广泛开展，推进了重点产业领域的发明创造，促进了技术创新与专利权保护的有机结合，形成了一批具有跨越性发展优势的专利成果。

（1）专利创新能力发展趋势。自治区实施了积极的专利激励政策，创新能力显著提高。表 2 - 1 和图 2 - 1 是 2008～2017 年三种专利受理量、三种专利申请授权量、三种专利有效量的具体数值。

表 2 - 1　专利总体情况　　　　单位：件

类别＼年份	2008	2009	2010	2011	2012	2013	2014	2015	2016	2017
三种专利受理量	2221	2484	2912	3841	4732	6388	6359	8876	10672	11701
三种专利申请授权量	1328	1494	2096	2262	3084	3836	4031	5522	5846	6271
三种专利有效量	3711	4188	5935	7162	8996	11421	13734	16799	20007	—

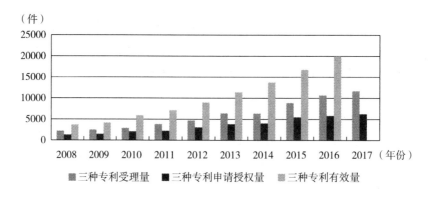

图 2 - 1　专利总体情况

由表 2 - 1 和图 2 - 1 可以看出，截至 2017 年 12 月，自治区专利受理量由 2008 年的 2221 件增加至 2017 年的 11701 件，增长了 9480 件，增幅为 426.83%；2017 年自治区专利受理量相较于 2016 年的 10672 件增长了 1029 件，同比增长 9.64%。自治区专利申请授权量从 2008 年的 1328 件增加至 2017 年的 6271 件，增长了 4943 件，增幅为 372.21%；2017 年自治区专利授权量相较于 2016 年的 5846 件增长了 425 件，同比增长 7.27%。自治区专利有效量由 2008 年的 3711 件增长至 2016 年的 20007 件，增长了 16296 件，增幅为 439.13%；2016 年专利有效量相较于 2015 年的 16799 件增长了 3208 件，同比增长 19.10%。这说明在自治区积极的专利政策的影响下，区内专利受理量、申请授权量、有效量均有显著提升。

（2）职务发明创造。表 2-2 和图 2-2 是 2008~2016 年职务发明专利受理量、职务实用新型专利受理量、职务外观设计专利受理量的具体数值。

表 2-2　职务专利受理情况　　　　　　　单位：件

类别 \ 年份	2008	2009	2010	2011	2012	2013	2014	2015	2016	2017
职务发明专利受理量	394	396	498	804	893	1394	1389	1566	2233	2188
职务实用新型专利受理量	175	303	481	867	1257	1824	1889	2842	3929	4694
职务外观设计专利受理量	307	213	228	282	296	285	387	388	590	703

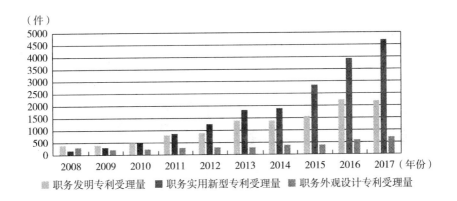

图 2-2　职务专利受理情况

职务发明专利受理量由 2008 年的 394 件增加至 2016 年的 2233 件，增加了 1839 件，增幅为 466.75%；2016 年职务发明专利受理量相较于 2015 年的 1566 件增加了 667 件，同比增长 42.59%。职务实用新型专利受理量由 2008 年的 175 件增加至 2016 年的 3929 件，增加了 3754 件，增长了 20 多倍；2016 年职务实用新型专利受理量相较于 2015 年的 2842 件，增加了 1087 件，同比增长 38.25%。职务外观设计专利受理量由 2008 年的 307 件增加至 2016 年的 590 件，增加了 283 件，增幅为 92.18%；2016 年的职务外观设计专利受理量相较于 2015 年的 388 件，增加了 202 件，同比增加 52.06%。2017 年，全区职务专利申请量为

7585 件，其中，职务发明专利申请量为 2188 件，职务实用新型专利受理量 4694 件和职务外观设计专利受理量为 703 件。近年来，职务发明创造的积极性大幅度提升。

表 2-3 和图 2-3 是 2009~2016 年职务发明创造授权量的具体数值。

表 2-3　职务专利申请授权情况 单位：件

类别 ＼ 年份	2009	2010	2011	2012	2013	2014	2015	2016
职务发明专利申请授权量	69	144	238	398	399	317	630	697
职务实用新型申请授权量	174	458	618	884	1482	1824	2187	2611
职务外观设计申请授权量	298	280	250	316	207	234	402	386

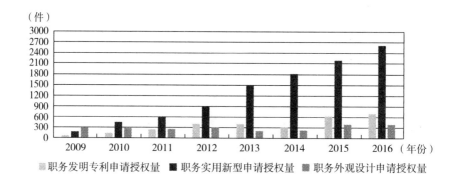

图 2-3　职务专利申请授权情况

从表 2-3 和图 2-3 中可以看出，职务发明专利申请授权量由 2009 年的 69 件增加至 2016 年的 697 件，增加了 628 件，净增 9 倍多；2016 年的职务发明专利申请授权量相较于 2015 年的 630 件，增加了 67 件，同比增长 10.63%。职务实用新型申请授权量由 2009 年的 174 件增加至 2016 年的 2611 件，增加了 2437 件，同比增长 14 倍。职务外观设计申请授权量由 2009 年的 298 件增长至 2016 年的 386 件，增加了 88 件，同比增长 29.53%；2016 年的职务外观设计授权量相较于 2015 年的 402 件减少了 16 件，同比减少 3.98%，变化相对稳定。2017 年，职务发明专利申请授权量为 692 件，职务实用新型专利申请和职务外观设计专利申请授权量为 3557 件。根据条形图，各职务专利的申请授权量呈现出上升趋势。一方面，专利受理量有增多的趋势，可供职务申请的专利也随之增多；另一方面，专利政策逐渐深入人心，人们的专利意识增强，不仅希望使用的专利可以得到保护，也希望通过申请专利授权来改善单位的经营质量，专利的授权量随之增多。

表 2－4 和图 2－4 是 2008～2016 年职务发明专利有效量、职务实用新型专利有效量、职务外观设计专利有效量各年的具体数值以及发展趋势。

表 2－4 职务专利有效情况　　　　　　　　单位：件

三种专利	2008 年	2009 年	2010 年	2011 年	2012 年	2013 年	2014 年	2015 年	2016 年
职务发明专利有效量	193	267	408	618	1078	1473	1734	2310	2976
职务实用新型专利有效量	450	601	1035	1581	2421	3732	5318	7033	8899
职务外观设计专利有效量	661	751	984	1143	1312	1381	1436	1529	1733

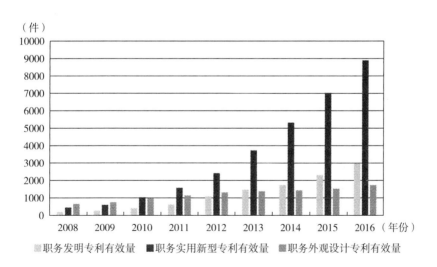

图 2－4 职务专利有效情况

根据表 2－4 和图 2－4 可知，职务发明专利有效量由 2008 年的 193 件增长至 2016 年的 2976 件，增加了 2783 件，同比增长 14 倍多；2016 年的职务发明专利有效量相较于 2015 年的 2310 件，增加了 666 件，同比增长 28.83%。职务实用新型专利有效量由 2015 年的 7033 件增加至 2016 年的 8899 件，增加了 1866 件，同比增长 26.53%；2016 年的职务实用新型专利有效量相较于 2015 年的 7033 件增加了 1416 件，同比增长 20.13%。职务外观设计专利有效量由 2008 年的 661 件增加至 2016 年的 1733 件，增加了 1072 件，增幅为 162.17%；2016 年的职务外观设计有效量相较于 2015 年的 1529 件，增加了 204 件，同比增长 13.34%。不同类别的职务专利的有效量都在不同幅度地提高，这说明职务专利不仅在申请量上有提升，申请的质量也有所改善，专利有效量的递增趋势在发生变化。

（3）人均专利量与海外专利。内蒙古自治区在 2008 ~ 2017 年关于专利的主要预期性战略目标值如表 2 - 5 所示。

表 2 - 5　每万人专利拥有量和国际专利申请量

二级指标	2008 年	2009 年	2010 年	2011 年	2012 年	2013 年	2014 年	2015 年	2016 年	2017 年
每万人发明专利拥有量（件）	0.2	0.24	0.34	0.45	0.66	0.85	0.96	1.22	1.49	1.79
PCT 申请量（项）	7	6	3	7	21	7	10	17	21	16

内蒙古自治区每万人发明专利拥有量从 2008 年的 0.2 件增加至 2017 年的 1.79 件，增长了近 8 倍，2015 ~ 2017 年三年年均增长 23.12%；自治区 PCT 申请量从 2008 年的 7 项增加至 2017 年的 16 项，增长了 128.57%。自治区根据实际情况，制定预期目标战略，预期和实际专利创造同步增长。从专利申请结构上看，自治区近年来在专利申请量迅速增长的同时，专利的结构并没有较大的变化。

如表 2 - 6 所示，2008 ~ 2017 年（上半年），发明专利申请比例的平均水平只有 29.56%，而且十年内发明专利申请比例的变化很小，2008 年为 31.29%，2017 年（上半年）为 25.90%，下降了 5.39%；2017 年（上半年）的发明专利申请比例相较于 2016 年的 26.97%，下降了 1.07%。这些专利中，企业专利申请比例和职务发明专利申请比例在不断上升。企业专利申请比例由 2008 年的 34.49% 上升至 2016 年的 47.03%，变化平稳；2017 年（上半年）企业专利申请比例为 13.19%，相较于 2016 年企业专利申请比例下降 33.84%，2017 年（上半年）企业专利申请比例缩减。职务发明专利申请比例由 2008 年的 39.44% 上升至 2016 年的 63.27%，2016 年所占比重较高，且呈递增趋势。未来自治区需要采取切实措施，在注重提高专利申请量的同时，要更加注重提高发明专利的申请量和优化专利申请的结构。

表 2-6　企业专利情况　　　　　　　　　　　单位:%

年份　　类别	2008	2009	2010	2011	2012	2013	2014	2015	2016	2017（上半年）
发明专利申请比例	31.29	28.95	32.01	32.99	31.53	30.29	30.26	25.39	26.97	25.90
企业专利申请比例	34.49	31.52	34.17	40.67	42.27	39.12	41.41	41.64	47.03	13.19
职务发明专利申请比例	39.44	36.71	41.45	50.85	51.69	54.84	57.63	54.03	63.27	20.11

2. 专利运用

（1）专利转化项目。2012 年，自治区实施专利转化扶持政策，共扶持专利转化项目 36 项，累计支持专利转化项目 91 项，支持金额 1000 多万元，有力地促进了企事业自主知识产权的运用与产业化。2013 年，自治区共安排专利转化项目 28 项，均已完成项目合同书审定；项目资金投入 4444 万元，其中，项目承担单位自筹资金 3744 万元，自治区财政拨款资金 700 万元，项目涉及冶金、稀土、机械、生物、植物新品种等行业，专利转化资金项目在实施中进展顺利。2014 年，围绕产业发展的重点领域，自治区扶持一些技术含量高、市场前景好、带动效应强的自主知识产权项目，提高其对经济增长的贡献率。2014 年累计扶持专利转化项目 162 项，下拨专利转化经费近 2680 万元，转化项目的直接经济效益达 2 亿多元，项目的实施有力地促进了企事业经济发展方式的转变。2015 年，自治区专利转化资金达到 3380 万元，当年扶持专利转化项目 37 项，累计达到 199 项，自主知识产权对经济增长的贡献率显著提高。

（2）专利权质押融资。自治区从 2013 年开展专利权质押融资工作，设立质押融资风险补偿基金 1000 万元，实施专利权质押融资项目 57 项，融资金额 32.94 亿元。

（3）专利转化支持。为做好专利转化工作，增强专利转化的管理，自治区于2015年发布《关于做好2015年度自治区专利转化项目结题验收的通知》，组织各盟市对2014年前立项、尚未结题的项目进行验收。2016年，通过对自治区科技计划储备项目申报项目汇总表（专利转化）进行梳理，共有43个项目进入储备。同时，细化专利权质押贷款贴息操作流程，疏通企业无担保、无抵押专利权质押融资渠道，鼓励企业以专利权质押的方式向银行贷款。在市（盟）、县（旗）两级联动开展专利权质押融资工作宣传，为企业进行政策宣讲，并通过媒体进行相关内容的宣传，进一步扩大影响力。

3. 专利保护

2008～2016年内蒙古自治区有关侵权纠纷立案与结案情况如表2-7和图2-5所示。2016年侵权纠纷立案数量160件，在2008年的基础上增长97.53%，较2015年同比增长9.59%；2016年侵权纠纷结案数量143件，在2008年的基础上增长58.89%，较2015年同比增长7.52%。从2008年到2016年，侵权纠纷立案、侵权纠纷结案数量呈递增趋势。知识产权的侵权纠纷增多，人们的维权意识提高，侵权纠纷结案的数量也在相应增加。

表2-7　侵权纠纷立案与结案情况

类别	2008年	2009年	2010年	2011年	2012年	2013年	2014年	2015年	2016年
侵权纠纷立案数量	81	86	89	117	125	129	137	146	160
侵权纠纷结案数量	90	95	98	106	112	116	124	133	143

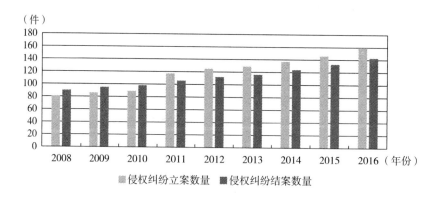

图2-5　侵权纠纷立案与结案情况

表2-8是2008～2016年内蒙古自治区查处假冒专利案件的情况。2016年自

治区共查处假冒专利案件 2172 起，与 2008 年相比增加了 1501 件，增幅 223.70%；与 2015 年相比增加了 343 件，同比增幅 18.75%。假冒专利案件近年来呈递增趋势，增幅十分明显。

表 2 - 8　内蒙古自治区查处假冒专利案件情况

类别	2008 年	2009 年	2010 年	2011 年	2012 年	2013 年	2014 年	2015 年	2016 年
查处假冒专利案件	671	700	711	785	872	1083	1452	1829	2172

4. 管理和服务

2015 年末，内蒙古自治区知识产权局着手开展"十三五"规划编制工作，在征求汇总相关厅局意见的基础上编制了《内蒙古自治区知识产权事业"十三五"发展规划》，该文件 2017 年 3 月由内蒙古自治区人民政府印发。

大力开展企业知识产权托管工程试点工作，托管工程服务覆盖范围由初期的四个盟市 6 家试点服务机构拓展到八个盟市 14 家服务机构，发展入托企业 500 余家。专利代理服务机构的数量和从业人数变化不大，专利代理服务机构 2008 ~ 2015 年为 4 家，2016 年为 3 家；专利代理服务机构的从业人员由 2008 年的 17 人减少至 2016 年的 11 人。

企业知识产权工作取得良好进展。2015 年，包头稀土高新技术开发区被认定为国家知识产权示范园区；内蒙古第一机械集团有限公司、内蒙古蒙牛乳业（集团）责任有限公司被认定为国家知识产权示范企业；内蒙古宇航人高技术产业有限责任公司等 6 家企业被认定为国家知识产权优势企业。2016 年，自治区新增国家知识产权示范企业 1 家、优势企业 13 家，累计分别达到 5 家和 33 家。积极开展知识产权强县建设工程，新增了 1 个国家级知识产权强县试点，截至 2016 年累计达到 5 个。进一步贯彻"企业知识产权管理规范"标准工作，2015 年共有 11 家企业开展贯标工作，其中伊利集团的贯标通过了国家的认证。2016 年，首批开展贯标的企业中有 5 家通过外审，其余企业已提交外审申请，新增了 6 家企业和 1 家科研院所开展贯标工作。

积极开展各类专利培训讲座。2015 年，全区共组织各类培训、讲座 16 次，培训人员 2000 余人次，培训对象包括企业、高校、中介机构及知识产权管理部门，极大地提高了全社会重视和保护知识产权的意识。2016 年，知识产权继续努力加强宣传培训，增强民众的专利权意识。开通"内蒙古智权知识产权信息公众服务平台"，面向知识产权系统干部员工，快速传递新政策、新消息；建立了知识产权管理系统、自治区知识产权示范优势企业微信群，借助微信平台开展工作交流。自治区通过走向基层，宣传专利权的重要性，来提高和丰富民众专利权意识和知识，通过法律保障手段保护民众的权益，通过政策落实，为知识产权服务提供了一个更加良好的平台。

（二）自治区专利工作存在的问题及成因

1. 专利创造能力有待提升

一是专利产出的数量和质量有待提高。从数量上看，自治区专利申请受理与授权总量从 2008 年的 2221 件、1328 件到 2016 年的 10672 件、5522 件，一直呈现稳步增长态势。每万人发明专利拥有量增长缓慢，2015 年每万人口发明专利拥有量为 1.2 件，没有完成《内蒙古自治区知识产权战略纲要（2013 – 2020年）》提出的 1.5 件的指标要求，与全国平均 6.3 件相比差距较大，排名列全国第 26 位。2015 年，发明、实用新型、外观设计三种专利申请量总计 8124 件，全国排名第 27 位，排名相对落后。从质量上看，2015 年，国家知识产权局共受理国内专利申请 263.94 万件，同比增长 19.4%，其中发明专利 96.83 万件，增长20.9%，发明专利占比 36.69%。2015 年，自治区共提交专利申请 8124 件，增长 39.6%，其中发明专利 2053 件，增长 17.2%，发明专利占比 25.4%。发明专利占比小于国家指标值，说明虽然专利申请的增速尚可，但其组成是以实用新型专利为主导，发明专利的增速低于全国平均水平，专利申请的总体质量不高，专利结构不合理现象仍较突出。

二是核心领域研发能力有待加强。基础研究和应用研究是研发活动的基础，加强科学研究是提升前沿核心领域研发能力的重要途径。"十二五"以来，自治区的基础研究和应用研究经费投入虽然保持增长，但 5 年年均增速只有 8.7%，低于同期全社会 R&D 经费增速 7.7 个百分点，占比由 2010 年的 11.2% 下降到2015 年的 8.0%，只有全国平均水平的一半。从数据上看，自治区 R&D 经费投入在价值链的高端领域不多，基础领域、关键领域和前沿领域的研发能力还有待加强。

2. 专利转化运用能力有待加强

一是企业自主专利拥有量不足。自治的大部分企业还没有获得授权的自有专利。在对高新技术企业的调查中发现，仍有一些企业处于"零专利"申请状态。同时，技术含量高、专利状态稳定、市场价值大、经得起无效宣告的发明专利数量偏少，并且由于专利转化机制不畅，自治区专利转化的比例较低。三种专利申请水平低于自然人申请水平，说明企业对知识产权的重视程度仍需加强，还有很大的提升空间。

二是高校职务发明专利转化难。部分高校、科研机构脱离企业需求和市场前景盲目申请专利，形成大量应用价值不高的"垃圾专利"。同时，高校中缺乏有利于专利转化的良好政策环境，专利转化经费落实不足，许多专利没有得到有效转化。2016 年，在全自治区的 53 所高校中，申请过专利的有 25 家，占总数的 47.17%；申请过发明专利的有 20 家，占总数的 37.74%；拥有发明专利的有 12 家，占总数的 22.64%。2016 年，自治区高校专利申请总量为 2012 件，其中发明专利 1253 件，发明授权 393 件，有效发明专利 256 件。数据表明，尽管自治区高校专利工作发展很快，但是专利平均转化率不足 3%，大大低于企业的转化率，高校、科研院所等单位长期存在着专利寿命普遍偏短、专利运营状况不佳、专利技术转化不畅等问题。

三是非职务发明专利转化难。非职务发明转化过程中，专利的技术方案在生产实践中是否可以直接生产出产品、从专利技术到专利产品还要多少技术配套等问题都是不确定的，因而从商业角度而言转化的风险极大，导致专利转化困难。另外，能否更好地利用专利信息公共服务平台进行展示宣传，在平台上受到企业的青睐，实现专利权与生产需求的对接，也是影响非职务发明转化的一个重要因素。

四是自治区专利服务机构少，不能满足专利战略实施的需要。专利转化的专业性较强，要求技术、评估、法律等多方面的专业人员共同参与才能很好地完成，专业机构在这其中发挥的作用很大。自治区专业服务机构较少，依法设立的专利代理机构仅有 3 家，区内执业的专利代理人仅有 10 人，难以满足市场需求。

3. 企业的创新意识有待提高

科技活动是企业生存与核心竞争力的重要保障，企业家对创新的认识将直接影响到企业创新活动的开展。在 2014 年全国开展的企业创新调查中，自治区的调查对象主要是部分规模以上工业企业，特级及一级建筑业企业和服务业企业。调查结果显示，企业家的创新意识整体不强，认为创新对企业的生存和发展起到了重要作用的仅占 21.4%。在参与调查的 7179 家企业中，有创新活动的企业为 1764 家，占全部企业的 24.6%，比全国平均水平低 16.7 个百分点；成功实现创新活动的企业为 1672 家，占全部企业的 23.3%，比全国平均水平低 6.4 个百分点；同时实现产品创新、工艺创新、组织（管理）创新和营销创新四种创新活动的企业为 312 家，仅占全部企业的 4.4%，比全国平均水平低 4.7 个百分点。2015 年，在全自治区 4404 家规模以上工业企业中，开展 R&D 活动的企业有 320 家，占比仅为 7.3%，大多数企业仍满足于现状，创新意识薄弱，缺乏创新动力与活力。对面向未来市场进行自主创新活动、实现技术储备的危机感不强，势必导致企业发展的动力不足，很难在激烈的市场竞争中生存和发展。

4. 专利管理和服务机制有待进一步完善

一是自治区专利行政管理机构不健全，管理人员配备不足。目前，自治区知识产权局专门从事知识产权管理的处室仅有 2 个，专职公务人员 6 人；事业单位 2 个，从业人员 20 余人。12 个盟市科技局仅设知识产权科，科室平均不足 2 名工作人员，且通常身兼多职。80% 的旗县科技局已与教育、商务等部门合并，但未设立知识产权机构，行政管理和执法任务往往只能延伸到盟市一级。全自治区登记持证执法人员 150 余人，80 余人不在岗，专利行政执法队伍力量较弱，难以满足执法需要。

二是专利管理与研发经费投入不足。虽然自治区专利专项经费已列入财政预算，但经费有限，难以在专利转化、数据库开发、人才培养等关键环节有大的作为，与全社会加大力度投入科技创新经费的总量相比差距较大，与实际需求严重不符。经费的不足，严重影响专利战略实施的深入实施。

5. 专利保护力度有待进一步加强

一是专利行政保护和司法保护专业化队伍建设不足。各盟市没有专门的专利行政执法机构。行政执法人员数量不足，90% 以上县级专利执法机构没有配备专职执法人员。缺乏必要的办案经费也在一定程度上影响了打击违法犯罪行为的纵深和力度。此外，地区之间、部门之间的协调配合还有待加深。司法保护方面，由于知识产权案件涉及的专业技术问题比较复杂，法官需要具有相关专业素质，知识产权审判队伍的专业化建设与知识产权司法保护需要不相适应。

二是专利行政执法队伍力量薄弱，与司法审判衔接机制不畅。行政执法和刑事司法的衔接机制和督查考核机制不完善，造成个别地方和部门存在行动滞缓、力度较弱、保障不力等现象，各职能部门对专利侵权违法行为的惩处力度还不够，在执法工作中仍然存在瓶颈制约。执法人员严重不足且流动性大，现有执法人员数量难以满足执法任务需求。专利行政执法和司法审判的程序规范不统一，专利行政机关与司法机关对侵权判断的标准不统一、对专利犯罪行为的判断标准不统一，往往导致专利管理机关在行政诉讼中较为被动或专利违法犯罪案件得不到及时移送，影响行政执法效率。

三是专利违法行为制裁力度弱。在我国现行知识产权法律体制下，由于对专利违法犯罪行为的制裁力度弱、诉讼程序复杂、侵权成本低、维权成本高，市场主体往往不愿申请专利保护或打不起官司、不愿打官司，专利保护不够得力。

6. 专利服务与市场需求之间存在差距

一是专利服务能力亟待提高。大多数专利中介服务机构提供的服务业务是一般化业务，几乎不分专业对象和专业领域且服务效率较低，服务种类与功能参差不齐，技术能力差距较大，新技术手段缺乏。绝大多数的中介机构不具备开展对企业最重要的专利战略分析服务的能力，工作中缺乏高层次的人力资源和系统的专利战略分析软件支撑，缺乏在专利交易和融资服务方面的服务能力。

二是专利服务机构发展缓慢。2016 年，内蒙古自治区专利代理服务机构发展到 3 家。专利服务能力薄弱，全区企业、专利代理机构服务人才缺乏，通晓专利国际规则、熟练开展企业专利战略策划、能代理涉外专利诉讼的高端服务人才更是极度匮乏。全自治区专利服务业与社会对专利服务需求不相适应的矛盾仍然比较突出，严重制约了自治区专利事业的发展。

三是专利人才培养引进还需加大力度。由于自然环境、区位条件、经济发展基础、科研条件等多方面制约，自治区人才培养载体建设水平相对较低，高层次创新人才匮乏，高水平科研团队和领军人才短缺，专业技术人员结构不合理。人才引进政策不系统、不配套，吸引力不强，对引进高端人才的作用发挥不明显。人才评价、激励机制不够科学，人才流失问题仍然突出。专利代理、评估鉴定、托管服务、融资担保等服务体系不完善。目前，全区专利服务机构从业人员只有 11 人，代理机构只有 4 家，企业专利管理人才严重不足，懂国际规则的高层次人才更是稀缺。

7. 专利战略执行力度有待加强

自治区《内蒙古自治区知识产权战略纲要（2013—2020 年）》颁布实施以来，尽管知识产权管理部门对《纲要》的实施作了全面动员和整体部署，但从具体落实情况来看仍然有可改善的地方。目前，一些地方政府对专利战略实施具体工作部署少、工作举措少、资源投入少，反映出部分地方政府对专利工作重要性的认识不足，对专利战略实施重视不够，与自治区政府提出创建实施专利战略示范区以及建设专利强区的要求还有一定差距。

第三章 蒙古国经济发展情况的调查

一、调查背景

　　2014 年 9 月 11 日，习近平主席在出席中俄蒙三国元首会晤时提出建立"中俄蒙三国经济走廊"。通过交通、货物运输和跨国电网的连接，打通三国经济合作的走廊建设，推动"一带一路"的战略目标。蒙古国位于亚洲中部，东南西三面与中国接壤，北面与俄罗斯为邻，处于"中蒙俄经济走廊"的中间地带，地缘位置十分重要，具有天然的地理优势，是"一带一路"北线的重要支点。蒙古国在未来中国发展战略中的地位凸显出来，中国同蒙古国之间的经济互动发展更显得尤为重要。

　　本调查以蒙古国的经济、科技发展为主要研究对象，尽可能地从定量分析的角度加以分析，对蒙古国的能源、矿产、农业、科技、医疗等方面做了大量的详细的调查，在此基础上总结归纳出蒙古国各方面的技术需求，为专利的技术输出提供依据。调查的工作时间为 2018 年 6 月至 2018 年 8 月，调查的主要时间段为 2011 年 1 月至 2017 年 12 月，内容是蒙古国全国主要产业情况数据，调查的方法主要采取了文献资料研究法，即查阅历史文献，并从网站、期刊、论文、科学报告等收集统计相关数据资料，同时通过实地调查走访、邀请专家进行咨询等方式进行充实补充，总结归纳出了蒙古国科技及经济发展现状。

二、蒙古国国家概况

（一）区位特征

1. 依地貌形成产业布局

蒙古国地处亚洲中部，南同中国接壤，北同俄罗斯紧靠，国土总面积为156.65万平方公里，是全球第二大内陆国家。蒙古国位于蒙古高原，平均海拔1580米，地形上明显地分为西北部高山区、北部山地高原区、东部平原区和南部戈壁区。其中，戈壁区约占国土面积的1/3；西北部肯特山和杭爱山脉的山地牧场水草丰美，适宜放牧；在北部山地间，形成以哈腊乌斯湖、哈腊湖、吉尔吉斯湖和乌布苏湖等为中心的内陆大湖盆地。科布多河、扎布汗河和特斯河等内陆河分别注入不同的湖泊，流经的河谷地区开发较早，成为蒙古国经济最发达、人口最集中的地区。蒙古国重要的特色工业产业主要分布在西部、杭爱、中部和东部四个地区。西部地区包括扎布汗省、乌布苏省、科布多省、巴彦乌列盖省和戈壁阿尔泰省，其特色工业产业是地质探勘、采矿、食品加工和轻工业。杭爱地区包括库苏古尔省、布尔干省、鄂尔浑省、后杭爱省、前杭爱省和巴彦洪戈尔省，其特色工业产业是地质探勘、毛皮加工和建筑业。其中，额尔登特市为蒙古国第三大城市，以拥有世界前10名的额尔登特铜矿厂而闻名。中部地区包括色楞格省、达尔汗乌拉省、中央省、中戈壁省、东戈壁省、戈壁苏木贝尔省和南戈壁省，其特色工业产业是地质探勘、采矿、轻工业和建材业。其中，首都乌兰巴托市是蒙古国的政治、经济、文化和交通中心，集中了全国一半以上的工业产值，市内有畜产品综合加工厂和火电厂等。东部地区包括肯特省、东方省和苏赫巴托尔省，其特色工业产业是地质探勘和采矿业。

2. 亚欧大陆桥的重要节点

蒙古国地处亚欧大陆中部，是连接东北亚各国与中亚、西亚和欧洲各国的桥梁。因此，蒙古国在过境运输方面享有极大优势。蒙古国铁路是亚欧大陆桥国际铁路干线重要的组成部分，是连接亚洲和欧洲快捷的铁路运输线路（从北京经乌兰巴托到莫斯科的距离，比绕道中国东北地区经满洲里到莫斯科的距离近1000

多公里）。因此，连接亚欧的这座桥梁不仅有利于蒙古国的经济发展，而且可以对东北亚乃至全世界的经济发展做出重大的贡献。

3. 毗邻中俄两大市场

蒙古国是典型的内陆国家，没有出海口，其经济发展受到制约，但夹在中俄两个大国之间，腹背相邻这两个大市场，也享有得天独厚的地缘优势，与中俄两大邻国开展贸易自有方便、可靠和实惠之处。

蒙古国北部与俄罗斯接壤，边界线长 3485 公里。俄罗斯亚洲部分的重要工业城市以及连贯亚欧的交通大动脉西伯利亚铁路主要位于南部边境地区，通往俄罗斯常年开放的国际性公路口岸阿拉坦布拉格是蒙古国色楞格省北部的边境重镇，北面毗邻俄罗斯恰克图市，西侧有西伯利亚铁路通过，距俄罗斯乌兰乌德市200 余公里，东邻俄罗斯赤塔市，西接伊尔库茨克市。正因为如此，2008 年 11月 20 日，蒙古国政府将阿拉坦布拉格辟建为自由贸易区。该自由贸易区占地面积 500 公顷，既方便蒙古国企业家接触来自俄罗斯与其他国家的商品，又有利于提升蒙俄两国及蒙古国与其他国家的贸易额。

蒙古国的东、西、南三面与中国接壤。蒙中边界西起阿尔泰山脉，东至中国内蒙古自治区满洲里市西北部，全长达 4677 公里。蒙古国与中国华北、东北、西北三大经济区直接相连，蒙边界城市扎门乌德与中国首都北京的直线距离仅为600 多公里。目前，蒙中两国已开设了 14 对常年和季节性开放口岸，包括蒙古国东部和南部 6 个省与中国内蒙古自治区开设的 10 对口岸以及蒙古国西部 3 个省与中国新疆维吾尔自治区开设的 4 对口岸。其中，扎门乌德—二连浩特口岸是蒙中之间规模最大、最具代表性的公路和铁路口岸。扎门乌德是蒙古国重要的口岸之一，它南接中国城市二连浩特和北京及天津港，是蒙中铁路货运和客运的必经之路；北连蒙古国首都乌兰巴托和俄罗斯首都莫斯科等城市，是亚欧铁路的交通枢纽之一。

（二）资源禀赋

1. 自然资源丰富

蒙古国国土面积为 156.65 万平方公里（相当于世界陆地面积的 1.2%，名列世界第 17 位），可利用土地面积约为 1.56 亿公顷。从气候上来说，蒙古国属于典型的温带大陆性气候，四季分明，降水集中，具有"西高东低，北林南漠"的特征，草原、半荒漠草原占国土面积的大部分。其中，农牧业用地面积占

80%，专门用地占 0.1%，森林面积占 10%，水域面积占 1%。蒙古国拥有多种类型的天然牧场，适宜发展草原畜牧业。迄今为止，已探明的矿产有 80 多类和 6000 多个矿点，主要有铁、铜、钼、煤、锌、金、铅、钨、锡、锰、铬、铋、萤石、石棉、稀土、铀、磷、石油、油页岩矿等。其中，蒙古国的铜、磷、萤石、煤和石膏的探明储量居世界前列，开发潜力巨大。煤炭的蕴藏量约为 1520 亿吨，铜的蕴藏量约为 2.4 亿吨，铁的蕴藏量约为 20 亿吨，磷的蕴藏量约为 2 亿吨，黄金的蕴藏量约为 3100 吨，石油的蕴藏量约为 80 亿桶。正在进行开采且出口产品的大中型矿主要有：额尔登特铜钼矿、那林苏海特煤矿、巴嘎诺尔煤矿、图木尔廷敖包锌矿、奥瓦特铁矿等，大部分还处于转让、勘探、建设阶段。

蒙古国森林面积为 1 530 万公顷，森林覆盖率为 8.2%（2004 年 12 月 24 日蒙古国自然环境部公布的数据），木材总蓄积量为 12.7 亿立方米，现每年采伐原木 160 万立方米左右，除供国内经济建设和民用建筑之用外，还略有出口。森林中有大量的野果、松子、蘑菇、木耳和药用植物，并生长着 3 万多种沙棘类灌木。蒙古国有 400 多种植物、70 多类或 140 多种哺乳动物、390 多种鸟和 70 多种鱼。蒙古国地处两大自然地带，土地很适宜各种毛皮类动物的栖息和繁殖。蒙古国境内河流总长 6.7 万公里，年均净流量为 390 亿立方米，湖泊水资源量达 1 800 亿立方米，地下水资源量为 120 亿立方米。

2. 劳动力资源不足

劳动力资源不足是制约蒙古国经济发展的主要因素之一。在美国媒体列出的全球十大人口稀少国家或地区中，蒙古国名列第 4 位。2014 年，在蒙古国 300 万的人口中，14 周岁以下的人口占总人口的比例为 28.7%，65 周岁以上的人口仅占总人口的 3.7%，从人口年龄结构上讲，劳动力人口结构年轻，因此未来几年，蒙古国的劳动力资源潜力较大，但劳动力资源利用率却较低。一方面，尽管近年来蒙古国经济保持快速增长，但并未创造足够的就业机会，失业问题仍然比较严重。据蒙古国各省及首都劳动社会保障部门登记，截至 2017 年 12 月底，蒙古国城镇登记失业人口 2.55 万人。另一方面，蒙古国劳动人口的职业技能和就业观念也是造成劳动力短缺的原因之一。

与其他发展中国家相比，蒙古国劳动人口的文化素质总体水平较高。根据蒙古国外国投资局提供的资料，蒙古国教育体系完善，实行"5 + 4 + 2"型的普通教育制度，正在推行"6 + 4 + 2"的教育体制。蒙古国境内有大学、专科及技术学校多达百所，识字率高达 89.5%，因此，蒙古国的劳动人口受教育程度很高、比重大。但是，除矿产部门外，蒙古国大多数行业的工资水平较低，尤其是集中

54%就业人口的农业和服务业的工资水平最低。因此，在蒙古国，掌握专门技能的人通常收入较低，地位也较低，这导致多数年轻人选择学术教育而不是职业培训。但是，蒙古国各大科研院所的科研水平和教学水平不高，对于真正的技术人才、专业人才需求量非常大，尤其是矿产勘探、开采、加工、石油冶炼等方面的专业人才缺乏，很多驻蒙外企雇用不到所需的人才，劳动力的供给和需求严重失衡。另外，蒙古国人口数量少，对于人才的培养难以满足近年来飞速发展的经济的需要。

3. 资本相对匮乏

蒙古国经济规模偏小，2017年国内生产总值为27.2万亿图，折合美元约111.49亿（按2017年平均汇率折算），进出口额只有105亿美元。截至2017年12月底，蒙古国外汇储备为30.08亿美元。包括银行和证券业在内的蒙古国投融资体制尚不健全，财政预算经常出现赤字，2017年全年，蒙古财政预算收入（含外来援助）总额为7.2万亿图（约29.51亿美元），同比增长24.1%；财政支出（含偿债金额）总额为8.9万亿图（约36.48亿美元），同比减少5.4%；财政赤字1.7万亿图（约6.97亿美元）。经历2009年国际金融危机的冲击后，蒙古国大部分银行信贷能力降低，不良贷款负担沉重，对大型项目的支持力度减弱。

外国投资是蒙古国最主要的资金来源。据蒙古国外国投资局统计，截至2013年10月（自1990年起），在蒙古国登记的来自世界112个国家和地区的直接投资141.0亿美元，登记注册外资企业12764家，其中，中资企业6225家，占外资企业总数的48.8%。中国对蒙古国的投资稳步增长，截至2017年6月，中方对蒙非金融类直接投资达到41亿美元，占蒙吸引外资总额的30%，中国成为对蒙投资的第二大外资来源国。此外，加拿大、韩国、俄罗斯、英国、美国、日本等国家的投资、公司数量以及投资额也呈逐年增长态势。外国公司在蒙古国主要投资领域有地质矿产勘探开采（包括石油）、房地产开发、贸易、餐饮等行业。

4. 外债余额多，压力大

截至2017年9月底，蒙古国总体债务总额为260.24亿美元，较上年同期增长5.6%。其中，政府（财政）负债62.41亿美元，中央银行负债19.04亿美元，其他金融机构负债23.42亿美元，其他领域负债80.93亿美元，因直接投资发生的公司间债务74.44亿美元。

近年来，蒙古国国内经济形势严峻，经济增长情况恶化，经济萎靡，货币贬值，财政赤字激增等，蒙古国政府不能成功地筹资，债务不断增加。著名的债券评级机构美国穆迪公司的数据显示，2017 年，蒙古国将需要偿还高达 8 亿美元的外债，这相当于蒙古国 7.5% 的 GDP。穆迪公司在声明中表示："蒙古国政府的财政实力和蒙古国经济的世界排名都显著地恶化了。蒙古国政府现在主要靠从双边或多边的合作中寻求外部资金援助，这是很不可靠的。"因此，该公司 2017 年对蒙古国的主权评级已经从 B3 降至 Caa 1（"Caa 1"属于垃圾级别），和拉美国家巴巴多斯及白俄罗斯位于同一水平。

（三）社会基础

1. 蒙古国的政治体制

20 世纪 90 年代初，蒙古国已经放弃了社会主义，采用议会制。实行多党制，目前共有 16 个注册政党。2006 年，蒙古国的执政党是社会民主主义政党蒙古人民革命党。其最大的反对党蒙古民主党在 1991 年到 1997 年曾执政。2009 年 5 月 25 日，蒙古国民主党总统候选人查希亚·额勒贝格道尔吉以微弱优势在总统选举中胜出。

现行宪法为第四部宪法，于 1992 年 1 月通过，同年 2 月 12 日起生效。根据该宪法，改国名为"蒙古国"，建立议会制。

1992 年通过的宪法规定，蒙古国实行有总统的议会制。总统是国家元首兼武装力量总司令，任期 4 年，最多可连任一届。国家大呼拉尔（议会）是国家最高权力机构，拥有立法权。国家大呼拉尔可提议讨论内外政策的任何问题，并将以下问题置于自己特别权力之内予以解决：批准、增补和修改法律；确定内外政策的基础；宣布总统和国家大呼拉尔及其成员的选举日期；决定和更换国家大呼拉尔常设委员会；颁布认为总统已经当选并承认其权力的法律；罢免总统职务；任免总理、政府成员；决定国家安全委员会的结构、成员及权力；决定赦免等。国家大呼拉尔为一院制议会，由 76 名议员组成，每届任期 4 年，凡 25 岁以上拥有选举权的公民均有资格参选。国家大呼拉尔每半年召开一次例会，每次例会不少于 75 个工作日。政府为国家权力最高执行机关，政府成员由国家大呼拉尔任命。

2. 人口保持低速增长

蒙古国国土面积为 156.65 平方公里，但人烟稀少，截至 2017 年 12 月底，蒙古国人口净增长率为 1.9%，总人口共计只有 320 万人，人口规模小是制约蒙古国社会经济发展的重要因素之一。近年来蒙古国人口增长速度放缓（见表 3 - 1），许多专家认为，蒙古国的人口问题与国家发展之间的矛盾日益突出，成为制约国家发展的瓶颈之一。为此，蒙古国政府已初步制定了未来人口发展战略目标，继续实施鼓励生育的政策，同时关注国人健康，实施"健康蒙古人"计划，提高人口的平均寿命，减少贫困，提高国民的生活水平。另外，蒙古国政府还将加大对教育的投入，提高全民教育和文化水平。

表 3 - 1 蒙古国 2006 ~ 2017 年人口增长比例

年份	人口增长比例（%）
2006	1.26
2007	1.33
2008	1.41
2009	1.50
2010	1.60
2011	1.69
2012	1.77
2013	1.79
2014	1.75
2015	1.67
2016	2.10
2017	1.90

3. 基础设施比较落后

蒙古国经济总量较小，财力有限，交通、医疗卫生等设施和公共服务领域较为落后。蒙古国现有铁路长 1815 公里，担负着蒙古国 97% 的货运量和 32.3% 的客运量，铁路运输在蒙古国经济中担负着重要任务，其中远途运输占主要地位。首都乌兰巴托是重要的交通枢纽，从乌兰巴托向北通往俄罗斯的铁路是主要干线，沿该铁路线分布着乌兰巴托、额尔登特、达尔汗、赛音山达和苏赫巴托等主要经济城市。2017 年，蒙古国铁路运输完成货运 2270 万吨，其中 70% 用于过境运输。与周边国家（中国和俄罗斯）相比，蒙古国的铁路运输水平较低，铁路密度为每 100 平方公里 0.16 公里，仅相当于中国东北铁路密度的 1/80。

蒙古国公路总里程为 4.925 万公里，大体以首都乌兰巴托为枢纽，把东西部分连接起来。首都乌兰巴托与各省及各省会与各县城之间也都有公路相通。但是，蒙古国国家级公路总里程仅为 1.1218 万公里，柏油公路也仅为 2395 公里，自然公路占全国公路总数的近48%。道路交通发展严重滞后成为蒙古国振兴经济的最大障碍。

蒙古国主要有"МИАТ""АЭРОМОНГОЛИА""EZNIS AIRWAYS"等航空公司，开通了国际航线和国内航线，有定期飞往中国、俄罗斯、韩国、德国和日本的航班。空运航线4万公里，机场44座。乌兰巴托市唯一的布彦特乌哈（也称"成吉思汗"）国际机场是蒙古国最大的机场，但由于只能单向起降，且受气候影响较大，飞机晚点率较高。

在通信领域，蒙古国共有381家企业提供30多种服务。目前，蒙古国的通信设施包括7500多公里光缆网、2500公里数字无线电话线、220多个卫星通信站（"VSAM"）和3万多个空架线，已经形成跨越88个县及连接21个省会的光缆网。截至2009年年底，蒙古国固定电话达14.1万部，移动电话用户达220.87万，有线电视用户达11.29万。蒙古国电信业发展不平衡，固定电话、移动电话、宽带等类似业务仅在个别大城市普遍，其他众多偏远区域仍然处于"盲区"状态。

目前，蒙古国水电、供暖等覆盖不到一半。蒙古国的电力供应主要由中部、西部和东部地区的电力系统组成，目前仍有2个省和40多个县的电缆网未接入中央电力系统。全国现有电力装机容量为87.84万千瓦。

蒙古国的公共医疗水平不高，公共医疗设施落后，医护缺乏，即使是乌兰巴托市的医疗水平也比较低，满足不了国民对医疗服务的基本要求。据世界卫生组织统计，2011年，蒙古国医疗卫生总支出占GDP的6.0%，按照购买力平价计算，人均医疗健康支出288美元。2006～2013年，平均每万人拥有医生28人、护理和助产人员35人、牙医2人、药师4人；2006～2012年，平均每万人拥有医院床位68张。

自1994年1月起，蒙古国实行《医疗保险法》。医保有强制和自愿两种形式，公民也可购买多重保险。强制医疗保险由社会保险机构负责，对象为蒙古国全体公民；自愿保险对象主要包括外国公民和无国籍人士等群体。蒙古国医疗保险参保率为98.6%。

（四）产业结构

受苏联的影响，蒙古国产业结构单一，主导产业是畜牧业和采矿业（见表3-2），工业基础薄弱且不成体系，机械、石化和电子等制造业产品和大部分轻工业产品不能自给。1991 年以来，蒙古国产业结构的畸形状况有所改善。从 2006～2016 年三次产业对国内生产总值的贡献率来看（见表 3 – 3 和图 3 – 1），第一产业为经济走出转轨初期的困境提供了保障；第二产业的快速发展带动了经济的复苏；第三产业拉动经济发展的态势比较明显。蒙古国经济发展政策中，矿产、农牧、基本建设、信息和旅游为国家重点发展的五大主导产业。

表 3 – 2　2007～2016 年蒙古国 GDP 产业构成　　　单位:%

年份 行业	2007	2008	2009	2010	2012	2013	2014	2015	2016
农林牧渔	18.4	19.2	17.9	11.6	11.2	13.4	13.3	13.3	11.5
金融服务	3.1	3.6	3.3	2.5	3.5	4.1	4.7	5.4	5.2
房地产活动	3.8	5.3	7.3	7.1	5.8	6.2	6.8	6.9	6.8
专职、科技行业	0.8	1.2	1.1	1.5	2.8	2.8	2.5	2.4	2.1
公共管理、国防和 社会保障	2.9	3.8	4.1	4.4	4.2	4.1	4.1	4.6	4.7
教育	3.4	4.2	4.7	3.9	4.5	4.5	4.5	4.4	4.4
健康与社会工作	1.5	1.8	1.9	1.7	1.9	1.9	1.9	2.1	2
采矿	27.4	20.6	19.8	22.4	17.8	15.9	17.6	17.6	20.7
制造业	8.2	8.3	8.3	8.6	9	10.7	10.6	9.1	8.7
建筑	2.8	2.5	1.6	2.9	5.9	5.8	5.1	4.7	4.3
批发零售和修理	12.4	13.7	12.2	18.7	19.9	18.4	19.9	16.4	16.2
交通、通信、仓储	10.4	10.4	12.1	10.2	7.8	6.8	7.3	7.6	7.4
住宿和餐饮服务活动	0.7	0.7	0.8	0.6	1.2	1.2	1	1	1.1
电力、煤气、自来水	2.4	2.2	2.8	2.2	1.8	1.9	2	2.4	2.7
其他社会服务	1.9	2.4	2.2	1.8	2.5	2.5	2.3	2.3	2.2

资料来源：蒙古国统计局。

表 3 – 3　蒙古国 2006～2016 年各产业产值比重

年份	第一产业产值比重（%）	第二产业产值比重（%）	第三产业产值比重（%）
2006	19.5	40.4	40.1
2007	20.5	40.1	39.4
2008	18.8	38.5	42.7
2009	17.9	32.5	49.6

续表

年份	第一产业产值比重（%）	第二产业产值比重（%）	第三产业产值比重（%）
2010	14.3	36.2	49.5
2011	12.3	36.2	51.5
2012	14.8	33.7	51.5
2013	13.4	34.3	52.5
2014	14	36	49.9
2015	13.3	33.3	53.4
2016	12	34.7	53.3

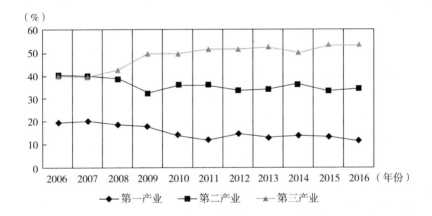

图 3-1 蒙古国 2006~2016 年各产业产值比重

采矿业是蒙古国目前现代技术和现代经营方式相对集中的第一主导产业，也是预算收入和外汇的主要来源。无论从矿产资源探明储量看，还是从远景储量看，蒙古国采矿业的比较优势都是十分明显的。矿产业为蒙古国支柱产业，2017年矿业产值为93860亿图，占GDP的46.3%，占工业产值的72.58%。其中，矿山开采产值为42913亿图，占GDP的21.1%。

除采矿业外，蒙古国轻工和食品等工业基础都很薄弱，制造业以羊绒加工等为主，所占比重偏低，约为5.9%。

农牧业是蒙古国经济发展的第二主导产业。无论从土地资源还是从自然环境的角度看，蒙古国都拥有大力发展农牧业的条件，只是由于传统的分散经营方式，缺乏现代农牧技术，加上日益激烈的市场竞争和恶劣的气候条件，始终未能有所突破，但农牧业仍在整个国民经济中起着重要的稳定作用。2017年蒙古国农牧业总产值占国内生产总值的 33.4%。其中，畜牧业占农牧业总产值的 87.6%，在农牧业中处在领先地位。

基本建设和信息两个产业仍停留在原始阶段，不但不具备发展的条件和环境，而且缺乏对投资的吸引力。目前，蒙古国信息和通信部门产值占国内生产总值的 8%，公用事业占 2.6%，建筑业占 1.2%，旅游业占 10%。

（五）科技文化

蒙古国教育文化科学部是蒙古国政府 13 个部委之一，主管教育、文化和科技工作。蒙古国非常重视教育事业的发展，实行国家免费普通教育制。目前，蒙古国已基本消除文盲，1/3 的国民受过中等以上教育。全国全日制普通学校共 748 所，其中国立学校 594 所，私立学校 154 所。全国共有高校 172 所，其中国立高校 38 所，私立高校 134 所。为推动高校办学质量和教学水平的提高，促进高质量人才的培养，2010 年 1 月，蒙古国政府讨论并通过了高校合并改革的决定，将有关的 42 所高校整合成 16 所。

蒙古国教育文化科学部内设文化艺术政策协调局，主管全国的文化艺术工作及下属的国家民间歌舞团、国家话剧院、国家歌剧舞剧院、国家杂技院、国家音乐馆、国家木偶剧院、博格达汗博物馆、乔依金喇嘛庙博物馆、造型艺术博物馆、国家历史博物馆、国家自然历史博物馆、文化遗产中心、国家图书馆和国家艺术画廊等单位，同时检查和指导全国各省市文化局、文化单位、艺术团体的工作。目前，蒙古国共有 48 家博物馆（16.0422 万件展品），324 家图书馆（806.16 万册书籍），323 所文化中心以及 42 家剧院和杂技馆（此统计未包括非政府组织和民间机构自办的文化机构）。

蒙古国科学技术创新发展较慢，从科研机构建立、人才培养的初创阶段到探索国家创新系统的发展模式和出台创新政策，经历了几十年的时间。直到目前，蒙古国的科技创新战略才进入构建面向知识经济时代的国家创新体系阶段。蒙古国现有 70 多个研究机构，科研人员 7000 多名。蒙古国每百万人口中研究人员的数量在过去 10 年中呈下降趋势，学院和大学中自然科学、技术和工程学学科录取学生的数量也在下降，熟练专家短缺。蒙古国科技经费每年约为 400 万美元，并逐年增加，但只有 11% 用于研究工作。科技部门对国家经济增长的贡献率较低，研究与开发经费支出占国内生产总值的比重和公共教育经费支出占国内生产总值的比重均呈下降趋势，分别为 0.26% 和 4.75%。

2006 年，蒙古国教育文化科学部对科技实力的评估表明，在所有出口产品中，45% 没有技术含量，52% 属于低技术产品，3% 属于中低技术产品；而在所有进口产品中，中高、中低和低技术含量的产品比重很大。这一状况在 2007 年有所转变，高技术产品出口额已占制成品出口总额的 7.5%。

三、蒙古国经济发展情况

随着世界经济的快速发展，蒙古国越来越多地融入全球发展的经济大潮中，经济发展进入新的阶段。2010 年，随着全球金融危机影响的进一步减弱，国际市场上矿产品价格高位运行以及矿产品国际需求的增加，加上蒙古国政府"矿业兴国"发展战略的进一步推进，坐拥 80 多种探明资源、开发矿点 6000 多个的蒙古国矿业迎来"黄金时期"，蒙古国经济进入高速发展阶段。这一年，蒙古国国内生产总值为 71.9 亿美元，增长 6.4%，2011 年 GDP 增长率创造 17.3% 的奇迹，成为世界经济增长最快的国家之一。但是，由于高度依赖矿产资源，其国内产业发展严重失调，产业结构更加单一化。由于矿产行业的巨大利润，蒙古国政府大力开发采矿业，吸引外资，带动经济繁荣。随着大量资本涌入国内，基础设施建设也进一步改善。然而，矿业大繁荣未能有效带动现代工业发展，基础工业依然薄弱。虽然农牧业在 GDP 构成中的份额逐步减少，但稳步增长。采矿业完全替代了传统畜牧业，成为支柱产业。转轨后，随着蒙古国政府对外经济战略的调整，从只面向苏联及经互会成员国的比较单一贸易，转变为多元化的对外贸易格局。截至 2011 年，蒙古国与全球 140 余个国家和地区建立伙伴关系，对外贸易总额超过 100 亿美元，比十年前增加近 10 倍。蒙古国经济出现了前所未有的迅猛发展势头。

如图 3-2 所示，对于蒙古国经济发展来说，2011 年是个转折点，之后经济增长进入下行通道。从 2012 年底开始，因中国经济增长放缓以及大宗商品国际市场持续低迷，蒙古国经济增长受到影响，不过 2013 年经济增长依然实现两位数，GPD 增长率为 11.6%。2014 年以来，蒙古国经济出现大幅下滑，并陷入严重危机。2014 年蒙古国 GDP 增长只有 7.8%，虽然经济增长率位居世界前列，但仍被世界银行归为中低收入国家，同时面临债务危机。随后，2016 年 8 月 9 日，蒙古国财长乔伊吉勒苏伦（B. Choijilsuren）在一次全国性的电视讲话中表示

"蒙古国深陷经济危机之中"无法承担政府部门人员的薪资以及运营成本。200多万蒙古人的生活也是毫无保障,人口失业率高达9.1%。表面上看,蒙古国的经济问题是源于全球经济增长放缓、国际矿产资源价格走低等外部因素。其实,蒙古国过小的经济体量和单一的经济结构不适应国际市场形势以及蒙古国政府近三四年采取的错误政策导向,才是蒙古国经济再次陷入经济危机的根本原因。随着 IMF 提供一揽子紧急救援计划以及各国政府的援助、国际大宗商品价格的回升和新一届政府致力于振兴经济、吸引外资的规划下,从 2017 年开始蒙古国经济走出困境,经济增长率为 5.1%。

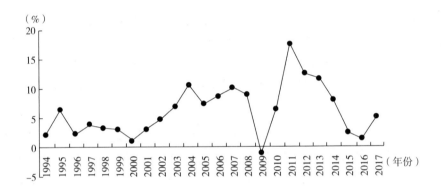

图 3 - 2　蒙古国 1994~2017 年 GDP 增长率

资料来源:蒙古国统计局。

(一) 农业生产下滑

蒙古国过度依赖采矿业,受大宗商品价格的影响严重,农林牧业在整个 GDP 的比重不大并且逐年下降,2014 年占 GDP 的 13.3%。2015 年,蒙种植谷物总产量 21.63 万吨,同比减少 58.3%(其中小麦 20.39 万吨,同比减少 58.2%);蔬菜 7.23 万吨,同比减少 31.0%;饲料作物 102.87 万吨,同比减少 12.7%。2017 年,蒙古国种植谷物总产量 23.81 万吨,同比下降 50.7%;蔬菜 8.21 万吨,同比下降 13.1%;饲料作物 100.81 万吨,同比下降 21%。

(二) 工业生总产值显著下降

蒙古国经济是主要依靠储藏丰富的矿产资源原材料及初级产品出口来维持的

资源出口型经济。近几年，国际市场原料产品供大于求，国际大宗商品均需求不振。矿业中煤炭产能、铜矿产量虽有较大幅度增加，但需求不旺，且价格一直处于下降空间，从而造成蒙古国工业总产值下降。2015 年，蒙古国实现工业总产值 87 千亿图，同比下降的 6.7%。其中，矿业产值 58.6 千亿图，同比下降8.4%，占工业总值的 67.2%；加工制造业产值 20.9 亿图，同比下降 9.5%，占工业总值的 24%。蒙古国工业品销售总额为 10 千亿图，同比下降 9.9%。其中，矿业销售额为 71.5 千亿图，同比下降 10.1%，占工业销售总额的 71.2%；加工制造业销售额为 21.3 千亿图，同比下降 17.1%，占工业销售总额的 21.2%。2016 年 1 ~ 12 月制造业总产值为 20.23 千亿图，同比减少 3.2%。此外，2016年，蒙古国建筑业总产值为 20.4 千亿图，较上年减少 17.9%。

(三) 扩张性财政政策促使财政危机尖锐化

2008 年大选的政治斗争中，政治家们带着对未来经济繁荣的信心，实行一项矿业分红计划（2010 ~ 2012 年，政府给每个蒙古人发放 150 万图的分红，平均每月从政府领取 17 美元）。理论上，这一项财政支出占 2008 全年 GDP 的65%。这项计划的完成直接导致了财政赤字的猛增，国家对外债的依赖性更加加深。2011 年，蒙古国财政赤字占 GDP 的比重为 5.8%，随后逐年扩大。2014 年前后，受矿业投资扩张缓慢、铜等重要大宗商品价格低迷的影响，蒙古国经济严重衰退，财政收入大幅下滑，同时政府不仅未能有效控制财政预算支出，还因支持抵押贷款补贴和农村贷款计划导致财政支出激增，财政赤字规模显著扩大。自2013 年 5 月以来，蒙古国财政赤字不断扩大。

如表 3 - 4 所示，2014 年，蒙古国财政收入 62.8 千亿图（1USD≈1978MNT），财政支出（包括偿还贷款）共计 71.4 千亿图，是 2013 年财政赤字的 3.86 倍，规模继续攀升。2015 年，由于政府财政收入的相对减少，财政赤字进一步扩大为11.6 千亿图，占国内生产总值的 5%。蒙古政府不得不调整预算，缩减开支。2016 年，蒙古国财政赤字占 GDP 的比重高达 15.3%，较 2015 年增加 10.3 个百分点，为 2008 年以来的最高水平，远超《财政稳定法》（2013 年生效）规定的赤字占 GDP 比重 2% 的上限。巨大的预算赤字成为蒙古国经济陷入困境的重要原因之一，也迫使政府采取紧缩财政政策。

表 3 - 4 2008~2016 年蒙古国政府财政情况 单位：千亿图,%

年份	2008	2009	2010	2011	2012	2013	2014	2015	2016
财政收入	21.7	19.9	31.2	42.3	48.8	59.4	62.8	59.8	58.4
财政支出	24.7	23.4	30.8	50.0	60.2	61.6	71.4	71.4	95.0
财政赤字	-3.0	-3.4	0.4	-7.7	-11.4	-2.2	-8.7	-11.6	-36.6
国内生产总值	65.6	65.9	97.6	131.7	166.9	191.7	222.3	231.5	239.4
占比	-4.5	-5.2	0.4	-5.8	-6.8	-1.2	-3.9	-5.0	-15.3

（四）债务负担沉重、债务危机突出

进入 21 世纪以来，蒙古国政府大力招商引资，但多年来债务负担越来越沉重，外债占 GDP 的比重一直居高不下，尤其是在 2008 年全球金融危机以后，财政赤字的猛增加深了债务问题，债务规模远远超出了经济承受规模（见图 3 - 3）。2010 年，债务负担率超过 50%（其中，政府债务占 GDP 的比重 26%），之后更是爆发式增长。自 2011 年以来，蒙古国外债规模翻了一番。2012 年，由于外商投资法的变动引起外资流入大幅减少，政府依靠对外举债融资，以支撑大规模的财政支出。政府对外借款，特别是通过蒙古国开发银行发行 5.8 亿美元的主权债券的预算外融资，加上新一届政府通过蒙古银行在国际市场上先后发行了 17.5 亿美元的国债，以及政府为弥补财政赤字向国际组织和外资银行的大量借款，导致政府面临债务危机。这一年，外债占 GDP 比率达到 51.2%，根据测算，蒙古国年均 GDP 增长保持 15%~18% 的增速才能承受起这一债务水平。2013 年，蒙古国的债务总额占 GDP 的比重高达 215%，其中，政府债务 45 亿美元，中央银行债务 14.1 亿美元。外债来源主要是由多边、双边机构签订协议获得的软贷款以及工商企业从境外获得的商业贷款组成。2014 年以来的经济危机时期，蒙古国政府债务占 GDP 的比重已超过 50%，之后连年攀升，如今已经接近 80%。2014 年以后，全部债务占 GDP 的比例平均为 200%，其中 2016 年达到 GDP 的230%。同时，根据穆迪计算，截至 2014 年第一季度，蒙古国的债务比例已经远超国际上欧盟给成员国制定的 6% 的负债率警戒线，该指标远高于其他 B1~B3 级国家。随着经济增速放缓，蒙古国 2016 年开始逐步陷入债务危机，截至 2016 年 9 月底，蒙古国总体债务总额为 237.85 亿美元，较上年同期增长约 10%。2017 年，蒙古国 5.8 亿美元主权债券到期，由于国际储备不断缩减，蒙古国已无力偿还到期债务。为避免债务违约，蒙古国政府寻求国际援助（见表 3 - 5）。

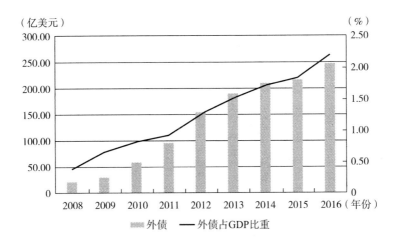

图 3 - 3 2008 ~ 2016 年蒙古国外债情况

资料来源：蒙古国银行。

表 3 - 5 蒙古国开发银行债务及贷款偿还表 单位：十亿图

年份	2016	2017	2018	2019	2020	2021	2022	2023	2024
债务额	290. 4	1644	1497. 4	461. 5	168. 8	222. 4	232	1863. 4	588. 1

资料来源：蒙古国开发银行。

（五）进出口贸易大幅度收缩

2011 年，与蒙古国进行对外贸易的国家有 127 个，蒙古国对外贸易总额为 114. 16 亿美元，同比增长 85. 1%。由于近几年矿产开采业的强劲发展，相关行业所需的大型机械设备的增多，进口贸易额增加。2011 年，蒙古国进口额为 65. 98 亿美元，同比增长 106%。由于蒙古国出口贸易主要以矿产品原材料和初级产品及畜产品为主，虽然出口量增加，但产品附加值低，收入增长有限。2011 年，蒙古国出口贸易额 48. 18 亿美元，贸易逆差 17. 81，同比扩大 6 倍。自 2013 年以来，国际市场中铜价格下滑，2013 年铜价跌至金融危机以来的最低价。铜矿出口量和价格"齐跌"使蒙古国 2013 年对外贸易总额增加幅度有限。

2014 年，受铜矿石和原油出口量大幅增加的影响，蒙古国出口额有所增长。2014 年，铜精矿出口额为 25. 61 亿美元，同比增长 1. 7 倍，占总出口的 99. 5%；原油出口 688. 5 万桶，同比增长 31. 3%，总价 6. 35 亿美元，同比增长 23. 1%。

自 2013 年以来，蒙币兑美元贬值 50%，同时受图格里克持续贬值的影响以及通过一些进口替代项目、提高进出口税等措施降低进口额，进口出现较大幅度下降，2000 年以来首次在对外贸易中实现顺差，2014 年全年累计顺差共 5.38 亿万美元，这与 2013 年 20.89 亿美元的贸易逆差形成了显著对比（见表 3-6）。由于低水平的矿业投资及油价低迷，再加上受外国直接投资持续减少的影响，外汇储备萎缩，支付能力下降，导致 2014 年以来蒙古国贸易进出口双重收缩。其中，2015 年和 2016 年贸易总额分别为 84.67 亿美元和 82.74 亿美元，同比分别减少23%、2.3%；进口总额为 37.97 亿美元和 33.58 亿美元，同比分别减少 27.5%、11.6%（见表 3-6）。

表 3-6　1997~2017 年蒙古国对外贸易　　　　　单位：百万美元

年份	总贸易额	出口	进口	贸易差额
1997	1037	569	468	100
1998	965	462	503	-41
1999	967	454	513	-59
2000	1151	536	615	-79
2001	1234	596	638	-42
2002	1214	524	690	-166
2003	1406	615	791	-176
2004	1888	869	1019	-150
2005	2241	1064	1177	-113
2006	2977	1542	1435	-107
2007	4010	1948	2062	-114
2008	5780	2535	3245	-710
2009	4023	1885	2138	-252
2010	6109	2909	3200	-292
2011	11416	4818	6598	-1781
2012	11124	4385	6739	-2354
2013	10627	4269	6358	-2089
2014	11012	5775	5238	538
2015	8467	4670	3797	872
2016	8274	4916	3358	1558
2017	10536	6201	4335	1865

资料来源：蒙古国统计局。

2017 年，蒙古国与全球 163 个国家或地区发生贸易往来，蒙古对外贸易额为 150.36 亿美元，同比增加 23 亿美元，增幅为 27.3%。其中，出口额为 62 亿美元，同比增加 13 亿美元，增幅为 26.1%。除此之外，一些进口产品已经实现了自主产出，主要包括达尔罕钢铁厂投资、Khtul 水泥厂投资、MCS 可口可乐灌装厂投产等，一定程度减少了其对进口的依赖，这使蒙古国对外贸易顺差升幅较大，实现贸易顺差 18.65 亿美元，同比增长 3.07 亿美元，增幅 19.7%。

（六）国际收支面临巨大压力

2008 年，蒙古国经常账户赤字 6.9 亿美元，国际收支赤字 2.32 亿美元，外汇储备 6.57 亿美元，同比减少 30%。然而，从 2009 年 4 月开始，蒙古国与国际货币基金组织合作并实施"stand by"项目，按照计划内采取的减少预算支出以及减少货币供给、稳定价格的具体政策，2009 年虽然经济增长下滑，但消除了国际收支不平衡的现象。2008 年，国际收支的巨大压力一定程度上导致了经济危机的产生。2013～2014 年，国际收支赤字共计达到 33 亿美元，外汇储备减少了 25 亿美元。国际收支逆差由于债务融资的原因，这两年增加了 30 亿美元（见图 3-4）。由于当前账户赤字以及外资流入的持续下降对国际收支带来严重的压力，蒙币持续贬值。尤其，2013～2014 年的经常账户赤字来解释国际收支赤字的原因。

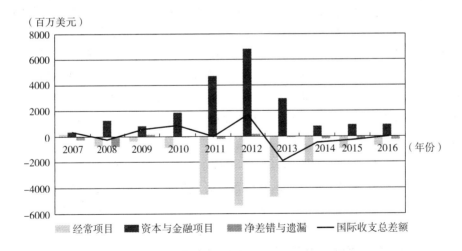

图 3-4　2007～2016 年蒙古国国际收支

资料来源：蒙古国统计局。

蒙古国受货币贬值因素和铜矿产品出口增加的影响，国际贸易由多年的逆差转为顺差；受累计影响，当前账户差额依然很大，2014 年末当前账户差额为 19.34 亿美元。受到国际大宗商品价格持续下跌的影响，蒙古国矿产品出口贸易额大幅下降，加上外国直接投资减少等多重影响，蒙古国外汇储备不断缩减，本币持续贬值。2012 年外汇储备曾达到 41.22 亿美元，从 2012 年末开始外汇储备急剧减少，随后尽管有所反弹，但一路走低，2014 年末蒙古国官方外汇储备 16.5 亿美元，同比下降 26.6%，外汇储备不足，仅能满足 2 个月的外汇需求额度（见表 3 - 7）。

表 3 - 7　　2008 ~ 2017 年蒙古国官方外汇储备　　　单位：百万美元

年份	2008	2009	2010	2011	2012	2013	2014	2015	2016	2017
外汇储备	657	1327	2288	2791	4122	2248	1650	1323	1296	3008

资料来源：蒙古国银行。

外国投资持续下降，其中奥尤陶勒盖（Oyu Tolgoi）金铜矿的外国直接投资下降最为关键。如果说 2010 ~ 2011 年经常账户赤字的压力是由进口大量机器设备方式增长的外国直接投资额的增加，那么 Oyu Tolgoi 2013 年随着第一期建设完成并出口，有关 OT 的外国直接投资和机械进口下降。2013 年，外国直接投资为 23 亿美元。同时，随着 OT 的出口收入的增长，偿还吸引外资时的债务等原因导致 2014 年 FDI 开始下降。2014 年，外国直接投资为 8 亿美元。2014 年蒙古国外国直接额减少的 15 亿美元中对 OT 的直接投资额减少 14 亿美元（2011 ~ 2013 年 11 亿美元外国直接投资中 OT 占 52%）。其他外国直接投资下降的主要原因除了国内因素以外与大宗商品价格波动有关，如 2009 年经济危机时铜价大跌，外国投资也减少。2015 年，蒙古国经常账户逆差为 9.48 亿美元，占 GDP 的比重为 3.6%；2016 年，经常账户逆差为 6.9 亿美元，占 GDP 的 9.1%。此外，2014 年从外国购买的 10 亿美元商品中 3 亿美元是蒙古国政府和蒙古银行的外债（为了保证蒙古国公民的日常生活保障）。

总的来说，矿产价格的波动引起出口波动、蒙古国长期存在国际收支不平衡压力、外国直接投资的下降和外国直接投资者的信心受到打击等因素，都是导致蒙古国面临巨大国际收支压力的因素。

（七）外国直接投资大幅度减少、失业率上升

蒙古国境内矿产资源丰富。过度依赖矿产品出口，投资政策的重大失误，是

蒙古国经济陷入危机的主要原因。奥优陶勒盖（Oyu Tolgoi）金铜矿外国直接投资下降导致蒙古国外国投资的持续下降。2009 年 4 月 OT 合同生效后外国直接投资增加，但是近几年由于投资政策的不稳定，尤其 2012 年修改的《外商投资法》导致大量外资企业撤资和破产，外资企业从 2012 年到 2013 年期间，企业总数从将近 800 家减少到 324 家，其中中资企业从 214 家减少到 86 家，韩资企业从 64 家减少到 40 家。外资企业数量逐年下降，到 2015 年更是仅剩下 200 余家（见图 3－5）。2012～2016 年，蒙古国吸收了大约 75 亿美元的外商直接投资，外国直接投资额逐年急剧下降，到 2014 时外国直接投资情况回到了上一次经济危机水平。2014 年，蒙古国外国直接投资额共计仅为 5.8 亿美元（见图 3－6），同比下降 67.5%，主要集中在投资矿产资源开发和国际贸易领域。

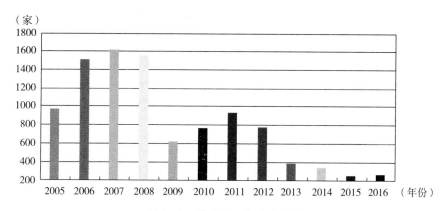

图 3－5 蒙古国外资企业数量

资料来源：蒙古国矿产资源与石油管理局。

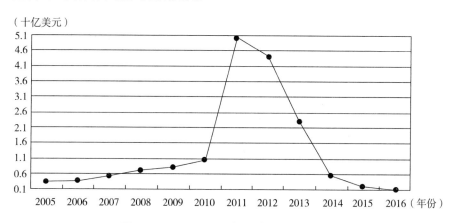

图 3－6 2005～2016 年对蒙外国直接投资

资料来源：蒙古国矿产资源与石油管理局。

尽管劳动力资源紧张，蒙古国结构性失业问题却长期存在。虽然普通劳动力基本满足人力市场需求，但是技术密集型行业特别是高新技术领域的人力市场上严重缺乏人才供应。每年在蒙古国的外籍劳工约 2 万~3 万人，主要集中在建筑和矿产开发领域。受近年蒙古国经济下滑以及大量外资企业撤资的影响，采矿业相关行业的失业人数明显增加。例如，2016 年底，蒙古国城镇登记失业人口3.44 万人，同比增长 5%。

（八）人民生活水平下降

一方面，自 2010 年起，蒙古国通货膨胀率一直盘旋于高位，年通货膨胀率达到 12.5%；2013 年全年各月通货膨胀指数处于 8.3% ~13% 之间。虽然 2013年 9 月蒙古国政府将居民最低工资上调至 19.2 万图，但是面对飞涨的物价，居民名义工资的增加并没有起到实质性作用。尽管在经济下滑与保持物价稳定之间中央银行选择后者，但 2013 年下半年才开始采取措施抑制通货膨胀，且 2014 年均通货膨胀率为 10.4，全年各月通货膨胀指数处于 11 ~14.9 之间，过高的通货膨胀率导致居民收入收缩和资产贬值。

另一方面，蒙古国图格里克持续贬值。据蒙古国统计局，2014 年蒙古国图格里克贬值幅度达到 19%，与 2008 ~2009 年经济危机期间的货币贬值程度相近。人民币兑蒙图 1:304.2，同比贬值 10.7%；美元兑蒙图 1:1883，同比贬值12.3%；欧元兑蒙图 1:2322，同比贬值 1.3%（见图 3 -7）。本币持续贬值，也导致收入收缩和家庭压力的加大。尤其在 2016 年 8 月，蒙古国新任财政部部长公开讲话称，蒙古国处于深度经济危机中。国际市场对该讲话内容过分恐慌，导致 8 月图格里克单边贬值幅度接近 10%，成为当月表现全球最差的货币，2016年 1 ~12 月美元兑蒙图平均汇率更是 1:2145.43，图格里克持续贬值。

工资涨幅远远赶不上通货膨胀率的增速，人民生活水平进一步恶化。网络报道甚至出现一家四口买一块面包的消息，社会犯罪率也明显增加。根据蒙古国统计网数据，2014 年底共计发生 27300 件案件，同比增长 7.7%。2017 年随着矿业外国投资的增加，蒙古国图格里克开始趋向升值，在国际货币基金组织宣布对蒙提供金融援助后，市场信心有所回升。但 2018 年随着中国出台限制煤炭进口的决定，美元兑蒙国汇率仍然持续下跌。

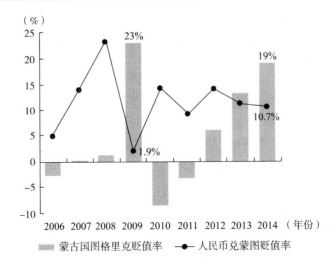

图 3 - 7　2006～2014 年通货膨胀率和蒙币贬值幅度

资料来源：蒙古国统计局。

四、蒙古国各产业发展情况及发展战略

（一）矿产资源开发现状

1. 矿产资源禀赋

蒙古国地处亚洲大陆的心脏和亚欧板块腹地，由于西伯利亚贝加尔湖地区年轻岩层和"微板块"岩心的增积，地质活动很大程度在古生代已经得到发育，基本上在中生代时期终止。蒙古国中部和南部的地质构造主要是由于海西期造成的变形和结晶形成，主要地质成分为原生代和下古生代岩石组成的图瓦岩层以及包括二叠纪到侏罗纪的侵入岩。东部地质构造主要形成于后二叠纪期，地质成分主要是非造山侵入岩体（主要是碱性），沿深外壳断口的新生代玄武岩在局部出现。

（1）主要矿产资源储量及分布。在蒙古国，超过 1000 个矿床和 8000 处储藏地的 80 种不同矿产类型已经被发现，其中最有价值的有煤、铜、氟石、金、铁、

中蒙专利技术贸易与科技合作

铅、钼、银、钨、铀和锌。蒙古国的矿产资源还有大量未被开采和利用,在400种调查矿床中,有160处矿床正在被开发,占40%。2009年,蒙古国矿产资源和能源部门公布的蒙古国矿产资源储量如表3-8所示,其中煤的储量最大,是1500亿吨;其次为磷,储量为24亿吨;铁矿石的储量相对较高,为4.53亿吨;铜的储量为0.23万吨;其他矿产资源储量较少。

表3-8 2009年蒙古国矿产资源储量

序号	矿产资源	储量(万吨)
1	煤	15000000
2	磷	240000
3	铁矿石	45300
4	铜	2300
5	氟石(萤石)	1440
6	钼	21.85
7	铅	300
8	钨/钨钢	7
9	铀	6
10	银	1
11	锡	1
12	金	0.27

资料来源:蒙古国矿产资源和能源部。

(2)战略性矿藏。根据蒙古国呼拉尔第27号决议,2007年,该决议以《蒙古矿物法》第8.1.4项条款为基础,将塔旺陶勒盖、纳林—林苏海、巴格诺尔、市委奥沃、玛尔戴、东方、孤儿万布拉格、图穆尔忒、奥尤陶勒盖、查干俗物而嘎、额尔登特、布尔安汗、波尔噢、图穆尔忒奥沃、阿噢萨嘎他15个矿藏列为具有战略性的重要矿藏,涉及的矿产资源主要有化石煤炭、褐煤、铁矿石、铀、铜、金、钼、磷、锌、铅、银在内的12种矿产资源,如表3-9所示。

表3-9 蒙古国的15种战略性矿藏

序号	矿藏名称	矿物类型	储量	分布地区
1	塔旺陶勒盖	化石煤炭	640 万吨	南戈壁省
2	纳林—林苏海	化石煤炭	12550 万吨	南戈壁省
3	巴格诺尔	褐煤	60000 万吨	乌兰巴托市

续表

序号	矿藏名称	矿物类型	储量	分布地区
4	市委奥沃	褐煤	64620 万吨	戈壁苏木贝尔省
5	玛尔戴	铀	1100 吨	东方省
6	东方	铀	28900 吨	东方省
7	孤儿万布拉格	铀	16100 吨	东方省
8	图穆尔忒	铁矿石	22930 万吨	色楞格省
9	奥尤陶勒盖	铜，金	2630 万吨铜，819 吨金	南戈壁省
10	查干俗物而嘎	铜，钼	25070 万吨	东戈壁省
11	额尔登特	铜，钼	12 亿吨	鄂尔浑省
12	布尔安汗	磷	19220 万吨	库苏古尔省
13	波尔噢	金	24500 吨	色楞格省
14	图穆尔忒奥沃	锌，铅	770 万吨	苏赫巴托省
15	阿噢萨嘎他	银	640 万吨	巴彦乌列盖省

资料来源：蒙古国矿产资源和能源部。

根据蒙古国呼拉尔第 27 号决议的相关规定，蒙古国政府可以支配这些具有战略意义的 15 个矿藏，如果该种矿藏的收入超过 GDP 的 5% 或者像煤、铜、铀这样的矿藏，政府可以决定其股份。

（3）蒙古国的矿业政策指标。根据弗雷泽机构 2010～2011 年的年度调查，蒙古国的矿业政策指标（可以作为衡量政府如何从一个开采者转换成具有吸引力政策的制定者的指标）在全球 79 个地区排名第 54 位，排名高于俄罗斯（第 69位）和中国（第 62 位），在亚洲位居第二（见图 3－8）。蒙古国正以一个新兴市场和主要的能源供应国的形象受到大家的关注。

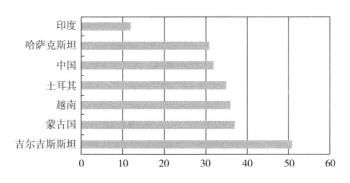

图 3－8　弗雷泽机构 2010～2011 年矿业政策指标各国排名

2. 矿产资源区域分布特点

蒙古国有五个采矿区域：中心区域、高山地区、戈壁地区、西部地区和东部地区，最大的两个矿物生产区域是中心地区和戈壁地区。

蒙古国西部地区有丰富的煤矿床和一些锡矿床。高山地区有磷酸盐、铁矿石、铅、煤和金矿床。中心地区是含矿床种类最多的区域，有金、铜、铁矿石、煤、钼、锡、铅、钨和氟石矿床。戈壁地区有金、铜、煤、钼、铁矿石、氟石和铅矿床。东部地区有锡、煤、氟石、铀、钨和铁矿石矿床。铀矿床仅出现在西部地区，各个区域都有煤矿床。

统计数据显示，蒙古国具有战略性意义的 15 个矿床主要分布在中心地区、东部地区、戈壁地区，高山地区和西部地区都只有一个矿床。巴格诺尔、图穆尔忒、额尔登特、波尔噢矿床在中心地区，玛尔戴、东方、孤儿万布拉格、图穆尔忒奥沃矿床分布在东部地区，塔旺陶勒盖、纳林—林苏海、奥尤陶勒盖、查干俗物而嘎矿床分布在戈壁地区，布尔安汗矿床分布在高山区，阿噢萨嘎他矿床分布在西部地区。

（1）煤矿。蒙古国领土内分布着广泛的煤矿，据地质学估计有 300 多处煤矿床以及大约 1500 亿吨煤。目前，蒙古国是世界上拥有煤矿最多的国家之一。

（2）金矿。金矿在蒙古国分布广泛。最重要的金矿石与二叠纪、三叠纪和侏罗纪时期的地质活动有关。广泛的砂金沉淀物形成于早期的白垩纪、新第三纪、上新世和全新世。蒙古国的金矿主要分布在西部、中部和东北部地区。

（3）铜矿和钼矿。蒙古国的铜矿和钼矿主要有三种矿床形式，晚古生代到早中生代铜—钼斑岩、铜—镍岩浆分离以及古生代到中生代地层范围铜矿。蒙古国仍然有大量中到晚期中生代铅—锌储藏。

（4）锌矿和铅矿。锌矿和铅矿分布在蒙古国东北部，它代表一种复杂的、包含四种角砾岩的流动爆炸结构。这种储藏有 6810 万吨矿石，预估计包含 2.0% 锌、1.2% 的铅、53 克/吨的银，以及 0.21 克/吨的金。

（5）银矿。阿斯格特银储藏位于蒙古国西北部，俄罗斯—蒙古国边界附近。银矿和该地区的基础附属金属矿物质集中分布在 11 个含矿地区及几个辐射区域。这种矿藏有 2300 万吨，包含 268 克/吨的银、0.82% 的铜、0.036% 的锑和 0.042% 的铋。

（6）氟石（萤石）。氟石矿产在蒙古国分布广泛。蒙古国是世界上最大的氟石生产国之一，每年氟石生产量超过 600000 吨。在经济学上，重要矿物质发生在晚侏罗纪到早白垩纪时期。氟石矿物质出现于两种经济类型，即热液脉和交代矿体。

（7）稀土元素。蒙古国的稀土元素主要在晚古生代和晚中生代与长英矿物质和碱性岩石相联系。已被认识的稀土储藏又被分为含碱性花岗岩的稀土矿物质、火山深层复合物（交代区）、与钨纹理相关的花岗岩类的网状矿物质、锡纹理和花岗岩中的硅卡岩矿化物以及碳酸盐岩。Halzan – Buregtei 稀土元素储藏位于科布多中心东北部 50 千米处。复合的钽—铌—锆—稀土元素矿化物与古生代（石炭纪）的一种碱性花岗岩联系在一起。

（8）钨。硕特阿拉善盟的钨和钼矿藏位于蒙古国中部。该矿藏局部位于向斜褶皱，并伴随有早泥盆世石英—云母、石英—黑云母—燧石以及辉长岩—辉绿岩岩体内的页岩。这种矿藏有 18600 万吨，包含 0.17% 的钨的氧化物和 0.018% 的钼。

（9）铀。据初步勘测，蒙古国铀储量约 140 万吨，居世界前十位。早在 20 世纪 70 年代，苏联就在蒙古国东方省勘探发现了道尔闹德、玛尔代河、内木日、古尔班布拉格等 6 个有开采价值的铀矿。1982 年，在苏联的援助下，蒙古国建成了年产 200 万吨铀矿石的矿厂。1989 ~ 1995 年，蒙古国将采掘的铀矿石通过铁路运到俄罗斯赤塔州化工厂进行加工。1995 年，由俄罗斯、美国、加拿大等国联合成立了“中亚铀矿”公司。2003 年，蒙古国、俄罗斯、美国就三方合作开发铀矿的可能性进行了深入探讨。目前，蒙古国的铀矿基本处于停采状态。

（10）磷酸盐。大量磷酸盐盆地位于蒙古国的中北部。据估计，该地区的磷酸盐矿藏有 240000 万吨。

3. 蒙古国矿产资源开发利用及国际合作现状

1970 年，蒙古国得到东欧国家的资金和技术援助，开始建立合资企业探测并开发主要的矿藏如金、铜、钼、铀、煤和氟石。但是，由于缺少公路、水等基础设施，加上蒙古国恶劣的天气以及资金的缺乏，蒙古国无法开发开采发现的矿产资源。

自从 20 世纪 90 年代蒙古国行政部门的经济改革，以及矿业部门的私有化，蒙古国对国内外的矿业投资者产生了强烈的吸引力。蒙古国政府采取了一系列长期计划探测并开发大量有前景的矿藏，如金矿、银矿、石油、煤矿、铜矿以及其他金属和矿物质（见表 3 – 10）。

表 3－10　蒙古国 2011～2017 年 6 月底主要矿产品产量

矿产品	单位	2011 年	2012 年	2013 年	2014 年	2015 年	2016 年	2017 年 1～6 月
金	t	4.4	4.3	7.2	7.5	12.6	15.4	6.7
铜精矿	kt	516.1	1252.1	1334.2	1365.4	1346.2	1399.7	723.6
钼精矿	kt	3.15	3.93	3.67	4.05	5.53	5.05	2.96
锌精矿	kt	105.8	118	103.5	93.1	89.6	117.4	56.5
铁矿石	kt	4663.3	6382.1	6793.3	7557.8	6061.2	5083	2464.0
酸级萤石粉	kt	50.8	98.8	57.2	61	51.6	80	—
冶金级萤石块	kt	200.2	278.1	82	117.6	55.8	100	67.3
钨精矿	kt	0.2	0.13	0.53	1.08	0.68	1.42	0.14
锡精矿	t	54.8	98.6	16.5	99.8	82.3	50.2	—

　　2006 年《矿产资源法》的实施，为具有较高人力资源和资金能力的专业化矿业创造了机会。蒙古国大范围引进国外企业的投资，尤其是在探测、提取以及对矿产资源的加工处理等方面。必和必拓公司、巴西淡水河谷公司、力拓矿业集团、CenteraGold、日本三井、西门子等世界著名矿业公司的到来，为蒙古国吸引了更多的外国投资者。目前，至少有 250 家国外企业和合资企业在蒙古国开采 200 处矿床的煤、铜、钼、砂金、砂锡矿、钨、氟石和各种各样的工业矿物质。世界银行还为矿业和矿务部门研究提供资金。同时，世界银行也审查目前和潜在的矿物运营。以现价计算，2017 年，蒙古国矿业和采石部门产值占国内生产总值的 20.7%，占工业总产值的 60.1%。矿产在蒙古国出口产品中占统治地位，所占比重 2000 年为 35.2%，2005 年为 42.7%，2010 年为 81.0%，2011 年增长为 89.2%。2017 年，蒙古国矿产品出口值达 49.338 亿美元，矿产品出口值同比增长 14 亿美元，占出口产值的比重为 79.6%。其中，铁矿石（铁矿砂）、煤炭、铜矿粉、锌矿粉、钼矿粉、原油等矿产品出口值占矿产品出口值的 98.5%。

　　中国和俄罗斯是蒙古国的两大主要贸易伙伴。蒙古国出口的铜精矿、钼和锌几乎全部运往了中国，将氟石经航运输往俄罗斯、美国、乌克兰和中国。按输出量的降序排列，金矿主要运往加拿大、美国、英国和中国。

（二）能源矿产资源

1. 能源资源种类及特点

（1）煤炭。煤是蒙古国最丰富的资源之一，全国各地均有分布。蒙古国东部地区的煤质优良、煤层厚、储量多。阿尔泰地区以石炭纪形成的煤为主，其所生产的煤2/3用于电厂发电。南方以二叠纪的煤为主，北方以侏罗纪的煤为主。目前，蒙古国煤炭储量258亿吨，引人注目的塔本陶勒盖煤矿（TT 矿）储量约为65亿吨，其中20亿吨为焦煤、35亿吨为蒸汽锅炉用煤，煤的发热值为5000~5500卡/千克，煤层埋深16米，厚度为3~30米，该煤田距铁路的最近距离为400公里。其余为优质动力煤。此外，巴嘎淖尔褐煤矿、那林苏海特煤矿、锡伯敖包褐煤矿也是蒙古国的重要煤矿。

蒙古的煤矿生产在1940~1970年逐渐转向了现代工业生产方法。然而，正式的资源评估、炼焦质量的测试、现代地质研究直到20世纪60年代末才得到应用[①]。

从20世纪90年代开始，蒙古国的煤产量开始增加。当时，包括煤矿等几乎所有的企业由于不稳定的过渡期而经济遭受损失。1993年，地质学家 D. Bat - Erdene 和 Tuya 曾估计蒙古国有1520多亿吨的煤炭资源。自此，许多私营企业进入蒙古国，而且好多企业完成了澳大利亚联合矿石储量委员会或加拿大 NI43 - 101 服从的资源或储量估计。据许多专家估计，随着更详细的地质勘查的完成，煤炭资源有望增加。

2004年之后，蒙古国的煤矿数量迅速增加，也是从那时起，资源繁荣和大量出口开始出现。2017年，蒙古国煤炭总产量达到4948.03万吨，67%以上作为出口，出口量达到3340.0万吨。

（2）石油。蒙古国石油资源主要分布在其南部和东部的东方省、东戈壁省、中央省等地区，据蒙方新闻媒体报道，蒙古国现有22个油田，初步估算储量达60亿~80亿桶，与中国接壤的东、南、西部地区就有13个比较大的石油盆地，储量约30亿桶以上，仅东方省塔木察宝鲁地区储量就有15亿吨，东戈壁省东巴彦储量为7亿多吨。目前，在蒙古国勘探和开采石油的主要是美国的索克国际公司和中国石化集团胜利油田东胜公司。

蒙古国石油勘探和开发活动较少，勘探历史大致可分为两个阶段。第一阶段从1931年开始，美国地质学家特纳尔在蒙古国东部盆地发现了几处含饱和焦油的下白垩纪砂岩和露出地面的含可燃烧的页岩岩层。基于这个发现，苏联帮助蒙古国在其东部开展了有关石油地质学和地球物理学的勘探活动，成功在东戈壁发现了宗巴彦油田和查干—额勒斯油田。20世纪60年代初期，勘探工作进展缓慢

---

① P. Ochirbat. 策略和生态学使煤炭工业得到发展. 乌兰巴托, 2002.

并最终停滞下来。蒙古国石油勘探活动"冬眠期"从 1969 年宗巴彦炼油厂燃烧为起点，一直持续到 1990 年。第二阶段从 1990 年开始。蒙古国于 1991 年成立了国家石油公司麦克特（MGT）公司。麦克特和得克萨斯联合勘探公司完成了蒙古国烃类石油的研究工作，并成功举行了两轮勘探招标工作。第一轮在 1991 年，标的位于蒙古国西部九个区；第二轮在 1993 年，标的位于 12 个附加区。1995 ~ 1996 年，美国索克公司投资 1700 万美元，在蒙古国东方省塔木查干盆地 XIX、XX、XXI、XXII、XI 区上进行钻探，发现了高质量石油。1994 ~ 1997 年，南斯科能源公司在 XIII 和 XVI 区进行了勘探和评价作业，钻探了两眼勘探井，重新进入一些旧的俄罗斯油井，并在宗巴彦建立了一个油田基地。1998 ~ 2000 年，合资企业已经钻探了 5 个勘探和评价井，投资逾 2800 万美元。随着石油资源的不断开发，蒙古国加强了对石油部门的投资，石油工业呈现良好前景。2003 年，蒙古国投资 3710 万美元，对 2061 平方公里地带进行了勘查，打钻 20 多眼勘探井，开采 47 万桶原油。

通过地质勘探和地理数据分析，探明蒙古国与我国产油盆地在地质方面存在类似（如存在地层圈闭、断层圈闭、断层背斜、倒转褶皱等）。例如，东蒙古盆地的塔木查干和东戈壁与我国阿拉善和海拉尔盆地之间有许多相似点；宗巴彦和查干—额勒斯油田与我国二连盆地具有相同的地质、储油层和流体特征；我国海拉尔盆地是蒙古国塔木查干盆地的延伸部分。对来自宗巴彦、查干—额勒斯油田的油样品和塔木查干的油样品进行实验室分析表明，来自东戈壁的原油类似甚至好于二连和海拉尔盆地的中国原油（高倾点和含蜡原油）。这些相似性表明，蒙古国具有石油形成所必需的地质条件，在蒙古国找到丰富的石油储量具有可能性。

1991 年，蒙古国石油法经国会批准通过，并由蒙古国政府贯彻执行。该法律为蒙古国石油开采的新发展奠定了法定基础。根据 1995 年的范·米尔斯率（the Van Meurs rates），蒙古国的石油法成为全球最受欢迎的十大法律之一。蒙古石油权威（PAM）是一个政府机关，蒙古国政府委托其办理石油勘探、开发、生产合同为蒙古国供应石油产品，并监督管理促进这些合同的实现。截至 2005 年，中国大庆石油蒙古有限责任公司和东胜精工石油蒙古公司从其合同区域共生产了 120 万桶原油，110 万桶经铁路和卡车出口至中国。

2004 年 3 月 23 日，石油管理局和东胜精工石油蒙古公司签订了联合开发协议（JEA），中国在区域 II 和 III 进行潜在石油研究活动。根据该协议，该公司已经投入 262000 美元用于该项工程。蒙古国勘探石油的沉积盆地可以分为 25 个探测区域，超过 614000 平方千米，对于这些区域，蒙古国推出了两个国际性的勘探竞标。

目前，中国大庆油田在 XIX、XXI 和 XXII 区域建有合同，塔木察格盆地和东胜公司在 XIII 和 XIV 的部分区域建有合同，以产量分成合同为基础指导石油开采活动。

2010 年底，加拿大的风暴猫有限责任公司在 Nemegt - VI 和 Borzon - VII 区域签订了有关煤层甲烷液体生产的产量分成合同。

国民燃料需求每年都在增加，能源短缺日益显现。蒙古国的石油储备并不高，2017 年原油生产量为 750.414 万桶，对国内原油的加工只能满足未来短期内的部分需求，需要不断地进口，预计的原油生产量不足以满足炼油厂的运营。柴油占蒙古国总能源消费的 60%，最近几年，柴油的使用量迅速增长，国家发展和改革委员会的发展和投资政策部门阐明，矿业、建筑业和农业增长对柴油需求的增加会持续到 2020 年，达到 200 万~300 万吨。

2. 金属矿产资源

（1）铁矿。蒙古国有 300 多个铁矿矿点，初步探明储量达 20 亿吨。铁矿资源可划分为三大成矿区、五大成矿带，其中以东蒙古地区北部地块内的铁矿化最为重要。靠近铁路沿线主要有 7 个矿区：位于乌兰巴托北部 240 公里的达尔罕地区托木尔陶勒盖、特木尔台、巴彦高勒 3 个矿区和位于乌兰巴托西南 300 公里的宝日温都尔地区的额仁、红格尔、都尔乌仁、巴日根勒特 4 个矿区。上述 7 个矿区合计地质储量为 7.3 亿吨。达尔罕地区 3 个矿区矿石储量合计为 5.1 亿吨，其中，工业储量为 1.5 亿吨；含铁平均品位是 51%~54.5%。宝日温都尔矿区总储量约 2.2 亿吨，含铁平均品位为 35%~42%，均为磁铁矿床，经选矿烧结试验表明，铁回收率达 80% 以上。矿石中虽含硫高达 3% 以上，但经选矿烧结后，完全可以降低到冶炼标准。另外，该矿区矿石中不均匀地含有钾、钠杂质，需要在选矿试验中采用适当工艺处理。该矿区矿石中不含氟。

在蒙古国有 30 多个铁矿石许可制造商。17 个大型矿井集中分布在色楞格、达尔汗乌拉、东戈壁、戈壁和南戈壁。根据 20 世纪七八十年代苏联地质学家的探测工作，估计总资源量达 43820 万吨。目前，有 3 个矿井开采铁矿床，它们都在色楞格省，分别为 Tumurtei、托木尔陶勒盖和巴州，这些矿井分别由 BLT 公司、达尔汗冶金厂和托木尔锡林郭勒有限责任公司操控运营。这三个储藏地的总资源量据估计达 36300 万吨。

（2）铜矿和钼矿。根据 2015 年年底蒙古国矿产资源局公布的统计数据，蒙古国铜矿储量 4580 万吨，居亚洲第一，目前已发现的三大铜矿额尔登特斑岩铜钼矿、查干苏布日嘎斑岩铜钼矿、奥尤陶勒盖斑岩铜金矿（OT 矿）均已列入国家战略矿产名录。在北蒙古带已开采的额尔登特斑岩型铜矿是蒙古国最大的铜矿。除额尔登特铜钼矿外，另有两处已探明的大型铜矿，一处是 20 世纪 80 年代苏联在南蒙古带探明的东戈壁省满都胡县境内的查干苏布日嘎大型斑岩铜（钼）矿（储量相当于额尔登特铜矿）；另一处是 2001 年澳大利亚、法国等国家投资勘探，在南戈壁省汗博格达县境内的奥尤陶勒盖地区发现的特大型铜矿，该矿距中蒙边境甘其毛道口岸 100 公里，探明储量为 7.5 亿吨，比额尔登特铜矿大 2 倍。额尔登特铜钼矿为蒙古国目前开采最成熟的矿床，该矿系苏联 1978 年援建，属俄蒙合资企业，蒙古国股份占 51%，俄罗斯股份占 49%。该矿为露天开采矿，每层采深 15 米，整个矿体厚度为 200 米，年采矿能力为 400 万吨。该矿现有职工 6000 余人，有近 1000 台生产用的电脑，各生产工序基本由电脑控制，年产铜精粉 45 万吨、钼精粉 4000 吨左右。

蒙古国铜矿和钼矿的开采主要由一家蒙古国—俄罗斯的合资企业经营，其中蒙古国政府的国有资产管理委员会持有 51% 的股份，俄罗斯政府持有 49% 的股份。额尔登特市的矿井每年产出 2700 多万公吨矿石，生产出含有 130000 多公吨铜和 1500 吨钼的精矿。加拿大的艾凡赫矿山股份有限公司和英国的力拓矿业集团达成协议，建立战略合作伙伴关系共同开发"蒙古奥尤陶勒盖"铜—金工程，该地区位于中国边界北部约 80 千米处的戈壁沙漠地区南部。

依照 2006 年修订的《矿产资源法》，政府有权获得矿产所得的利润，这些规定被认为是一种战略，因为它们可以对蒙古国的国家安全、经济和社会发展产生影响。蒙古国政府设立了一个部门间工作小组，该小组负责与艾凡赫关于"蒙古奥尤陶勒盖"铜—金开发项目的投资合同谈判，谈判内容包括税收重组和基础设施建设。艾凡赫已经投入了 40000 万美元用于该项工程的建设和探矿工作。

（3）金矿和银矿。蒙古国黄金储量 59.8 万千克，位居世界前十位，主要分布在蒙古国北部、中部和与中国接壤的巴彦洪戈尔等省。现已开采或准备开采的有 50 处，分布在 16 条金成矿带中。蒙古国的金矿分为脉金矿、沙金矿和斑岩矿，主要产金区位于中央省扎玛尔地区（乌兰巴托西北 280 公里）、中央省色尔格林县（乌兰巴托东南 70 ~ 100 公里），以及距乌兰巴托 700 多公里的保办脉金矿、塔布特脉金矿、布木巴特脉金矿等。近几年来，蒙古国掀起了"淘金热"，到 2005 年，蒙古国已经有 120 多家采金企业。据蒙古国相关部门统计，2000 年蒙古国采金 13.5 吨，2004 年达到 18.6 吨，直至 2017 年达到 19.85 吨。蒙古国最大的采金企业为俄罗斯独资的金色东方——蒙古黄金公司，其年采金量占蒙古国年采金总量的34%；其次是蒙古国与俄罗斯合资的纯金黄金公司，其年采金量占蒙古国年采金量的13.1%；最后是蒙古国与俄罗斯合资的嘎楚尔特黄金公司，其年采金量占蒙古国年采金量的7.9%。这3家公司开采的黄金占蒙古年采总量的55%。虽然私营企业资金雄厚，但由于技术设备落后，有30%~50%的细金流失，如果这些企业技术设备得到改善，蒙古国的黄金年产量可达50吨左右。

蒙古国有两处重要的银矿，一处是阿斯格特，另一处是孟根温都尔。阿斯格特银矿位于蒙古国阿尔泰山北侧，高度为2700~3100米，距最近的城镇乌列盖约170公里。该银矿地带长度为1.5~12公里，厚度为5~8米，深度为400~500米，初步探明储量为2480万吨。孟根温都尔矿区位于乌兰巴托东南310公里，距巴嘎诺尔煤矿及火车站200公里，距毕日和萤石矿90公里，该矿区每吨矿石平均含银量为70克。

（4）铅锌矿。蒙古国铅锌矿分布很广，已知的几个大、中型矿床均分布在蒙古国东部。查夫铅锌银矿位于乔巴山市东北120公里，距中蒙边境线不远，属裂隙控制的碳酸盐脉型。该矿共查明有10条矿脉，已勘测的只有2条。初步探明储量达167万吨（以铅为主），铅锌含量很高，平均品位8.2%。乌兰铅锌矿床位于查夫矿床西部，为火山管道（爆破）型，管道直径500~600米，矿石品位3%，含矿管道在800米深度矿化不减弱，管道直亦不变化。在乌兰铅锌矿床有不少这样的火山管道。图木尔庭敖包锌矿位于乔巴山市南（阿累努尔铜钼矿西南），为硅卡岩型矿床，矿石品位达10%以上，其附近还有一批小矿正在开采。

目前，蒙古国的地质考察发现15处锌矿和主要矿产地，大约120矿床，主要矿产地有图穆尔忒奥沃、阿噢萨嘎他、乌兰查物、梦个案—噢安得尔和查物。图穆尔忒奥沃有12%的锌精矿；乌兰查物多金属矿床，位于蒙古东部。被发现的铅和锌矿床集中分布在蒙古东部（见表3-11）。

表3-11　蒙古国具有经济重要性的锌矿床

序号	矿床名称	储量（百万吨）	注解	位置
1	湖和阿达尔	32.77	次要金属	巴彦乌列盖省
2	梦个案—澳安得尔	7.29	次要金属	肯特省
3	查物	3.61	主要金属	东方省
4	赫尔阿塔乌拉	38.03	次要金属	东方省

续表

序号	矿床名称	储量（百万吨）	注解	位置
5	乌兰查物	38.83	主要金属	东方省
6	额尔德尼—澳安得尔	2.26	次要金属	苏赫巴托省
7	西图穆尔忒	0.73	主要金属	东方省
8	图穆尔忒奥沃	8.57	主要金属	苏赫巴托省

资料来源：地质矿业信息中心。

（5）磷矿。据蒙古国地质专家考察，蒙古国磷矿探明储量为60亿吨，居亚洲第一、世界第五。蒙古国北部库苏泊盆地中有31个磷矿床（点），其中有8个较大的矿床，分别是库苏古尔、布伦汗、察干诺尔、塔巴音诺尔、乌列音达巴、阿拉航斯可、贝尔希姆乌拉、哈尔马因。布伦汗和库苏古尔两处矿床进行了勘探并提交了储量。布伦汗磷矿位于库苏古尔省省会木伦市以西40公里，含磷岩系300～350米厚。含三层矿，矿层最薄处5～25米，最厚处100～150米，平均厚20～30米，共分21个矿段，其中以第一矿段最为丰富，其次为第八、第十七矿段。矿石分硅质岩型和碳酸盐型两种，前者五氧化二磷品位最高达30%～35%，后者五氧化二磷达15%～25%。现有9个矿段进行了勘探，探明储量为3.20亿吨，可露天开采200米深，露采部分储量达2亿吨。库苏古尔磷矿位于库苏古尔湖西岸，距原库苏古尔省省会哈德哈勒市30公里，距现省会木伦市120公里，含矿岩系与布伦汗相同，从南到北划分四个矿段：上汗矿段、科沁赛尔矿段、额古勒格努尔矿段及乌兰都什矿段，分布延伸长40～50公里，宽15～20公里。

（6）萤石矿。蒙古国有60多个萤石矿床，其储量仅次于中国和墨西哥，产量居世界第4位，主要分布在肯特省宝日温都尔和东戈壁省、南戈壁省。目前，蒙古国有20多家萤石采矿企业。最大萤石矿——色尔温都萤石矿储量为1500万吨，年产50万吨萤石，可开采30年。开采的萤石主要销往俄罗斯和乌克兰。

（7）锡矿。蒙古国锡矿以砂锡矿为主。乌兰巴托附近40～60公里范围有几十处锡矿点。另外，在乌兰巴托西北及南部的中蒙边境附近也有砂锡矿。蒙古国中部的慕什吉乎达赫和南部边境的阿伍吉岗都有碳酸盐类型的磷灰石磁铁矿型，在蒙古国阿尔泰地区为碱性岩型稀土矿，尚未开采。

3. 蒙古国矿产资源开发过程中的特点

（1）蒙古国矿产资源丰富且品位较高。蒙古国不仅有多种丰富的矿产资源，并且在矿物品质方面也是佼佼者。例如，蒙古国的煤主要有侏罗纪煤、石炭纪煤和白垩纪煤三种，平均热量可达 8200 卡，而中国最好的煤炭热量仅达到 5000 卡；蒙古国的金主要有岩金和砂金两种，平均品位可达 159 克/吨；蒙古国的铜主要有钼斑岩型、含铜矽卡岩型和自然铜型三种，平均品位可达 1.36%；蒙古国的铁平均品位一般能达到 50% ~ 60%，而国际平均品位仅为 20% ~ 30%；蒙古国的铅锌平均品位达 8.2%，品位属优；蒙古国的石油品质较高，API 自流指数为 41，而中国大庆油田的石油 API 自流指数仅为 34。

（2）出口商品技术水平较低。2017 年，蒙古国与世界 163 个国家开展贸易，对外贸易总额 105 亿美元，其中，出口额 62 亿美元，矿产品出口值达 49.338 亿美元，占出口额的 79.6%。铁矿石（铁矿砂）、煤炭、铜矿粉、锌矿粉、钼矿粉、原油等矿产品出口值占其矿产品出口值的 98.5%，其中，煤炭出口增长 13 亿美元。肉类出口共计 29300 吨，同比增长 229.1%，其中，马肉 26118.7 吨，货值 4452 万美元；牛肉 600 吨，货值 164.33 万美元；羊肉 2061 万吨，货值 826.70 万美元。2017 年蒙古国出口产品的结构如下：非技术产品——44.93%；低技术产品——52.77%；部分技术含量低的产品——1.5%；部分技术含量高的产品——0.8%；高技术产品——0%。从以上统计数据可以看出，蒙古国出口的产品大部分或者说 95% ~ 98% 是非技术和低技术产品。换句话说，蒙古国主要出口没有经加工的原材料。

最近几年，蒙古国政府大力推行国家创新体系，并且批复了"发展蒙古科学与技术总体规划，2007–2020"［2007 年政令 2 号］。国会也通过了"国家发展综合战略"［2008 年政令 12 号］，这项决策以"蒙古千年发展目标"为基础。这些政策声明，蒙古国将发展采矿业增加其财政能力，建立自给经济，并最终转为知识型经济。蒙古国的技术转型面临以下挑战：①改善高等教育质量；②鼓励科研活动，并提高科研单位能力；③使用并推进国外先进技术及其在蒙古国的应用；④建立"科研与产业"相结合的机制；⑤设立科技基金；⑥对在现实生活中的科技转移提供优惠机制。

（3）综合利用水平不高。由于科技水平低，蒙古的矿产资源利用水平很低，很多矿产出口到国外。除了煤，蒙古国所有矿产资源都是以原材料和半成品的形式出口到国外。原油和煤以原材料形式出口，金、钼、锌、氟石和铜以半成品形式出口。

蒙古国内对煤的需求从 2005 年以每年 200000 吨的速度增加，就国内而言，大部分煤被用作热电站的燃料。蒙古国的三个能源系统，包括六个发电厂，每年将近消耗 500 万吨煤，占全国煤消耗量的 80% 以上。在蒙古国，煤也被作为直接供暖燃料。蒙古国在行政上分为 21 个省，每个省又被分为很多单元。蒙古国 331 个苏木中只有 200 个连接了一个电力系统，大量的家庭靠煤取暖做饭。尽管 260 万的总人口中超过 100 万居住在乌兰巴托，但 21% 的首都人口居住在城市周围的蒙古包内。因此，2007 年，450000 多吨煤用于公共场所、私人住所和蒙古包的取暖，其中，仅仅家庭就消费 375000 多吨。乌兰巴托周围蒙古包区域对煤的依赖对城市造成了污染，特别是在冷的月份，需要寻找更清洁的可替代燃料和能源资源。

在蒙古国，大部分的电（2009 年约为 95%）来自燃煤发电站。2009 年，国内的煤消耗量多于 70% 用于电力和热量生产。由于新的能源和煤消耗工程开始进行生产，未来蒙古国国内的煤消费量将会很大，如额外的燃煤发电厂的建设、煤液化和气化技术的实施。如果消费需求以同样的速度增加，到 2015 增速约为 8%。所以，能源综合利用水平不高将导致煤炭需求日趋紧缺。

（4）自然条件的阻碍。寒冷气候阻碍室外生产活动开展。由于蒙古国地处中高纬度地区，特别是处于西伯利亚寒潮的高气压气旋中心地带，全年大部分都处于冬季，气温低，夏季时间短，而且积温低导致蒙古国可种植的农作物种类有限，多数以草场为主。全年长时间处于冬季，导致很多室外生产活动受到限制，室内生产活动空间有限，如矿井的开采活动、楼房工程建筑、道路修建等活动都无法正常开展，甚至出现冻土现象，更是阻碍了这些生活生产活动，即使可以进行开采活动，也会增加机械和人力投入的成本。这也成为很多投资者不得不考虑的一个自然因素。

4. 蒙古国矿产资源开发存在的问题

（1）设备不齐全且落后，缺少专业人才。首先，蒙古国矿产资源开发设备不齐全，无法展开采矿工作，必须向其他国家引进先进的技术设备，如地质勘探设备、采矿设备和矿物加工设备等。地质勘探设备包括物探仪器、化探仪器、航测遥感设备、测绘设备、地质数据、处理设备、实验室分析仪器、仪表等；采矿设备包括采掘设备、装载设备、运输设备、提升设备、爆破器材、施工机械等；矿物加工设备包括破碎粉磨设备、矿用筛分设备、洗选设备等。引进先进设备还需要会运用这些设备的专业人员。蒙古国可以在自己国内选拔优秀人员去学习设备的运用，也可以聘请国外的专业人员。其次，蒙古国缺少多元化的运输系统。蒙古国经济发展比较落后，城市发展比交通运输条件更差。加之蒙古国是内陆国家，属于大陆气候，尤其是在南戈壁地区没有水流，也不与海洋接壤，气候干燥，解决水资源缺乏问题确实比较难。

（2）对当地自然环境的保护措施不到位。企业的生产经营是一个从投入到产出的过程，需要投入水、森林、人力等资源，同时也往往伴随着噪声、废物等垃圾。蒙古国矿业的发展固然推动了其经济的发展，但伴随而来的环境污染问题也令这个经济基础薄弱的国家感到力不从心。解决好工业文明和生产力发展所带来的环境污染及生态失衡等，已经成为蒙古国政府务必要认真思考的问题，尤其是矿业生产污染对大气、水流、地表地质的破坏最是典型。近年来，部分矿业开采因监管不力，盗采、乱采现象严重，矿业开采所引发的污染已经引起蒙古国民众以及投资者的不满，反对声此起彼伏。矿产开采后的回填需要大量的资金、技术，这对蒙古国来说无疑是一大难题。另外，蒙古国的基础设施比较落后，产品的运输多是依靠重型车。广阔的草原经重型车的碾压，尘土飞扬，寸草不生。生态失衡直接影响民众的正常生活，民众对环境关注的加强在一定程度上会影响投资。

蒙古国土地以草坪为主，传统畜牧业在国民经济中占据重要地位。煤炭开采离不开对土地的挖掘，必然造成对草坪的严重破坏。目前中资企业在蒙古国从事采矿业的有近3000多家，无序开采和汽车随意运输给自然环境带来了巨大影响，中方企业必须注重加强对蒙古国当地自然环境的保护。矿产开发属于高污染行业，中资企业中有些企业未采用先进的设备采矿，从而产生了大量对人体和自然环境有害的物质，对当地自然环境造成不同程度的破坏，给蒙古国留下廉价掠夺资源、破坏自然环境的恶劣印象，不利于双方的长久贸易合作。

（3）控制盲目开采，注重节能减排。所谓节能减排，就是节约能源、降低能源消耗、减少污染物排放。节能减排包括节能和减排两大技术领域，二者既有联系，又有区别。一般来讲，节能必定减排，而减排却未必节能，所以减排项目必须加强节能技术的应用，以避免因片面追求减排结果而造成的能耗激增，注重社会效益和环境效益均衡。目前蒙古国面临严峻的能源效率低和城市空气污染问题。普遍认为，缺乏适当的排放控制设备导致了空气污染，它主要来源于乌兰巴托微粒的排放。对蒙古国的矿产不能一味开采，应注重高新技术、先进设备在蒙古国采矿业的运用，将保护环境、爱护草坪作为与盈利同等重要的目标。

（4）电力设施建设薄弱，有相应的市场空间。蒙古国电力供应形势严峻，电力和供热需求快速增长，设备老龄化令人担忧。蒙古国电力如果实现对中国市场输送，需求将大幅上升。蒙古国的电力设施建设相对薄弱，全国发电装机容量878.43兆瓦，95.5%为火力发电。2012年，全国发电量48.16亿千瓦时，进口电量3.66亿千瓦时，出口电量0.21亿千瓦时，国内供电量51.61亿千瓦时。2013年，蒙古国用电910兆瓦，超过其装机容量3.59%。利用丰富的煤炭资源发展坑口电厂，把煤炭转化为清洁的电力能源，变输煤为输电，由电力净进口国变为电力出口国，是蒙古国未来的发展方向之一。

（5）大力发展风能、太阳能是蒙古国可再生能源发展计划的重要组成部分。目前，在蒙古国能源消费中，可再生能源仅占2%～3%，为达到蒙古国到2020年使可再生能源占全国能源总量20%～25%的目标，除中央省的萨勒希特风力发电场外，蒙古国还准备建设赛音山达风电厂等多个风力发电项目。由此可见，风电开发与建设将会成为未来几年蒙古国的重点发展领域，同时也会成为众多外资投资的重点领域。

蒙古国的太阳能潜力非常广阔。据测算，蒙古国太阳能资源量约5太瓦，太阳能发电潜力位列世界第三。近年来，随着光伏发电设备价格的下降，以及蒙古国政府对于可再生能源利用的高度重视，2012年蒙古国政府力推"戈壁地区可再生能源项目"建设，大力推广环境友好型先进技术，并进一步改善可再生能源投资的法律环境，希望实现到2020年可再生能源产量占全国能源总产量的比例达到20%～25%的目标。这意味着蒙古国未来会更加重视太阳能发电的发展。

（6）煤化工市场将是未来投资的又一个重点。立足于当地的资源赋存，加大煤炭等资源的就地转化和深加工清洁综合利用是未来蒙古国煤炭资源的重要发展方向，煤化工、坑口电厂、煤制天然气、矿产品深加工等领域则是未来中蒙两国合作的重点领域。

（三）农业情况

农业（主要指种植业）并非蒙国民经济的支柱产业，但关系国计民生。农业是目前蒙古国发展水平最低同时又最急迫的产业，历来受到蒙政府的重视。私有化以来，由于经济衰退及投入不足，生产力大幅倒退，种植面积和产量锐减，农业从业人口仅6万人，占社会就业的6%，农业产值约占农牧业总产值的20%。

蒙古国沙漠戈壁约占全国面积的1/3，适于农耕的土地甚少。可耕地主要分布在水分条件相对较好的色楞格河及其支流鄂尔浑河和克鲁伦河流域所在的色楞格省、中央省、东方和布尔干省，这几个省的可耕地面积分别占全国可耕地面积的43.73%、15.75%、10.38%和9.46%。在南部的沙漠和戈壁地区如东戈壁省、中戈壁省、南戈壁省，和西部山区如巴彦乌勒盖省、扎布汗省，耕地面积都低于1%。种植的作物中谷物以耐寒、耐旱的麦类为主，其中小麦种植面积约占全国耕地的27.8%；马铃薯和蔬菜种植面积约占耕地的2.8%，蔬菜品种以生长期较短的白菜、胡萝卜为主,还有少量的洋葱和黄瓜;饲料种植面积约占1.5%;水果种植面积约占0.2%;闲置耕地和撂荒地面积各占19.7%和47.9%(见图3-9)。

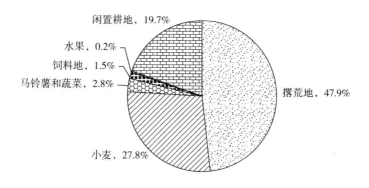

图3-9 蒙古国种耕地利用类型比率

蒙古国作物生产的制约因素有:较短的生长期(90~110天)、低降水量、高蒸发、反季节的霜冻、严重的干旱和经常发生的沙尘暴。蒙古国农作物主要品种是小麦,还有用于食品和饲料的大麦、燕麦,用作青贮饲料的玉米和向日葵,土豆、白菜、萝卜、葱头、大蒜、油菜等20多种蔬菜。面粉和小麦制品占城市家庭食品消费的46%,占农村家庭食品消费的70%。小麦种植面积占整个种植业面积的75%。蒙古国大部分粮食需要进口,年进口量占总需求量的60%以上,其中从我国进口的粮食产品约占40%,蔬菜占60%~70%,副食品也主要来自我国。

蒙古国于1959年和1976年分别实施了两次种植业振兴战略,使可耕地面积达到了120万公顷,并实现了小麦、土豆和蔬菜的自给。但是由于全球变暖导致的气候变化、缺乏合格的员工以及专家数量下降等,蒙古国农业发展自20世纪90年代后持续下降,可耕地面积急剧减少,由20世纪90年代的130万公顷减少到80万公顷。造成可耕地面积大量减少的原因有两个:一是从20世纪90年代初开始,蒙古国向市场经济体制过渡,大多数国有集体农场逐步私有化或倒闭,许多土地无人耕种,造成土地的废弃、荒芜;二是由于干旱,可耕地出现大面积的沙漠化,而且由于财力所限,种植业不经常施肥,导致杂草、病虫害和土壤肥力下降。根据上述情况,蒙古国将2008年定为食品供应和安全年,开始实施第三次国家种植业振兴行动计划,该计划的目标是通过加强农业生产,开垦荒地,解决粮食供应严重短缺问题,最终实现蒙古国全国粮食的自给自足。到 2014 年,蒙古国小麦种植面积达到 11.69 万公顷,产量为 46.5 万吨;土豆种植面积 1.16 万公顷,产量为 16.1 万吨;蔬菜种植面积 0.61 万公顷,产量为 10.25 万吨;牲畜饲料种植面积 0.7 万公顷,产量为 1.2 万吨。小麦、土豆生产基本可满足国内需求,蔬菜生产可满足国内需求的 60.2%。

1. 蒙古国农业现状

蒙古国是亚洲中部的内陆国家,地处蒙古高原。东、南、西三面与中国接壤,北面同俄罗斯的西伯利亚为邻。西部、北部和中部多为山地,东部为丘陵平原,南部是戈壁沙漠。山地间多河流、湖泊,主要河流为色楞格河及鄂尔浑河等。山地、盆地交错,地形复杂,气候变化剧烈,因而形成特有的植被特征。蒙古国地处西伯利亚原始森林和中部亚洲荒漠之间的过渡带,这就决定了蒙古国境内土壤、植被的多样性。在蒙古国西北部的蒙古阿尔泰山、戈壁阿尔泰山、肯特山、库苏古尔山区的土壤分布受垂直地带规律控制。在山区中具有 4 种不同类型的垂直土壤带结构:湿润区、半湿润区、半干旱区和干旱区。蒙古国土壤类也有好多种;有钙黑土、暗栗钙土、栗钙土、盐渍土、棕钙土、草甸沼泽土和沼泽土等。暗栗钙土广泛分布在蒙古国北部的草原地带,较为肥沃,是蒙古国最适于种植业的土壤。栗钙土在蒙古国北部,即沿山坡、山间低地、杭爱山、肯特山,库苏古尔地区很多河流和大湖盆地,以及东蒙古平原分布,此种土壤适于种植农作物。蒙古国种植业主要分布在铺盖暗栗钙土、栗钙土的色楞格省、中央省、达尔汗省、布尔干省等。

蒙古国属于典型的大陆型气候。冬季最低气温可至 -35℃,夏季最高气温达 35℃,季节变化明显,冬季长,常有大风雪,夏季短,昼夜温差大,春、秋两季短促。蒙古国地区风速在不同地方各不同,山区生态条件下,北部平均风速为 2~3m/s,部分地方较小,而戈壁地带为 3~4m/s 或更强,蒙古国地区无风期平均每年 15~16 天。蒙古国平均降雨量为 200~220 毫米。随着全球变暖,蒙古国降雨量也逐年下降。从自然地理和气候条件来看,蒙古国不适合大面积开垦土地发展种植业,而是适合发展适度规模的种植业。

随着全球气候变化,蒙古国近几年来多次遇到沙尘暴、干旱、雪灾、洪水、森林火灾等自然灾害,给蒙古国的经济、社会、生态环境带来很大损失,扩大了荒漠化面积。2009~2010 年,蒙古国经历了历史上少见的雪灾,全国损失牲畜 840 万头,占总数的 20%。2017 年,蒙古国已有 76.8% 以上的土地遭受了不同程度的荒漠化。蒙古国已被联合国列为受荒漠化威胁最严重的 11 个国家之一。

蒙古国位于超干旱和干旱地带，因此，随着全球变暖，蒙古国各地区降水与干湿状况明显变化，河流和湖泊枯竭，降雨量下降，种植业面临灌溉面积缩小、农田撂荒等问题。

随着全球气候变化，蒙古国平均气温不断波动上升，20世纪90年代的温度比40年代升高1.39℃，比60年代升高1.11℃，远高于60年代至90年代世界0.6℃的平均升温水平，也高于中国北方同期0.93℃的平均升温水平。气候变暖对蒙古国种植业的影响是全方位的和多方面的，既有正面作用，也有负面影响，但负面影响往往超过正面作用。

蒙古国水资源的分布很不匀均，河流与湖泊主要靠春、夏、秋三季的雨水补给。蒙古国水资源中河流、湖泊泉水、冰河、地下水资源分别占6%、82%、10.3%、1.7%。据2007年蒙古国国内水资源预算，全国5121条河流的17.3%、4232个湖泊的39.3%、9340处泉水的22.4%已经枯竭，还有些河流、湖泊将继续枯竭。

蒙古国农业存在的最主要的问题是种植业技术和装备水平比较低。20世纪90年代以前，蒙古国的种植业很大程度上依赖于苏联的物质供应和技术供应体系，如农场大型机械、燃料动力、化肥及种植业技术人员，基本上都依靠苏联。苏联解体、东欧剧变后，对蒙古国种植业的基本生产资料供应中断，造成现今蒙古国种植业技术人才较少、技术水平也较低，并且种植业基础设施较落后的状况。目前正值蒙古国实施"种植业第三次振兴"的关键阶段，亟须先进的农业新技术，涵蓄水源、改善环境。蒙古国拥有丰富的土地资源，大型农场的机械化程度很高，农场几乎可全部实现机械化耕种收，但是很多农场的农机设备严重老化，种植业机械保有量明显不足，质量较差，很多是10多年前从俄罗斯进口的拖拉机和联合收割机，农机设备普遍急需更新换代。另外，蒙古国本国又没有农机生产制造企业，仅有一个很小型的拖拉机组装厂，根据食品和农业部的任务每年组装不到10台拖拉机，基本上是全部依赖进口。以拖拉机为例，无论70~120马力还是200马力级别的拖拉机都大量缺少。

在蒙古国一般的农场中，种植业基本上是处于"靠天吃饭、看天播种"的较低水平，主要实施灌溉种植和传统种植耕作法，就是休耕法和轮耕制。2006年可种植面积为120万公顷，其中已耕种面积22.61万公顷，休耕面积15.86万公顷，撂荒面积84.86万公顷。据2010年的蒙古国农机化合作考察报告，私有化中建立的农场都是私营农场，每个农场种植面积在0.2万~0.3万公顷，全部种植小麦。蒙古国种植业劳动力明显不足，且种植业劳动力综合素质较低；种植业科技人才严重不足，缺乏现代化种植业技术的应用与管理经验。

2. 蒙古国农业发展战略

（1）发展绿色农业和有机农业，保护生态环境。蒙古国鼓励宣传发展有机农业和绿色农业，改善环境生态系统和农业生产的服务和质量，注重农业生产率的提高，提出符合国家实际的绿色发展政策，有机农业的生产过程是一个物理过程，强调施用农家肥和有机质改善地力，并且采用生物方法、机械方法防治病虫草害，避免了因施入化肥、农药、植物生长调节剂等引起的农药残留、品质下降、激素积累而造成食物污染。蒙古国应发展有机农业、充分利用生态系统自生、循环、再生的整体协调原理，既可解决食品安全问题，减少大量使用化肥、农药的进口粮食所带来的危害，又可保持生物品种的多样性，保护生态环境。

（2）发展国际合作模式的保护性耕作试点。蒙古国种植业劳动力明显不足，并且种植业劳动力综合素质较低，种植业科技人才严重不足，缺乏现代化种植业技术的应用与管理经验。种植业机械保有量明显不足，质量较差，农机具普遍急需更新换代，种植业及农机化发展资金投入严重不足。应加强培训专业技术人员，提高农具机械化水平。在一些发达国家和发展中国家，保护性耕作已经有了较长的发展历史，技术较为成熟，它们的做法和经验值得蒙古国借鉴。通过合作研究开发、举办专题培训班、召开技术研讨会、交换有关信息资料等形式，建立蒙古国保护性耕作的试点和示范点。

（3）加强畜牧业与种植业的协调发展。蒙古国农牧业包括畜牧业和种植业。千百年来，草原畜牧业是蒙古国的传统产业。蒙古国人民世世代代以草原畜牧业为生。坚持"以牧为主、以农为辅"的原则，协调发展蒙古国农牧业。蒙古国种植业是国计民生的产业，因此，以满足蒙古国国内市场需求为目标，选择适合发展种植业的区域或地区，经营相对少面积、高度机械化的种植业。借鉴发达国家和发展中国家的经验，发展有机农业和绿色农业。保护蒙古国生态环境，协调发展人与自然的关系。

（4）加强种植业机械化程度。转型期蒙古国种植业基础设施落后，缺乏新的机器设备，种植业劳动力较少，因此，蒙古国注重经营发展高度机械化的种植业。蒙古国政府和粮农部食品与农业部进一步加大种植业基础设施的投资，引进适合发展有机农业和绿色农业的机器设备。蒙古国随着气候的变化，有些河流和湖泊已枯竭，因此，蒙古国应该引进旱地集水及节水灌溉机械化技术，它主要包括旱地集水保水工程技术和节水灌溉机械化技术两部分内容。旱地集水保水工程技术主要指通过措施将降水蓄集起来，并采取有效手段防止集蓄起来的降水被蒸发蒸腾或渗漏散失，供给农业生产的需要。传统的方法主要包括集水窖、蓄水池、土坝与小堰、塘坝塘库的建设等；现代旱地农业集水工程技术主要包括采用现代技术对传统蓄水结构进行改造、采用新型蓄水设施以及人工增雨、积雪和截雾集水技术等。蒙古国加大投入，更新种植业设施，加强种植业机械化程度。

（5）加强国际合作。2010年以来，农业国际交流与合作稳步推进，农业对外开放质量和水平进一步提升，粮食领域国际合作成果丰硕。蒙古国在引进国际合作项目解决粮食安全问题的同时，积极参与粮食领域国际合作，通过专家派遣、技术示范和人员培训，引进国外先进农业技术，推广优良动植物种质资源，提高农业生产和粮食安全的能力和水平。引进发达国家和发展中国家的先进的种植业技术，进一步加强国际合作，引进有利于生态环境的有机农业和绿色农业的技术和经营模式，发展有机农业和绿色农业。蒙古国是一个内陆国家，中国与蒙古国接壤，不仅运输相对便利，在运输成本等方面也存在优势。内蒙古自治区的主体民族与蒙古国居民同为蒙古族，同根同源，语言、文化等交流障碍少，中国以内蒙古自治区为桥梁开展对蒙经贸合作具有得天独厚的地缘文化优势。中国内蒙古自治区与蒙古国接壤，共同边界线长达3000多公里，占中蒙两国边界线总长的68.3%。蒙古国的人民和内蒙古自治区蒙古族的风俗习惯相近、语言相通，因此，应当充分发挥中国内蒙古自治区得天独厚的区位、人文优势，特别是发挥其在中蒙两国交往和合作中的纽带和桥梁作用，以不断增进中蒙两国人民之间的相互了解和友谊。

内蒙古自治区自2000年开始开展保护性耕作试验研究，在国家农业部、科技部及自治区有关部门的支持下，在技术模式与工艺体系、数据监测、机具研发与应用环境影响及效益等方面的研究和推广取得了重大进展，为内蒙古自治区乃至全国保护性耕作的发展做出了重要贡献。2008年，全区已有71%的旗县区开展了保护性耕作试验、示范和推广，示范推广面积达69.93万公顷，全区保护性耕作面积达1405万亩，技术应用旗县61个，占适宜推广保护性耕作技术旗县的70%。全年培训农机人员15.2万人，职业技能颁证达到3106个，创年度鉴定人数最高。中国内蒙古自治区种植业技术发展水平要远远超过蒙古国，尤其是在保护性耕作技术和节水灌溉技术方面优越性比较突出。我们可以研制开发适应当地种植业生产需求的农业装备、节水灌溉设施、畜牧业规范化养殖技术及农副产品加工机械设备，支持我国种子栽培技术、有机肥料、国产农机、畜牧业养殖技术出口蒙古国。蒙古国可以借鉴中国保护性耕作发展经验，进一步加强中蒙两国种植业领域的合作，改变其当前"靠天吃饭、看天播种"的种植业现状。

农牧业占蒙古国经济活动近一半，但蒙古国农牧业发展水平低，生产技术落后，仍以粗放型农牧业为主，因而对粮食、蔬菜、水果、禽肉、禽蛋需求旺盛。我国与蒙古国在农牧业方面合作蕴藏巨大的商机，如在农业水利化、牧业现代化发展方面的合作，高科技、高产量种养殖业的合作等。我国经过几十年的改革开放，科技水平获得迅速发展，种植业、养殖业、食品加工、毛纺、加工制造业机械设备和技术先进，劳动力资源极为富足，都为中蒙农牧业合作与发展提供了广阔的前景。

近年来，蒙古国政府高度重视农业生产，采取有力措施，加大对农产品的扶持力度，确保了农业生产稳定发展。农业是目前蒙古国发展水平最低同时又最急迫的产业。其种植业不经常施肥，导致杂草、病虫害和土壤肥力下降。

我国在农牧业发展的成绩非常显著，鼓励中国农牧业企业"走出去"，开拓蒙古国农业农村广大市场。8月21～22日，国家主席习近平对蒙古国进行国事访问，两国和两国企业累计签署了30多项合作文件，两国关系提升为全面战略伙伴关系，标志着两国关系发展达到了全新的水平。在这个大背景下，中国决定对蒙古国的援助重点是促进其民生领域的建设，农业及畜牧业的发展正好契合这一主题。"2015蒙古国农业及畜牧业贸易博览会"为更多的中国相关企业参与和促进蒙古国的农牧业发展提供绝佳的商机和平台，进一步促进了中蒙农牧业的合作与发展，增进两国的传统友谊。

（四）草原畜牧业

蒙古国素有"畜牧业王国"之称，毗邻中国，区位优势明显。一方面，蒙古国发展畜牧业优势巨大，其良好的自然生态环境为发展畜牧业提供了很好的基础，该国近年来发展畜牧业的需求也较为强烈；另一方面，蒙古国农业及畜牧业集约化发展水平不高、相关配套基础设施建设不完善。

1. 草原畜牧业基本特点

（1）可再生性和可更新性。草原畜牧业的基础草原生物不断进行新陈代谢，草原环境不断发展变化，家畜不断繁殖、生长和死亡，草原土壤也可以进行周期性的恢复更新，这些都具有可更新性和可再生性。如果利用得好，可以永续不绝，不断提高生产力，促进草原畜牧业发展；反之，若进行掠夺式经营，就会逐步衰竭直至丧失生产能力，最终影响草原畜牧业的发展。

（2）具有环境依赖性。草原畜牧业是一种充分利用自然资源和畜群资源的生活方式，所以更多地依赖于天气、气候、温度、水分、植物和牧草的长势，这些自然生境直接影响到牲畜的存亡、繁殖增减，乃至于草原畜牧业的兴盛与衰亡。

（3）生命脆弱性。传统草原畜牧业具有很明显的脆弱性，它是由草原畜牧业的传统游牧生产方式所决定的。所谓脆弱性，就是指经不起打击和挫折，在财富的积累方面具有"不稳定性"。游牧民大多以牲畜为财富的象征，而牲畜却是不耐储藏的有生命的"活物"，属于一种动产，很容易在暴风雪、干旱等自然灾害或不断出现的草原生态系统破坏中大批死亡，使繁荣一时的草原畜牧业忽然崩溃，这也是游牧民族在历史上"骤兴骤衰"的重要原因之一。著名学者贾敬颜说："畜牧业的脆弱性，是它的致命创伤，游牧国家衰落或灭亡，和它依赖的单一性的畜牧业本身的缺陷和不足大有关系。"

（4）生产具有季节移动性。传统草原畜牧业生产方式在不同的季节必须逐水草而居，终年长途跋涉，移动迁移。在这样自然放牧条件下，牲畜的生长一年四季呈"夏壮、秋肥、冬瘦、春乏"的恶性循环，使牲畜的配种、出栏带有明显的季节特征，给牧民的生活造成了很大的困难。

（5）生态效益显著。草原畜牧业季节迁移的最终目的是恢复草牧场肥力，保护草原生态环境的原始平衡。牧民通过对草场进行间歇利用，使牲畜采食强度变轻，有利于牧草的恢复和生长，保持草原生态系统的平衡。通过季节游牧和轮牧，草原畜牧业能够更好地利用草地资源，获得较高的稳定经济收益。

（6）牲畜的双重性。在草原畜牧业生产中，牲畜是生产和提供畜产品的实体。草原畜牧业与种植业生产以及国民经济中的其他部门的生产不同，草原畜牧业的畜群既是牧民的劳动对象，又是牧民的劳动产品，也可以说牧民的牲畜既是生活资料，又是生产资料，具有双重性的特点。

2. 草原生态环境

（1）地理与气候。蒙古国地处亚洲中部的内陆，南与中国接壤，北与俄罗斯相邻，地形地貌特征成多样性，境内山地多，群山之间多为盆地、谷地，东部、南部为地势平缓高地、戈壁和荒漠地区，西部、北部为多山高原森林地区，湖泊较多，平均海拔高度为1580米。蒙古国属于典型的大陆性气候，季节变化明显。冬季漫长而寒冷，夏季短暂而酷热，有伴随沙尘暴。蒙古国阿尔泰、杭盖、库苏古尔和肯特等山区夏季平均气温为14℃~15℃；南部戈壁和东部平原地区最高气温达40℃以上；西北部山区冬季的平均气温为–30℃至–25℃，最低气温达–40℃；戈壁地区冬季平均气温为–30℃至–15℃，最低气温达–38℃。年均降水量为 200 多毫米，其中戈壁地区为 20～100 毫米，其他地区稍多，个别山地可达 500 毫米。

（2）草地资源。蒙古国国土总面积 156.65 百万公顷，农牧业用地为 11603.77 万公顷，城郊居住地面积为 48.98 万公顷，交通道路用地面积为 35.92 万公顷，森林带面积为 1429.94 万公顷，水域地面积为 66.61 万公顷，国家专用地面积为 2455.94 万公顷，分别占国土面积的 74.19%、0.31%、0.23%、9.14%、0.43%、15.70%，农牧业用地中适合草原畜牧业经营的草牧场面积约 1.13 亿公顷，占农牧业用地总面积的 97.4%，占国土总面积的 72%。根据蒙古国土地资源研究机构的分类，草牧场分九大类 232 种类型。土壤植被呈多样性，并且土壤肥沃程度不是很高或者肥沃表层很薄，容易荒漠化，全国土壤肥沃程度高的地方主要集中在北部和中央区。蒙古国境内河流总长 6.7 万公里，平均年径流量为 390 亿立方米，其中 88% 为内流河，湖泊水资源量达 1800 亿立方米，地下水资源为 120 亿立方米。森林面积为 1530 万公顷，木材蓄积量为 12.8 亿立方米，其中落叶松占 72%，雪松占 11%，红松占 6%，其余为桦树、杨树、红杨树等。植物资源中植物共计 2600 种，饲料作物优良牧草有 600 多种，药用植物达 700 余种。野生动物中，珍稀动物有戈壁熊、野马、野骆驼、野驴、黄羊等，有狩猎价值的近 60 种哺乳动物，50 多种鱼类，近 90 种鸟类。

3. 草原畜牧业生产特点

（1）畜群规模及畜种结构。畜牧业在蒙古国的经济中发挥着不可替代的作用，依靠畜牧业为生的家庭约占 30%，牲畜是蒙古牧民最主要的家庭财产和生计来源。根据蒙古国国家统计局提供的数据，到 2016 年末，蒙古国各种牲畜饲养量达到 6155 万头，为历史最高。蒙古国饲养的主要牲畜是绵羊和山羊，2016 年羊总饲养数量超过 2500 万只；其次是牛和马，分别为 408.1 万头和 363.5 万匹。此外还有 40.1 万头骆驼（见表 3-12）。1985 年以来，绵羊饲养量年均增长约 3.6%；山羊饲养量增长最快，年均增长约 16%；牛饲养量年均增长 2.2%；马饲养量年均增长 2.7%；骆驼饲养量年均下降 0.9%。蒙古国畜牧业的地域特征显著，牲畜养殖主要集中在杭爱地区，总计约 2316.4 万头，占全国牲畜养殖总量的 35% 以上；其次是西部地区和中部地区，分别有 1513.6 万头和 1415.4 万头；东部地区有 865.7 万头；乌兰巴托市有 43.8 万头。不同牲畜在地区分布上存在差异，牛、羊、马主要集中在杭爱地区，骆驼主要集中在中央地区。

表 3-12　蒙古国牲畜养殖结构　单位：万只、万头、万匹

年份	绵羊	山羊	牛	马	骆驼
1985	1324.9	429.9	240.8	197.1	55.9
1990	1508.3	512.8	284.9	226.2	53.8
1995	1371.9	852.1	331.7	268.4	36.8
2000	1387.6	1027.0	309.8	266.1	32.3
2005	1288.5	1326.7	196.4	202.9	25.4
2010	1448.0	1388.3	217.6	192.0	27.0
2016	2785.7	2557.5	408.1	363.5	40.1

资料来源：蒙古国统计局。

蒙古国培育出的蒙古绵羊、乌珠穆沁绵羊、巴尔虎绵羊、杭盖细毛羊、阿拉泰棕山羊、戈壁古尔班赛汗山羊、额尔奇穆黑山羊、扎布汗白山羊、色楞格牛、东方蒙古牛、牦牛、嘎拉宾戈壁棕骆驼、图和木通拉嘎双峰骆驼、嘎拉希林马等良种已具备相当规模。蒙古国近几年牲畜头数持续增加，且培育出的优秀土种和牲畜改良种的头数逐年增加，基础母畜的增加和牲畜良种化程度的不断提高为畜牧业的高产高效奠定了坚实的基础。

（2）畜牧业区域布局。由于蒙古国每年的降雨量、冷热绝对温差等的不同，每一个地带的植物种类不同，从而牲畜分布、牲畜种类、牲畜头数和密度都有所不同，这也导致了各地带草原畜牧业发展的不均衡。2014 年底，全国共有 21.34 万拥有畜户，其中从事畜牧业的牧户 14.97 万。总牧户的布局是森林地区 40.79%，西部地区 26.44%，中心地区 20.40%，东部地区 11.29%，首都乌兰巴托市 1.09%（见图 3-10）。

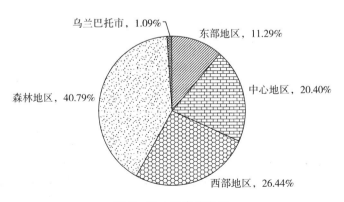

图 3-10　牧户的布局

资料来源：《农牧业部信息》，乌兰巴托，2015 年。

（3）游牧模式与生产组织。在生态地貌特征、气候状况和牲畜种类不同的地区，游牧的距离以及游牧模式是不一样的。H. 札戈巴日乐经多年的研究，将蒙古国各地区的游牧类型划分为以下五种。

第一种模式是肯特地区的游牧模式，平均一年迁移 2~4 次，游牧半径在 10 公里以内，冬营地在山谷低地中，夏营地在固定建筑的定居点。

第二种模式是杭盖游牧模式（"杭盖"是蒙古语，指有山、有树、有平原、河流交互在一起的草原生态地貌），夏季牧场在山间的开阔地，有湖泊、河流、凉爽湿地，秋季牧场则远离水源，冬季牧场在地势较高、背风、向阳的山前坡地，一年迁移 6~8 次，游牧半径在 15~20 公里。

第三种模式是戈壁游牧模式，夏季放牧场较为开阔、平缓、面积大，域内有河流、湖泊，冬营盘多在朝南的向阳坡，或在丘陵、山谷等低地，以最大的可能性避免冷烈的冬季风雪，一年迁移 10~15 次，游牧半径在 30~100 公里或者 100 公里以上。

第四种模式是蒙古国西部地区的游牧模式，其主要特征是高山夏营盘，即夏季牧场在高山草场，冬营地在背风的、低缓的、向阳的山坡地草场，春秋牧场在平坦的草场，一年迁移 10~15 次，游牧半径在 150 公里以内。

第五种模式是东部平缓草原游牧模式，夏营地在旱区部的克尔伦河流域两边。冬营地在南部的、有避风的山谷地，夏冬营地之间的往返行程构成了春秋营地。一年四季大部分在平原草场游牧，大约迁移营地 7~8 次，放牧半径在 30~50 公里。

4. 蒙古国畜牧业存在的问题

（1）草地植被恢复和重建力度不足，还没有采取草原保护、补偿制度，草原荒漠化明显。蒙古国生态环境由于人为的和自然的因素，以及人和自然相互作用的结果，草原荒漠化情况很明显，而且到现在还没有进行些实质性的草原恢复建设工作，导致草原荒漠化速度远远超过了草原建设速度。据有关部门统计，蒙古国 13000 多万公顷牧场中，有超过 70% 的面积存在不同程度的毁坏，而草场、植被面积仍有减少的趋势。由于草原环境日益恶化，可以放牧的夏营地数量逐年减少。

蒙古国草原是蒙古国面积最大的绿色屏障，草原荒漠化严重威胁国家生态安全。蒙古国草原荒漠化目前处于斑点状荒漠化阶段，主要以典型草原和荒漠草原区内的城市郊区和省、县所在地及牧户居住点周围牧民的冬营盘及春营盘周围水草条件较好的河流、湖泊、小溪、泉眼附近露天矿床附近区域边界线周围地区为中心，形成许多斑块型草原荒漠。蒙古国草原荒漠化的总趋势南部大于北部，南部干旱草原呈以风蚀沙化为主的荒漠化趋势，而且荒漠化面积逐年增加，速度逐年递增。目前，蒙古国的草场受到不同程度的荒漠化，其中荒漠类草原受损程度较严重。造成草原荒漠化的原因极其复杂，涉及面又广。全球气候变暖，导致河流干涸，地表土壤缺水，植被结构变坏，这是草原退化和荒化的主要原因。另外，矿产资源的无序开采等人为因素加剧了草原荒漠化的进程。因草原荒漠化引发草场面积减少、牧场水源短缺以及畜种改良等问题，这是当今蒙古国畜牧业发展面临的最大不利因素。

草原植被恢复和重建是长远的、必须要做的事情，但由于蒙古国草原面积较大，草地类型较复杂，恢复和重建技术措施不尽相同，且这些方面的科技投入力度不足，所以迄今尚未形成系统化的治理模式。

（2）不稳定性游牧经营，受自然因素影响大。蒙古国地处亚洲中部内陆，位于西伯利亚泰加森林山地和亚洲中部荒漠地带之间，是处在这两个地区之间的过渡气候区域。远离海洋、境内高山起伏，海拔高，戈壁荒漠纵横，温差很大，霜冻期远远多于无霜期，而且风多、湿润度较低，年降水量主要集中在暖季，积雪很薄，冬春季节寒冷，初夏干旱无雨。各种自然灾害严重（见表3－13），基本上划为四大类型：一是由于气候引起的雪灾、旱灾、沙尘暴等；二是地质因素造成的地震、土壤流失、冰雪流失等；三是由生物引发的动植物传染病、鼠害、兔害、病虫害等；四是人们的失误和科技造成的森林火灾、野外火灾、

表3－13　气候对蒙古国草原畜牧业的影响

地形带	季节延续时间				天数		不适合放牧的时间寒冷季节					温和的季节			
	春季	夏季	秋季	冬季	温和	寒冷	严寒	强风	沙尘暴	暴风雪	总天数	炎热	强风	沙尘暴	总天数
高山	60	80	60	165	179	186	46	2	1	4	53	7	5	3	15
林野	78	109	52	156	185	180	40	4	2	4	50	15	8	5	28
原野	50	122	50	140	195	170	34	8	4	7	53	18	11	8	37
荒野	47	128	50	140	195	170	34	8	4	7	53	18	11	8	37
荒漠	46	152	46	121	217	148	17	9	9	4	39	34	13	21	68

资料来源：L. 巴拉丹达西，B. 吉格木德道尔基. 气候条件制约下德尔畜牧业. 1983.

辐射体污染、化学等有害物体的危害等。各类灾害频繁发生，对蒙古国的草原畜牧业的发展危害极大。蒙古国这种具有四季变化明显的大陆性气候，导致不同的季节里牧草的生长发育是不同的。牧民根据气候、水草条件，四季游牧，因此基础设施薄弱，牧民的生活安全没有保障，信息闭塞，文化技术水平低。长期以来，这些具有普遍性、突发性、危害性强的各种频繁发生的自然灾害，对牧民的人身安全、物质财富安全、生态环境造成严重的损失和破坏，对蒙古国社会、经济造成了巨大损失，也制约了蒙古国草原牧区自然、经济、社会复合生态系统的可持续发展（见表3-14）。

表3-14　蒙古国历年旱灾雪灾造成的畜牧业损失统计

年份	灾害种类	所涉及的区域	牲畜损失头数（百万头/%）			
			成年牲畜		崽畜	
			数量	比率	数量	比率
1944～1945	旱灾	15 个省65%的区域	8.1	33.2	1.1	12.0
1954～1955	雪灾	9 个省70%的区域	1.9	8.2	0.3	4.0
1956～1957	雪灾	11 个省57%的区域	1.5	6.2	9.9	12.0
1967～1968	雪灾	13 个省80%的区域	2.7	11.9	1.2	21.6
1976～1977	雪灾	15 个省127 个苏木90%的区域	2.0	8.6	1.6	10.7
1986～1987	雪灾	11 个省198 个苏木80%的区域	1.8	8.5	9.9	9.0
1993	雪灾	5 个省30 个苏木80%的区域	1.6	6.4	1.2	13.0
1999～2000	雪灾	13 个省158 个苏木80%的区域	2.4	9.9	1.7	17.0
2001	旱灾	13 个省73 个苏木严重受灾 14 个省74 个苏木严重受灾	4.2	13.9	1.0	12.0

资料来源：蒙古国统计局：《蒙古国统计年鉴（2001）》。

（3）牧区基础设施薄弱。蒙古国草原畜牧业基础脆弱，由于蒙古国长期以来经营传统游牧畜牧业，四季游牧，牧民没有固定的住处，牧民收入低，因此牧户基础设施很简陋，很难保证牧民以及牲畜的生活和安全问题。同时，牧民也面临很难拿到国家贷款，或就算贷到款，还贷压力越来越重等困境，因此难以拿出用于建设草原和改善基础设施的各种自筹资金，导致草地培育不足、基础设施简陋，草原畜牧业经济效益下滑。国家对牧区基础设施建设投入少，无力从根本上解决牧区水、电、路覆盖率低和基础设施严重不足的问题，这将很长时间内影响草原畜牧业的健康发展。

(4) 草原畜牧业生产技术水平低。生产技术水平是发展草原畜牧业不可缺少的生产推动力。但是长期以来,蒙古国对草原畜牧业的投入较少,尤其是生产技术水平方面,牧民始终靠传统经验经营草原畜牧业,畜产品生产加工技术很差,企业畜产品深加工能力不够,导致蒙古国的畜产品出口的量虽大但经济效益不高,畜产品大部分以原料的形式出口,其价格非常低廉,市场竞争能力不足,使畜牧业养殖的规模效应没能达到应有的水平,未能获得应有的经济效益。

蒙古国国内羊绒加工设备与技术落后,生产规模小。据统计,蒙古国每年可生产 1.3 万吨未清洗的羊毛,仅占其清洗加工企业能力的一半;而这些企业每年生产的清洗羊毛只有 8000 吨,其中一半出口,一半供国内相关企业加工成地毯、毛织物、毡制品,羊绒出口约 1500 多吨。这种状况表明,由于市场收购价格问题,很多羊毛直接被外国企业所收购,这造成了诸如乌兰巴托地毯厂、额尔登特地毯厂等大型羊毛制品加工企业因原料不足而只能发挥 30% ~60% 的生产力。蒙古国每年生产的皮革约 700 万张,其中出口约 300 万张。蒙古国本国的皮革加工企业生产能力不足,且技术设备落后,污染问题严重,在市场开发的条件下尚未形成竞争力。

今天的蒙古国草原畜牧业依然是传统游牧畜牧业,以封闭式、半封闭式和内循环为基本特征,属于半自给的经济,大部分是家庭小作坊或个体经营户,规模小、技术落后,主要从事简单的畜产品加工业,加工一些最初级的畜产品,而且把其中的很少部分直接提供给城市居民。合法的屠宰企业仅 30 多家,每年经这些合法企业屠宰的畜肉仅占全国屠宰量的 7%,也就是说,93% 的宰杀牲畜不能得到卫生检疫的保障,加之蒙古国内畜群分散、运输困难和畜肉运输成本高,以及几乎每年在一些局部地区会出现口蹄疫、炭疽等疫情,直接影响了蒙古国畜肉的出口。蒙古国的畜肉质量和品味均属上乘,但其出口量并不多,其原因主要是蒙古国尚未形成规范的畜肉收购、运输和加工、检疫体系。

表3-15　蒙古国内工厂加工畜产品产量统计

加工的畜产品类别	2012 年	2013 年	2014 年	2015 年
工厂所制成的肉产品	5666.0	9980.4	8867.5	15070.4
工厂制成的牛奶	7803.6	6386.0	9476.0	16491.5
清洗的绒毛	887.4	1107.8	1670.8	1778.1
梳下的羊毛	—	—	1.1	—
梳下的羊绒	581.9	1388.2	1554.7	1723.8

加工的畜产品类别	2012 年	2013 年	2014 年	2015 年
制成的牛蹄	21	7125	—	—
制成的羊蹄	4.3	65.1	104.2	46.7
制成的羊皮	143.7	287.9	722.4	110.7
制成的山羊皮	—	260.7	238.3	292.5

资料来源：蒙古国农牧业局。

通过表 3－15 可以看出，在 2012～2015 年间，蒙古国畜产品深加工程度非常低，加工过的畜产品也是粗加工，畜产品加工制造业还处于初级阶段。蒙古国要在畜牧业上得到更多的利益，就应该提升国内畜产品加工制造企业的设备和技术水平，提高畜产品附加价值，建立畜产品生产的全产业链。只有深度加工而不是靠出售低级产品，才能提升蒙古国畜牧业发展的水平，提高畜牧业的养殖效益，提高牧民的收入水平。因此，蒙古国畜牧业的集约化发展，乃至在肉、奶、皮、毛、绒和其他副产品的现代化加工以及生物技术的应用（对兽药及饲料及畜产品中的残留检测）等方面，都面临着繁重的任务。

（5）牧区畜牧业结构单一。蒙古国的牧区畜牧业属于半自给的草原畜牧业经济，从草原畜牧业内部结构上看，良种牲畜和改良牧畜虽有一定的发展，但在牲畜的总数中所占比例较低。在蒙古国广泛饲养的五种牲畜中，绵羊的养殖数量最多并且商品化率最高，据统计数据显示，蒙古国全国共有 26.4 万只绵羊，每个公民平均所养的绵羊数量在全世界是除新西兰和澳大利亚之后世界第三多的国家。山羊是非常适宜在蒙古国自然气候条件下饲养的畜牧品种，它是蒙古国除绵羊外饲养最多的牲畜。山羊最主要的经济产品是羊绒，目前，蒙古国每年生产高品质的羊绒两万吨，占世界高品质羊绒产量的 1/3。山羊的养殖及羊绒产业在蒙古国经济当中起着非常重要的作用。在蒙古国畜群结构中，牛的数量占牲畜总数的 10% 左右，牛的养殖为蒙古国提供了肉类产品的 1/3 和乳制品的大部分。为了促进畜牛产业的发展，蒙古国政府应该培育更多的适宜蒙古地区气候条件的高品质畜牛品种，并且研发能长期销售的牛肉或皮、毛产品，从而使牛的养殖利润稳步增长。除此之外，还应该系统化的培育特殊的畜牛品种。蒙古国除了有大量的草原资源，还有很多沙漠地区，因此"沙漠之舟"——骆驼也是蒙古国饲养的主要畜种之一，并且被称为世界上最有经济效益的双峰驼就在蒙古国，全世界双峰驼总数的 1/2 左右在蒙古国领土上生存。饲养骆驼的经济价值丰厚，除驼绒制品、驼肉外，骆驼奶的营养价值极高，能为人体提供多种维生素，因此在医学方面的用处非常广。蒙古马是蒙古人非常喜爱并且受到保护的一种动物。蒙古国养马业的产值占全畜牧业总产值23.8%。在近十年中有15000万匹马被用来进行食物加工或者医药制作领域中。马奶营养丰富，是蒙古国人民一直以来使用的医药产品之一，也是蒙古国医学领域的重要原材料。

对于蒙古国来说，畜牧业不仅是国内广大牧民赖以生存和发展的基础产业，也是国家经济发展的优势产业。但是，近年来由于自然条件的变化和人为因素的影响，原本脆弱的生态环境草原生产力迅速下降，草原畜牧业发展面临困境，对于单一依靠畜牧业为生的牧民而言，草地生产力的下降使得草畜矛盾变得突出，最终导致牲畜的饲养数量减少与草原的退化一起发生，并且还有继续恶化的趋势。此外，牲畜饲养周期长、周转慢，产量和产值不高，多是以户为单位的混群结构，不少牲畜自然交配，畜种退化，商品率不高等问题也值得关注。目前，在蒙古国境内，部分地区的草原畜牧业经济已经陷入了难以为继的局面，这使许多牧民的生活陷入了困境。

（五）医疗情况

2015年初，蒙古国人口刚达300万，其中有65.1%的人在城市，约34.9%为农村人口。蒙古国的医疗卫生服务体制是根据国家行政管理体制而逐渐建立的。乡层面基层卫生人员为助理医生或初级医生，在旗层面主要设置小型旗医院，病床大约在10～20张。2015年约有1400名乡初级医生在全国的300多家旗医院承担对当地游牧民与农村居民的初级和基本的卫生保健服务。省立医院与地区医院拥有200～300张床位，主要为居民提供的是二级医疗卫生服务。

1. 蒙古国医疗卫生体制的历程与背景

（1）蒙古国医疗卫生体制的历程。蒙古国的医疗卫生制度的建立与发展分为三个主要阶段：①1921～1940年，建立初期蒙古国的现代医疗体系；②1941～1990年，建立社会主义医疗卫生体制；③1991年至今，医疗卫生体制从计划经济向市场经济过渡。

在1990年，蒙古国从计划经济向市场经济转移。实行计划经济时，蒙古国医疗卫生体系是完全通过政府支持筹资并提供的，居民通过四级卫生服务机构享受免费的医疗卫生服务。国家目前将政府预算的8%～10%或GDP的5%～7%利用在医疗卫生领域。1990年蒙古国改革开放后实行市场经济以来，原来外援明显减少，从而促使了医疗卫生总费用占 GDP 的比例 1992 年与改革开放的第一年相比下降了 2.7%，并由于高通货膨胀及图格里克（蒙古国货币）贬值的影响，政府医疗卫生预算与原来医疗卫生预算相比，刚满足了实际值的 60%～70%，各种药品与耗材出现短缺，在一定程度上影响了国内卫生体系的有效运行，从而卫生服务质量下降。原来的免费检查和药品以及急救车的服务不再是免费了，医疗卫生机构中的支付方式也出现了变化。此外，居民支付能力的不断下降影响了蒙古国医疗卫生服务的可及性。当时政府也开始意识到了只依赖政府筹资将会难以持续维持原始免费的卫生服务，因此卫生体制需要进行结构性的改革。表 3-16 列出了蒙古国近些年的人口卫生状况发展情况。

表 3-16　蒙古国人口卫生状况发展情况

年份　　数值 指标及单位	1998	2002	最近数据
人口（million）	2.3［1997］	2.5	2.9［2013］
人口增长率（annual % change）	1.3［1997］	1.6	2.1［2013］
产妇死亡率（per 100000 live births）	121.6［1990］	109.5	50.8［2012］
新生儿死亡率（below 1 year/ per 1000 live births）	64.4［1990］	58.0	15.5［2012］
平均预期寿命（years）	62.8［1992］	63.6	68.7［2012］
阅读素养（%，15 years and over）	97.8	97.8	97.4［2011］
小学入学总值（%）	95.9［1997］	89.0	97.9［2012］
儿童营养不良（% below 5 years old）	12.0［1990］	12.7［2000］	5.0［2012］
贫困线以下的人口	36.3［1995］	36.1	27.4［2012］
安全用水的人口（%）	55.0［1990］	61.0	85.0［2011］
人口与卫生（%）	22.6［1990］	52.0	53.0［2011］

（2）蒙古国现阶段医疗卫生体制。自 1994 年 1 月起，蒙古国实行《医疗保险法》。医保有强制和自愿两种形式，此外，公民也可购买多重保险。强制医疗保险由社会保险机构负责，对象为蒙古国全体公民；自愿保险对象主要包括外国公民和无国籍人士等群体。国家机关、企业等单位人员需缴纳医疗保险的额度由政府确定，具体金额为参保人收入的 6%，其中参保人和单位各承担 3%。这部分人所交保费占保险基金总额的 81.8%。大学生、牧民、无业人员等的医疗保险

额度由国家社会保险委员会确定，他们缴纳的保险金额相对较低，如大学生、牧民、无业人员每年缴纳6000图格里克（1元人民币约合200图格里克，以下简称"图"）。这部分人所交保费占保险基金总额的3.2%。此外，领取补助金者每年缴纳2400图，服刑犯人每年缴纳3600图。企业主、个体户缴纳保费额度则根据税务部门统计的收入信息每月上交其收入的3%。未满16岁的青少年（普通教育学校的学生未满18岁）、退休人员、小于2岁的孩子（双胞胎小于3岁）的母亲或父亲、现役军人等群体的医疗保险由国家负责缴纳。国家承担的保险费用占保险基金总额的15%。自愿保险者每年缴纳保费33600图。目前蒙古国医疗保险的参保率约为80%，20%的公民没有参保，其中包括出国者、因不了解保险不愿意参保者以及没有能力缴纳保费者等。

蒙古国《医疗保险法》规定，参保人在国家医院和省、区级医院就医可享受医疗保险。对于机关企业职工、大学生、牧民、无业人员，如到国家级医院治疗，需自付15%的医疗费；如到省、区级医院住院治疗，需自付10%的医疗费。参保人每人每次住院时，基金将向国家级医院支付8.5万图，向省、区级医院支付7.5万图，退休人员、未成年人、军人等住院治疗时全部免费。每人每年医疗保险最高限额为40万图。《医疗保险法》自实施以来，多次进行补充和修改，使该法在实践过程中不断完善。修改后的法律规定，连续三年未享受医疗保险的公民，可免费进行一次全面体检。

2. 蒙古国医疗卫生领域存在的问题

（1）医疗卫生费用不断增长。蒙古国药品、物资及医学仪器大部分从国外进口，卫生服务的费用总体上较高。建立了医疗保险制度，有助于改进医院筹资方式和渠道，但是在医疗保险之初，对医疗机构的支付是以床日为基础的，这导致了医院尽可能提高床位使用率，却忽视了医疗服务质量。自1993年以来的三年时间内，在国内住院人的次数由37.6万人次上升至50.4万人次，从而使蒙古国医疗保险在经费的可持续性方面受到严峻挑战。因此，在1998年与2002年政府修改《医疗保险法》时，引进了5%～15%的国内医院的住院费用共付，住院之前可以采取预付制的支付方式。预付制是医院和保险机构每年根据预期的住院服务利用率和次均住院费用，来确定每个医院的医疗保险经费总量，并每月预付。同时引入了住院费用的共付，患者需支付次均住院费用的10%，但儿童和退休人员作为脆弱人群不需要共付。在2003年，共付比例根据医院级别又调整为5%～15%。

（2）医疗保险方案有待完善。蒙古国医疗保险制度建立并实施以来已经有

20 年了，可是其医疗保险方案还处于落后状态，需要进一步完善。一是医疗保险制度逐渐扩大到门诊服务；二是以个人为参保单位已取代以家庭为参保单位，这种变化除了预防有些疾病发展成大病，同时也扩展了参保者的自身受益面；三是进一步完善游牧居民的医疗保险基金及其筹集方面的相关制度。蒙古国游牧居民占总人口的相当比例，因此这一制度十分重要；四是优化国内私立医院与其他治疗中心管理以及加强其给付与准入管理。

（3）私立医疗卫生机构费用控制机制亟待完善。蒙古国医疗保险缺乏对医院、治疗中心等医疗服务提供者的合适的统一规划与准入管理。私立医疗卫生机构与国有相比相对发展较快，到 2013 年，蒙古国共有 1321 所私立医疗卫生机构，它们在国内占住院服务的 38%。私立医疗卫生机构的迅速发展使患者在就医时有更多的选择，但是政府尚未建立统一的私立医疗卫生机构费用控制的机制，加上私立卫生机构质量方面的问题，就目前蒙古国医疗保险体系而言，完善私立医疗卫生机构费用控制机制是一个严峻的挑战。

3. 对我国的机遇

（1）中成药。目前国家对卫生医疗的投入仍然十分有限。在具体的发展中，来自国外机构的协助反而成为该国医疗卫生技术发展、环境改善的重要原因。蒙古国所需的大部分药品需要进口，特别是中成药方面，作为有着相同文化底蕴的蒙古国邻国，中国制药行业有着先天优势。

（2）医疗设备。从地域的角度讲，蒙古国优秀的医疗资源仍集中在首都乌兰巴托，这里聚集了最先进的医疗仪器设备，也聚集了几乎全国顶尖的医疗卫生资源。蒙古国医疗设备市场潜力巨大，或将成为我国医疗器械最大的买家。蒙古国各级医院设备大多属于 20 世纪 80 年代从苏联进口的产品，医院的常用医疗设备急需更新换代，一次性耗材在这些医院里也显得十分匮乏。该国医疗卫生主管部门拟在下一个五年计划期间投入巨资，彻底更新和淘汰国内省市一级医院里绝大多数已老化的医疗设备，以便让国民享受到优质的医疗服务。西方经济学家猜测，蒙古国政府将会在最近的几年里进口数十亿美元的医疗器械及大型医疗装备。我国医疗设备物美价廉，这对我国医疗器械业来说无疑将是一个千载难逢的绝好机会。

（3）地缘便利。随着近年来两国友谊的不断加深以及合作机会的不断增多，越来越多的蒙古国患者来到内蒙古自治区就诊。据统计，每年有 3 万~4 万名蒙古国公民到内蒙古自治区就医。2007 年，呼和浩特市十家承担蒙古国患者医疗工作的医院共诊治蒙古国住院患者 2000 余人次。

（六）金融业

1. 蒙古国金融体系发展状况

（1）银行业。蒙古国央行是蒙古银行（Bank of Mongolia），于1991年建立，其前身是蒙、俄两国共建的蒙古国贸易与工业银行。蒙古银行有高度的自主管理权，但是必须在行政上受到议会监督。该行的首要目标是稳定蒙古国货币图格里克，保证金融市场体系有效运行及经济可持续发展，主要职能有：发行货币并制定、实行货币政策，管理外汇储备，为蒙古国政府担当财政中介，监管金融机构经营以及银行间支付结算活动。蒙古国商业银行数量不多，全球金融危机前有16家，之后其银行业损失严重。蒙古国最大的五家商业银行中，Anod Bank 及 Zoos Bank 由于经营情况不良濒临破产而被央行接管，剥离不良资产重组为蒙古国家银行（The State Bank of Mongolia）。该行归属于蒙古国财政部，包括30个分支机构和员工300人。2010年4月，蒙古国邮政银行（Mongol Post bank）和蒙古国储蓄银行（Savings Bank）合并重组成储蓄银行（Savings Bank），注册资本为6000亿图（约4.3亿美元），包括310个营业网点和1800名员工。2011年，蒙古国针对大项目融资设立了蒙古国家开发银行（Development Bank of Mongolia）。虽然蒙古国法律允许外资设立全资银行，然而实际上至今并未批准过一家外资全资银行。

（2）证券业。苏联解体后，蒙古国开始进行私有化改革，迈入市场经济。蒙古国证券交易所在1991年1月成立，成为其唯一的证券交易市场。随后该证交所于2003年股份制改革，证券市场开始发展。蒙古国的股票市场成交量极小，因而大多数人对其缺乏了解。蒙古国近年来相继颁布了有关法律法规，使该市场不断发展。蒙古国政府在2001年制定的国家社会经济发展政策对蒙古国股市发展做出了规划；随后，蒙古国政府和伦敦交易所集团在2011年签署《战略合作框架协议》，该协议成为蒙古国证券市场发展的一个重要节点，蒙古国证券交易所在伦敦证交所的帮助下开始全面改革发展。截至目前，蒙古国证券市场还存在诸多问题，如市场规模较小并且开放程度低、投资者缺乏必要的专业知识、市场法律法规和监管体系尚未形成有效保护、基础设施建设相对滞后等。

（3）保险业。截至2014年，蒙古国共有16家保险公司（只有1家是寿险公司）、31个保险经纪人、21个检验人和3400家代理公司。主要经营的业务范围有：火险和财产险，强制性司机责任险，车辆损失保险，个人意外和医疗费用险，其中火险和财产险占当年全年保费的 30%，强制性司机责任险占 20%。可见，蒙古国保险业发展相对滞后，市场规模较小。

2. 蒙古国金融市场发展状况

（1）货币供给方面。2016 年，蒙古国广义货币供应量（M_2）为 12.08 万亿图（约 48.31 亿美元），同比增长 20.2%；狭义货币供应量（M_1）为 2.09 万亿图（约 8.36 亿美元），同比增长 24.0%；流通货币量为 8236 亿图（约 3.29 亿美元），同比增长 16.5%（见表 3 - 17）。M_1 增速大于 M_2 增速，说明 2016 年蒙古国流动性资金相对充裕，企业和居民交易较为活跃，产业投资意愿有所增强，整体经济正在从蒙古国货币危机中走出来。

表 3 - 17　2012 ~ 2016 年蒙古国货币供应量　　　　单位：亿图

年份	2012	2013	2014	2015	2016
M_2	76124	94533	106347	100490	120765
M_1	18349	20932	18167	16854	20901
流通货币量	8285	8411	8097	7067	8236

资料来源：根据蒙古国银行相关数据整理。

（2）储蓄及商业贷款方面。2016 年底，蒙古国本币储蓄 5.77 万亿图，同比增加 6.1%；外币储蓄 2.78 万亿图（约 11.12 亿美元），同比增长 42.7%；蒙古国国内银行贷款余额为 12.4 万亿图（49.6 亿美元），同比增长 6.1%。在上述贷款中，逾期贷款为 9128 亿图，同比增长 6.9%；不良贷款为 1.08 万亿图，同比增长 24.5%。不良贷款率较高的原因有以下两点：首先，部分中小企业及个人因为蒙古国经济危机缺乏流通资金，无法偿还银行利息；其次，宏观经济形势不佳使采矿、制造业效益下降，违约增加。

（3）债务方面。据统计，蒙古国债务总额截至 2016 年 9 月已达 237.85 亿美元，同比增长 10%，是当年 GDP 的 3 倍左右。其中，政府负债为 47.59 亿美元，央行负债为 17.29 亿美元，其他金融机构负债为 23.51 亿美元，其他领域负债为 81.28 亿美元，直接投资导致的公司间债务为 68.17 亿美元。

（4）股票市场方面。2016 年，蒙古国股票市场成交量为 4629 亿图（约 1.85 亿美元），同比下降 48.5%；总交易次数为 9708.29 万笔，同比增加约 130%。此外，据统计，蒙古国证交所上市公司数量呈连续下降趋势，1996 年时尚有 450 家，截至 2014 年 6 月时仅有 250 家，其主要原因是 20 世纪 90 年代蒙古国将国有企业私有化之后，这些企业相继因为经营不善而倒闭，破产的企业数量一直大于新上市的企业数量。由此可见，蒙古国股票市场规模小并且私营企业融资量不足，还需要长足的发展。

（5）外汇储备及汇率方面。2016年蒙古国外汇储备13.04亿美元，同比减少10.61%。2016年底，蒙古银行人民币、美元、欧元、卢布兑换图格里克的平均汇率分别是358.73、2482.57、2619.89、40.00，全年美元兑换图格里克的平均汇率是2145.53。蒙古国货币大幅贬值以及外汇储备急剧缩水对蒙古国对外贸易的影响较大，外商投资大幅减少。

3. 蒙古国金融发展存在的问题

（1）蒙古国金融市场规模小，金融工具品种不丰富。蒙古国金融市场仍属于较为单一的小型金融市场，上市公司、投资者数量较少，交易额较低。其中证券市场主要以股票、国债、企业债为主，品种较为单一，同质性较强而且交易不活跃，这些都制约着蒙古国金融市场的进一步发展。

（2）蒙古国金融市场开放水平不高。首先，蒙古国证交所尚未有海外公司挂牌交易，这与其经济开放进程不符，也令投资者缺乏对外企的投资途径。其次，蒙古国证交所缺乏同外国证交所的合作。虽然前文提到蒙古国证交所签署了一些谅解备忘录及合作协议，但是还缺乏更高层次的合作，不能止步于人员交流、互访等低层次合作。

（3）证券交易所基础设施不完善。蒙古证交所的基础设施与市场发展相比相对滞后，股票交易、结算系统都需要改善。

（4）法律制度体系建设相对滞后。1994年蒙古国制定《证券法》后，相继对其修订了两次，但是相关法律法规依然落后于市场发展，规范效果不明显。其中，信息披露制度问题较大，主观随意地披露重大消息使投资者信心严重挫伤；不健全的利益保障与实现制度导致投资者担负市场风险较大。

（七）水及其他基础设施和服务

蒙古国的用水量大约为50亿立方米，其中超过50%被工业和农业部门使用。80%的饮用水来自地下蓄水层，70%的居民自己取得地下水或从公共取水设施获取。在2006年的政府调查记录中，超过一半的蒙古国家庭表示他们有干净的水。在蒙古国城市住区的特点：①中央正式规划（公寓）的区域，提供全面的公用设施，包括供暖、供水和卫生公寓楼；②外围无计划（GER）领域，主要是不提供服务的地块、土路上，卫生条件恶劣，设施落后。乌兰巴托和大多数省会中心有集中式供水系统，包括通过管道网络泵地下水。然而，这些水供应网络是建于20世纪80年代，没有被很好地维护。据估计，城市人口的50%居住在公寓区，通过集中配送网络获得24小时每周7天的家庭供水，而蒙古包区主要是靠水站。在蒙古包区，人均用水量平均7~10升每人每天（LPCD），低于世界卫生组织推荐的最低限度的一半。在过去的10年中，政府积极推行政策促进全面成本回收，促进私营部门的参与，降低蒙古包区的水价，提高效率。水的公共事业面临的主要挑战是设置水的收费水平来保证其成本回收。在一些省份，与水相关的城市服务是由城市公共服务组织（PUSOs）提供的。这些PUSOs是半私有化的国家所有的服务企业。然而，它们仍然受到省政府的很大影响。因此，提高水费用于应付开支往往会成为一个政治问题，而不是简单的成本回收。大多数省会的收费都达不到国家收入目标50%的水平，大多数PUSOs交叉补贴不足为集中供热收费过高。PUSO水费是在公寓区平均每公升水MNT0.7和在蒙古包区的店铺是平均每公升水MNT1.5。蒙古包区目前支付的水费是城市地区的2~10倍，因为通过卡车送水支付的成本比较高。根据各自的援助项目，亚洲开发银行和世界银行提供水亭减少蒙古包区收费负担。然而，蒙古包区水关税没有大幅减少。除了关税问题，PUSOs面临着其他重要的挑战，就是识别新水源，并试图减少水的流失。

1. 废水处理

根据政府的统计数字，只有不到25%的蒙古国人民使用下水道。只有公寓区有污水处理系统，而蒙古包区依靠几乎完全未经改进的露天厕所。城市地区在乌兰巴托，几乎一半的居民没有获得干净的水和健全的卫生设施。许多污水处理厂和收集系统建于1995年之前，通常由于缺乏适当的操作和维护而无法正常发挥其功能。因此，废水通常简单地直接排入河流或直接倾倒在地面上。回收网络也同样处在可怜的情况下。因此，未经处理的污水从地下管道渗漏到土壤或可能对当地地下水造成污染。在蒙古包区，污水处理通常是不存在的，大多数居民使用未被改良的露天厕所或田野排便，造成公众健康危害。

目前，连接到下水道线的机构和企业平均每月分别支付MNT152和MNT3100。连接到下水道线的公寓需支付MNT50~MNT447。蒙古包区是坑式厕所，并不收取废水关税。

与供水一样，污水处理面临的主要挑战是PUSOs一般不允许设置足够的收费水平来保证成本回收。比较复杂的情况是，在污水处理行业评估它的全部回收成本比较困难，因为服务、连接和处理系统在不同省会城市之间有很多变化。像乌兰巴托，日本国际协力机构（JICA）正在完成这个城市的总体规划，包括一个下水道连接系统和升级污水处理厂的计划。几个 PUSOs 现在正在进行污水处理方面的投资、PUSO 收费，如果实施，将覆盖大部分的污水处理成本。在省会中心城市，目前绝大部分的投资主要是建设污水处理厂或污水处理池，这些都是低成本解决方案，应该能够减少附近的水源受到排泄物污染的威胁。除了收费问题，其他重要的挑战包括改进污水处理厂的规划和建设，以及收集更多构建污水收集网络的成本和效益的数据，以便能更容易评估废水处理的成本和效益。

2. 固体废物管理

乌兰巴托一般在固体垃圾处理上有很好的服务。它有垃圾填埋场、垃圾收集服务和恰当的收费制度。相比之下，大多数省会城市缺乏垃圾收集系统和安全填埋处置的固体垃圾的填埋场。

在许多省份，垃圾是散落在省会城市外围的开放土地上的。尽管几个省会城市逐渐发展了安全填埋点和垃圾收集系统，但垃圾收集和处理仍然是一个新概念，主要的挑战是说服居民使用新的固体垃圾处理系统。另一个问题涉及将垃圾收集费从废水收费中分离出来，目前它们是在一起计算的。

3. 集中供热

在蒙古国，空间加热主要有三个主要来源：①综合供热供电发电厂，提供电力、热、热水给乌兰巴托和其他一些城市；②专供热能锅炉，满足一个或几个建筑的小中心网络取暖和热水的需要；③个人热炉子，烧煤或木材满足城郊地区居民的需求。城市和农村地区之间在热源方面有显著的差异：在蒙古包区使用取暖炉，且以燃煤为主；省会有规模小得多的集中供热网络，主要使用的是专供热能锅炉；而苏木区主要是烧粪便、木头、煤炭、石油和柴油的个人热炉子。

集中供热和水供应许多管道网络的计划区域迫切需要建设，原因是无效的设计和缺乏保养维护。缺乏长远规划和土地用途管制的蒙古包地区发展的空间杂乱无章，公共设施有限，难以获得社会经济服务，降低了维持生计的机会。低密度城市地区发展对服务成本和效率产生影响，并增加人均碳排放量。即使是在城市地区的规划中心，服务特点是低效率和较差的成本回收。蒙古国气候寒冷，相应地能源需求高，对煤炭的依赖导致碳排放量增高。

城市经济在 2006～2010 年预计每年平均增长了 11.2%，占国内生产总值的 65%。2002～2011 年经济的快速增长，为减少城市贫困的趋势作出了贡献。然而，在 2011 年，蒙古国 26.6% 的城镇人口仍然生活在国家贫困线以下。这种两极分化和蒙古包公寓区域之间基础设施的差距，是主城区走向社会化、环保化、经济化的制约因素之一，尤其是在乌兰巴托。

主要部门的问题包括：①城市规划体系和土地市场运作不良；②在城市规划上的决策透明度和问责制不足；③尤其是在蒙古包区，城市基础设施和服务的不充分的利用，质量和覆盖；④缺乏足够的资源以服务快速增长的城区——乌兰巴托和那些与采矿和贸易（特别是在南方关联和东戈壁）；⑤蒙古包区域与城市经济缺乏发展和整合；⑥成本回收不足和公共服务的财务管理不善；⑦地方政府缺乏未来规划，提供和运营城市基础设施和设备的能力；⑧充分注重城市环境问题，特别是在乌兰巴托；⑨维护关键的、充足的资源配置基础设施资产重视不够。

(八) 房地产业

随着蒙古国城市化建设进程，公路和铁路、桥梁、空运、汽运、电力、通信和工业园区基础设施等，以及居民住宅、写字楼、新兴城区、经济开发区的建设也出现了新一轮的热潮。当今基础设施建设如公路、铁路、城市道路、机场等已不能适应当前发展需求，基建建筑市场全面兴起。

蒙古国经济发展及当前与未来蒙古国建筑建材发展规划，主要包括市政建设、地铁项目及蒙古包搬迁工程等，建筑市场规划给建筑建材市场带来了发展机遇。据了解，蒙古国在 2013 年修订了《乌兰巴托市第五总规划（2013—2020年）》，并通过了《乌兰巴托市都市发展总规划（2013—2030 年）》。特别是首都平房区亟待改造，蒙古国现有 300 万人口，其中 44% 居住在首都乌兰巴托，而乌兰巴托市总人口中只有 40% 居住在楼房中，另外 60% 近 20 万户居民还居住在条件较差的平房区中。蒙古国建筑和城市建设部副部长白格勒玛表示："未来五年，我们将在乌兰巴托市建立能容纳 20 万户居民的新住宅区。"平房区改造项目覆盖乌兰巴托市的八大区三十七小区的 7.83 万人口，总面积为 15.06 万公顷。乌兰巴托市 2013～2016 年的发展规划中已涵盖对平房区的改造，并已开始执行。政府发起的工程——"十万住宅工程"和"新发展路况工程"，总投资分别为 620万美元和 480 万美元。2013 年，修复街道工程集中于修理、扩宽老街、路面和建筑，高速公路都已经在新发展工程中启动实施了。预计 2013～2018 年每年投资额增长率达到 13%，建筑材料进口需求 2013 年为 4.58 亿美元、2014 年为 5.32亿美元、2015 年为 6.17 亿美元、2016 年为 7.15 亿美元、2017 年为 8.3 亿美元、2018 年为 9.62 亿美元。

2014 年蒙古国的 GDP 中，建筑业产值占 10%。蒙古国的建材有 60% 是从国外进口的，其中 80% 源自中国，其次为俄罗斯、日本、韩国等国家。为了支持蒙古国建筑业的发展，蒙古国会继续向建筑领域提供长期的低息贷款支持。为了吸引外国投资并保障投资者的权益，蒙古国还修改了该国法律，今后外国投资者在蒙古国创立企业不需要政府特别许可，收购蒙古国企业也无需政府特别许可。蒙古国积极鼓励别国企业在蒙古国生产建材，乌兰巴托正在计划建立一个建材工业园，鼓励外国企业家到此建立材料工厂，并将对进口的材料和设备给予减免收关税优惠。

2014 年恰逢中蒙两国建交 65 周年和中蒙友好合作条约签署 20 周年。受益于中国政府"一带一路"倡议，2014 年 8 月，国家主席习近平对蒙古国进行了国事访问，中蒙两国关系提升为全面战略伙伴关系，掀开了两国关系发展史上新的一页。双方共同签署了涵盖矿产、电力、交通、基础设施建设、金融等多个领域的 26 个合作协议，全面推进中蒙基础设施建设等项目合作。2013 年，中国在蒙古国投资建设了年产 100 万吨的水泥生产线，2014 年投建了混凝土砌块生产线，并签订了多个住宅改善项目，预计 2020 年将实现双边贸易额突破 100 亿美元的目标。

第四章 蒙古国科学技术研究及技术贸易

一、蒙古国科学技术及研究投入情况

（一）蒙古国科学技术总体情况

当今时代，科技创新成为国际竞争中成败的主导因素，科技竞争力决定某一国家或地区在未来世界竞争格局中的命运和前途，一国完善科学技术发展是维护国家安全、增进名族凝聚力的关键所在。而构建一个符合国民经济发展需求和国际竞争需要的创新体系是一国在世界这个大舞台上更好地展现出自我一面的关键。衡量一国在科学技术发面的投入有多大，主要用一国科学技术方面的投资占国内生产总值的比例（R&D）来衡量，据了解，世界平均数据是 1.1%。统计显示，2013～2015 年的平均数据美国是 2.76%，日本是 3.33%，欧洲国家是 1.8%，拉丁美洲国家是 0.3%，印度是 0.6%，而蒙古国只有 0.2%。部分国家科学技术投资占国内生产总值的比例如图 4-1 所示。

在不足 0.4% 的国家，科学技术并不明显地影响一国的经济社会，它只是一种社会文化的形式存在；而在超出 0.8% 的国家，科学技术发展较明显，能够影响整个社会的经济，并在整个国家有着不可或缺的重要地位。在 1.5% 的国家更为突出，专家指出，对超出这部分的国家来说，科学发展对国家的繁荣发展有着关键性的、不可替代的作用。

按照蒙古国科学技术法的规定，科学技术经费占国内生产总值的比例应达到 1.5%，在 2007 年规定的科学院计划中指出，2020 年该比例应达 2.3%，而这些

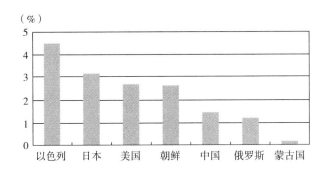

图 4 – 1　2013～2015 年各国科学技术投资占国内生产总值的比例

年过去后，蒙古国这一比例仍然很低，法律规定的比例是现实比例的 7 倍左右，现实比例远远达不到预期的规定。蒙古国科学技术的投入占国内生产总值的 0.2%，从而显现出蒙古国的科学发展对本国的社会经济影响不大，只以社会文化的形式在科学研究范围内存在着。因此，蒙古国科技部门对国家经济增长的贡献率较低，国家创新活动在全球和地区的水平上是过时的。2016 年，蒙古国教科文部对科技实力进行的评估表明：所有出口产品中，45% 没有技术含量，52% 是低技术产品，3% 是中低技术产品。然而，进口的中高、中低和低技术含量的产品比重很大，表明智力资产利用效率低下。蒙古国虽然过去制定了一些发展科技的政策文件和工作计划，但很少能贯彻落实。经济社会和产业发展的文件中没有包括给予利用科技资源、科技—学术—产业合作及国际科技合作等足够的支持。没有完善的基础设施来支撑这些链接，公众科技的重要性认识仍然不高。

蒙古国国家科技创新战略演化大体上分为三个阶段：

第一阶段是形成阶段（1990 年以前），主要特征是建立一些部门科研机构，培养各类科学研究人员。国家建立了科学院，制订了国家科技发展计划，逐步形成国家创新体系，这个时期科技计划主要有"5 年科技发展规划"等。此时国家创新模式主要是"政府主导型"，由政府直接控制，相应的组织系统按照功能和行政隶属关系严格分工；创新动机来源于政府认定的国家经济、社会发展和国防安全需要等；创新战略由各级政府制定；政府是资源的投入主体，资源严格按计划配置，创新执行者或组织者进行创新是为了完成政府任务，其利益不直接取决于它们的现实成果，同时也不承担创新失败的风险和责任。

第二阶段是转型阶段（1990～2003 年），主要表现是探索国家创新系统的发展模式和创新政策，出台了改革政策和措施。这一时期国家科研经费大多以国家科技计划的形式出现，政府工作人员管理科研经费配置。国家先后出台了一系列法律：国家科技政策（1998 年）、国家科学技术法（1998 年）、科学院最高地位法（1996 年）、专利法（1993 年）、技术转让法（1998 年）、高等教育法（2002年）、著作权法（1993 年、2006 年）等。

第三阶段是国家技术创新系统阶段（2003 年至今），为迎接世界高新技术革命浪潮，蒙古国首次兴办了科技园，提出了构建面向知识经济时代的国家创新体系。

（二）科研机构与人员情况

1. 科研机构情况

由于苏联的广泛支持，蒙古国 1989 年拥有的科研机构规模相对较大，包括90 个研究机构在内的科技机构，现有 70 多个研究机构。其研究机构分别隶属于科学院和大学，省级研究机构一般在业务上由国家相应研究院所指导。

蒙古国教育文化科学部的主要职能是制定相关政策、法规，同时制定科技与教育方面的中长期发展规划与计划，教育、文化、科技是该部主管的三大工作，内设科技高等教育政策协调局和中小学教育政策协调局，主管全国教育工作。其下管辖蒙古国立大学、蒙占科技大学、蒙古国立教育大学等 48 所国立大学，并检查和指导全国各省、市教育局、教育单位工作，检查指导全国私立大学、外国大学教育工作等。蒙古国国家科技基金会隶属于科教部，是科教部管理财务的机构。

蒙古国科教部和基金会有明确分工，科教部主要职责是制定科技政策与计划，而科技经费是由基金会确定和管理。一般程序是科教部制定计划后，由基金会组织专家组，对申报项目进行评审并到实地考察，提出资金划拨计划，提交由国家总理亲自主持召集的各部主要领导参加的民族发展领导小组专门会议，予以审定。蒙古国科研单位根据政府法令，都已实行经济上单独核算、自负盈亏，但大学科研单位的费用仍由国家负担。

蒙古国目前主要科研机构包括：①蒙古国科学院及所属研究所。它是政府资助的自主性机构，也是其主要科研机构，包括自然科学和社会科学两大领域，自然科学研究是其主要研究领域。它间接监督全国 50 多个科研院所，共有科研人员 1000 多名，其所属研究所科技人员约占国家科学技术人员总数的 25%。国家科研经费基本上被国有科研机构所分摊，其中科学院占到35.6%。蒙古科学院在国际科技合作方面与 30 多个国家建立了联系，合作最多的是俄罗斯和德国，我国排第 3 位。②大学研究实验室。据教科文部统计，蒙古国目前有 140 多个大学和学院，大多数是 20 世纪 90 年代建立起来的。国有大学包括：蒙古国立大学、蒙古国科技大学、蒙古国农业大学和蒙古国医科大学，它们有装备较先进的实验室。大部分 R&D 项目在蒙古国科技大学和农业大学完成。1997 年制定了新的高等教育法，大学除了基础研究外开始开展应用研究。③国有研究所。政府扶持了大约 10 所研究院开展 R&D。1997 年，9 个应用方面的研究所被改变为研究、生产、商业集团公司，除开展研究工作外，还创办制造业企业并从事经营活动。另外，政府大力扶持了所属几个大的工业企业，开展与它们经营有关的 R&D。沿袭苏联模式，许多企业有自己的内部研究实验室。虽然国有研究所由工业部管辖，但它们的科研经费仍需通过蒙古国国家科技基金会由教科文部拨款。④私有研究所。20 世纪 90 年代以来，允许私有企业或私人开展 R&D 活动。但据教科文部统计，私有研究组织不多。⑤蒙古国技术转让中心。属蒙古科学院，主要承担技术转让，是一个自收自支的单位。国家不给其拨经费，该中心与服务单位签订合同，从项目经费中提取 5% ~ 10% 用于技术成果推广活动。主要是与亚洲地区的一些国家进行对外合作，是联合国亚太经合组织成员之一。

2. 科研人员情况

20 世纪 90 年代初，蒙古国每万人中从事 R&D 的人数是 12 人。随着社会变革、观念的转变，不少人转移到了私有部门。科技人力资源数量和结构发生明显变化。研究人员数量从 1990 年前大约 6400 名下降到 1995 年的 3102 名，2006 年仅有 2642 名科研人员在 51 个（47 个政府、4 个私有）研究机构（含研究所、研发企业和大学）中工作，主导研发的工程技术人员减少了 2.5 倍。现有科技人员总数达 7000 多名，包括 100 多名博士、1400 多名副博士，大部分是苏联和东欧国家留学的，科研水平不高。近年来，蒙古国在培养年轻研究人员上取得了相当大的进展。2005 年，32 个研究所和大学的 171 位年轻研究人员在 25 个国家学习。2006 年，有教育学位（理学博士、哲学博士、硕士）的研究人员比例为48.9%，与其他国家相比，此数字不算低。自然科学部门的研究人员占研究人员总数的 1/3，社会科学和工程学部门的研究人员各占 1/5。蒙古国"每百万人口中研究人员的数量"在过去 10 年中趋于下降，学院和大学的自然科学、技术、工程学领域录取学生的数量也在下降，造成缺少熟练专家的状况。

（三）科技经费投入与支出情况

1. 科技投入

（1）科研经费来源。反映出一国的科学发展程度主要在于科学方面的投入来源。主要来源是国家出资投入的还是工业企业出资的，这一比重也能够体现出一国科技发展的程度。

工业化发达国家的科研出资投入主要来源于工业企业以及私营公司部门。而工业企业出资的投入主要用于技术创新和发展新兴技术、便通生产线、改善信息基础建设、人力资源的有效配置等。蒙古国这一数据只有7%，中小企业尚未发展壮大，缺少工业企业间的竞争，且学术界的科研成果无法满足生产者和商家们的需求，这一系列的问题很大程度上阻碍了蒙古国的科研发展及社会经济的发展。

2007年蒙古国政府制定通过的《关于发展蒙古国新型格局的宗旨》指出，到2015年时工业企业、私营企业部门的出资在全部科研培训工作经费的比例达到39.61%。但这一目标与现实不符，提出的过早，在此我们也要以发达国家为学习对象，脚踏实地地走向科学技术的发展。

目前，蒙古国科研机构经费来源有三种：①国家财政支出，主要通过蒙古国教科文部主持；②非政府来源；③国际伙伴和代办处投资。大多数科学技术活动经费来自国家财政支出。国家科技基金会按照国民科技委员会批准的计划给全国研究组织提供经费，也有不少项目由工业公司或外国组织资助。

蒙古国科技计划经费每年约为400万美元，并逐年增加。据其科学技术法规定，科学技术经费占GDP的比例应达到1.5%以上，但这一比例仅为0.24%。据蒙古国国家科技基金会统计，蒙古国对科研领域的投资过低。科研经费中基础研究占40.5%，工程学领域占15.3%。其科学技术经费大部分用于支付职工工薪（大多研究组织属国有）及研究机构暖气、电费和房租等，只有11%被用于研究工作，经费严重不足在很大程度上影响了科学技术研究的发展。在美国，一个科研人员分配到的经费有4.5万~6万美元，而在蒙古国只有1000美元。在蒙古国，科研经费的37%分配到科学院的研究所，10%分配到大学，9%分配到研究、生产、商业集团公司。科研经费的8%为研究成果产业化的补助金。国家科技计划经费主要用于资助国立大学和科学院所属科研单位的研究工作，一部分也用于私营企业进行成果产业化。国家计划资金中约55%用于计划内其他项目，8%为机动金。机动金主要用于科技成果转化、国际合作、设备等固定资产购置等。基础研究和国家计划内科技经费均为无偿拨款，而8%的机动金中约有70%的经费用于成果转化和产业化，这一部分经费三年后由基金会回收，且将物价上涨因素考虑进去，一般要比投放的经费多回收一些，回收的经费留在基金会，滚动使用。近几年，随着研究项目增加和成果市场化，科技项目投入也不仅局限于国家计划内经费，科学院和高校也有从其他部门和企业争取部分经费。由此可见，蒙古国的技术创新远远不够。

科学院院士、科研人员以及科研服务人员的工薪由国家来拨款，而高校大学教授们的工薪从学生的学费里拨款，他们参加研究项目的经费有一小部分由国家分担。这是对研究者的不尊重，也体现出很不公平的一面，大大地影响到他们对科研的积极性和对科研的热情。

2006～2010年的由政府部门提供的科学技术经费如图4-2所示。

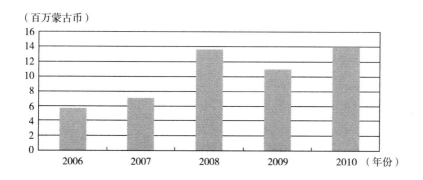

（百万蒙古币）

图4-2　2006～2010年由政府部门提供的科学技术经费

注：1人民币＝135蒙古币。

（2）科研经费内部结构。各国科研技术研究工作的第二个重点在于科研经费内部结构，一个合理有效的内部结构能够促进科研工作更好地发展。科研经费的内部结构包括理论基础的研究、同步研究、研究开发，在世界范围内也是如此划分。在发达国家，这一结构占全部经费的比例为理论基础占12%，同步研究占24%～25%，研究开发占62%～65%。

研究得知，蒙古国科学技术研究工作经费的结构如下：理论基础研究占38%，同步研究占54%，研究开发占8%。

从以上数据得知，蒙古国的科研经费结构与发达国家的结构相反。更确切地说，在理论基础研究方面的投入蒙古国超出发达国家 3 倍以上，而在研究开发方面的投入蒙古国与发达国家相差 8 倍左右。如此不均匀的格局在当今蒙古国存在着，并影响着整个国家的发展和前途。但同时我们也应该注意这一问题存在的根源，在经济发展落后的国家必定会存在着不均衡的格局。在一个社会经济并不完善、国内财政支撑能力薄弱的国家里，科学技术并不能完全很好地运用到社会的各个角落，并无法带动社会经济繁荣发展，在这种艰难的局面下，国家只能在理论基础研究等方面投入多些，而不能直接影响研究开发方面的投入。蒙古国正处在一个从科研落后走向完善、走向未来繁荣发展的转型阶段，要接受现实并且自信地走向未来，而在这里更应该关注的是从今往后如何健全并完善科学技术研究经费的结构调整。

发达国家科学发展的初步阶段与当今的蒙古国很相似，它们在理论基础研究上的投入占 30% 左右，这些国家在社会经济发展的同时这一比例也在不断地变化着，在研究开发上的投入比例明显增长。

日本 1965 年基础研究经费占总经费的 30% 左右，同步研究占 31%，研究开发占 39%，20 年后的日本这一比例分别为 12.9%、25%、62.2%（见表 4 - 1）。美国在 1965 年已经达到了日本 1985 年的比例，为 12.7%、21.6%、65.6%，从此之后这一比例大的局面上基本没有改变（见表 4 - 2）。

表 4 - 1　日本科研经费投入情况统计

年份	基础研究	同步研究	研究开发
1965	30.3	31.1	38.6
1966	29.8	29.0	41.3
1967	28.3	28.8	42.9
1968	26.6	28.5	44.9
1969	24.3	27.7	48.0
1970	23.3	27.6	49.1
1971	23.9	25.8	50.2
1972	22.5	23.6	53.9
1973	21.5	21.6	57.2
1974	15.0	21.7	63.3
1975	14.2	21.5	64.3
1976	16.6	24.7	58.8

续表

年份	基础研究	同步研究	研究开发
1977	16. 2	25. 1	58. 7
1978	16. 6	25. 1	58. 4
1979	15. 5	25. 9	58. 7
1980	14. 5	25. 4	60. 0
1981	13. 9	25. 7	60. 4
1982	14. 1	25. 9	60. 1
1983	14. 0	25. 4	60. 6
1984	13. 6	25. 1	61. 3
1985	12. 9	25. 0	62. 2

表4－2　美国科研经费投入情况统计

年份	基础研究	同步研究	研究开发
1965	12. 7	21. 6	65. 6
1966	12. 9	21. 1	66. 1
1967	13. 2	20. 7	66. 1
1968	13. 4	20. 9	65. 8
1969	13. 4	20. 7	65. 8
1970	13. 6	21. 9	64. 5
1971	13. 8	21. 5	64. 7
1972	13. 4	21. 0	65. 5
1973	12. 8	21. 5	65. 7
1974	12. 9	22. 0	65. 1
1975	13. 1	22. 3	64. 6
1976	12. 8	23. 2	64. 1
1977	12. 9	22. 8	64. 3
1978	13. 1	22. 5	64. 2
1979	13. 2	22. 5	64. 3
1980	12. 9	22. 4	64. 6
1981	12. 8	23. 5	63. 7
1982	12. 5	23. 3	64. 1
1983	12. 6	23. 3	64. 0
1984	12. 5	22. 9	64. 6
1985	12. 2	22. 0	65. 8

当今的蒙古国与 40 年前的日本很相似。换句话来说，蒙古国需要 40 年的时间才能拥有与现在的日本、美国一样的科学技术的发展。但在科学技术迅速发展的世界环境和蒙古国的财政势力不断增强的现实下，蒙古国并不一定需要 40 年，而是只要 20 ~ 25 年的时间就可以成为像日本、美国一样科学技术发达的国家。

2. 科技支出

蒙古国科技经费主要通过科技基金会管理，由科学院、高等院校、研究推广及民间科技组织等部门具体实施。在过去 10 年，科技支出增加了 5.6 倍，按照 1995 年的价格计算，支出增加了 2 倍。2005 年，科技部门支出预算是 46.057 亿图（相当于 390 万美元），占 GDP 的 0.35%。据统计，90% 的资金由政府提供，10% 的资金来源于非政府部门。与其他国家科技资金相比可知，蒙古国科技活动主要由政府预算支持。从 1990 年起，科技支出快速下降。1990 年，蒙古国科技活动支出占 GDP 的 1.0%，可与发达国家相比。但 1990 年后，这个比例到 2004 年下降为 0.35%，与发展中国家相当。2004 年，每位研究人员（含大学教授）的支出是 1300 美元，此数字比发展中国家的 5.8 万美元低近 45 倍。据科学基金会数据显示，2005 年，蒙古国 11 所公立大学的 2938 名大学系科工作人员中，大学和学院使用了科技支出总额的 20%。

对一个科技资源如此有限的国家来说，基础研究支出的增长和应用研究支出的下降不是一个令人满意的现象。为达到利用研究成果的目的，国家资助启动了"科技应用效果"项目，2000 ~ 2006 年，在新材料、采用新技术和自然资源勘探等领域，有 50 多个"科技应用效果"项目获准执行。科技领域资金分配相对平衡，农业和工程学部门的研发资金得到增加，自然科学部门的研发资金远远多于其他部门。每个科技人员的支出中，最高的是农业部门，为 129 万图；最低的是工程学部门，为 69 万图格里克。调查结果还显示，私有企业在研发上支出了相当多资金（2004 年为 2.718 亿图）。5 家企业 2004 年的研发支出比 2003 年政府的研发预算支出高 14%，这改变了蒙古国科技部门活动主要由政府预算支持的看法。

（四）蒙古国主要科研领域

SCI（科学引文索引）、EI（工程索引）和 ISTP（科学技术会议录索引）是国际科技界公认的权威科技文献产出统计分析工具。表 4 - 3 是三大检索系统中收录的蒙古国科技论文的学科分布状况。

表 4 – 3 1991 ~ 2007 年蒙古国 SCI、ISTP、EI 论文学科分布

学科	SCI 发文量（篇）	ISTP 发文量（篇）	EI 发文量（篇）
生物学	319	35	
医学	239	32	
地球科学（含矿业）	193	34	3
化学	145	7	15
物理学	137	19	9
工程学	70	27	
环境科学	64	16	
材料科学	33	9	
农业	31	2	
多学科	22		
社会科学	17	8	
数学	16	9	
计算机与通信		17	
石油化工		15	
核科技		10	
自科总论		1	
天文学			

蒙古国根据自身发展需要，适时提出了建立国家科技创新体系的计划，核心是构建有利于提高蒙古国科技创新能力、促进科技与经济紧密结合的体系。从以上数据也可看出，其科技活动基本围绕国民经济重点发展领域：能源、农业（含畜牧业）、选矿等，与之有关的学科如生物、地球科学、化学化工技术、物理等较为突出。蒙古国在基础研究方面能达到较高水准的学科主要是生物、物理、化学和数学。应用研究的主要目的是将研究成果尽快产业化，增加财政收入，但其总体上科技成果产业化方面不是很理想。科技应用研究领域包括：①蒙医药研发。在蒙医、蒙药方面的研发工作始于 20 世纪 40 年代，1959 年正式建立研究机构，1980 年开始建立专门医院，从药理、药物品种、药方及剂型等方面进行研究，在蒙药临床应用等方面做了大量工作，剂型主要是丸剂和散剂。②可再生能源及太阳能电池生产。蒙古国对新能源开发利用工作十分重视，科教部还专门设立了 4 个专项计划，用于新能源研究、开发、利用和普及。在新能源研究与技术合作方面，蒙古国与德国、美国、日本等国家均有往来，中国也是其主要合作伙伴；在新能源设备与技术方面，蒙古国主要是从中国引进的，特别在风能方面得到了中国政府 5000 万元的援助，用于该国牧区风能设备与技术的应用。中国政

府已决定援助 5000 万元, 用于蒙古国太阳能电池生产。

蒙古国创办科技企业孵化器工作始于 2003 年, 当年与韩国合作的第一个科技企业孵化器——信息技术园诞生。现在科技企业孵化器工作已成为推进高新技术产业化和创新体系建设的热点。大学鼓励发展各种类型的科技企业孵化器, 这些孵化器的孵化能力也不断增强, 绝大多数科技企业孵化器已从早期主要是提供孵化场地和物业服务, 扩大到包括协助科技企业编制商业计划书, 进行工商注册, 开拓市场、培训人才等方面, 建立了公共平台等多层次、全方位的服务, 孵化器功能日益多样化。

(五) 科技部门目前存在的主要问题

1. 科技创新方面

还没有完全建立和协调科技创新活动的法律环境, 缺乏来自政府的经济刺激机制来支持环境建设。也没有建立健全科技创新的基础设施, 尚未形成知识和技术转让方法。企业参与科技创新活动很少, 小企业发展成长缓慢。研发成果商业化的转化不足, 教育和研究所、创新组织和中小企业的合作不强。工业技术发展缓慢, 科学—工业关联弱, 经济发展明显依赖外国技术, 工业对采用技术方法的反应不强, 对开展研发的需求和兴趣不高。

2. 质量方面

首先, 对科技部门的监督和评价系统建设还处于初始阶段。目前尚无监督、评价研究费用支出、研究成果和产出的有效体系, 反映科技水平和实力的评估指标模糊且不准确, 缺少科技部门详细的统计数据, 没有对研究人员工作进行监督和评价的硬性指标。国家一直在资助适应国内和国际低端市场需求的应用研究。缺乏准确评估科技产出的工作指标和精确的优先发展方向, 导致国家本已匮乏的资源使用效率低下。

其次, 由于高度关注购买国外技术和装备, 企业忽视了国内研发部门的知识和技术, 造成研发资源和研发潜力的浪费。另外, 科研机构缺少实验设备, 缺少购置资金, 研究人员理论和实践水平相对不高, 研发能力不足。

3. 管理方面

缺乏加强科学与教育合作的完备政策, 科技发展政策模糊, 且管理工作准备不足, 政府对所资助科技活动的管理和控制没有效率。蒙古国虽有丰富的自然资源, 但科技对开发利用资源的贡献小。选择实施的研究项目课题与市场需求脱节，交流和更新信息的渠道有限，经济社会和科技发展的政策脱节。没有一套设定优先发展领域和关键技术的明确方法，各部门参与科技合作不够，国家科学技术委员会在科技部门中的地位和活动有限。也没有技术发展的一体化政策，转让、评估和采用外国技术的系统还未建立。研发成果没有充分利用，其知识产权没有得到合理的强化。科技部门的预算资金体系没有效率且不完善，资金数量不足，资金分配和利用效率不高。相对于其他部门，科技部门得到的资金支持和贷款很少，科技人员的工资与国内私人部门和国际上的同行相比差距很大，这对年轻研究人员全身心投入研究工作造成消极影响。同时，很少有与国外机构进行联合的项目，很少开展利用资源及与在国外工作的蒙古国研究人员合作的工作。

通过以上分析表明，蒙古国的技术创新发展水平比其他国家低很多，科研领域投资少。在科技技术研究上，蒙古国资金投入有限并且利用不当。在矿山领域，勘探的技术设备、采矿的技术设备以及对初级产品加工的设备均缺少科技研发，蒙古国矿产资源勘探、开发与开采的技术水平比较落后，自身不仅缺乏发明高新设备的能力，而且缺乏相应知识或技术人员，即使其他国家投资或援赠高新设备，自己也无法使用。除此之外，医疗、畜牧等其他领域也是同样的境况，解决这样问题的途径一是促进蒙古国自身的科学技术发展，二是引进先进技术，而第二种途径是最有效和最便捷的。科学技术进步是推进经济社会发展、增强民族意识、强化国家竞争力的关键所在，所以促进蒙古国科学技术发展是非常重要的。

二、蒙古国与其他国家正在进行的技术贸易及贸易形式

（一）日本企业 Farmdo 与蒙古国尝试使用日式技术培育水果蔬菜

2013 年日本群马县前桥市的企业 Farmdo 开始在经济增长显著的蒙古国尝试使用日本农业技术培育水果蔬菜并开展销售。Farmdo 社长岩井在 2005 年访问了与蒙古国接壤的中国内蒙古自治区，发现蒙古国人原为游牧民族，农业并不发达，许多蔬果需要从中国进口。近几年，蒙古国的经济增长很快，以富裕人群为中心，该国对新鲜蔬菜的需求正在增加，产量很少的当地蔬菜就算在市场上价格

偏高也颇受欢迎，所以萌生了这一计划。岩井表示："日式农业虽然规模小，但是可以培育出香甜可口的作物。只要把目光投向海外，就必定会成功"，所以他确信"以日式技术培育的安全新鲜的国产农作物、优质蔬菜在蒙古国肯会畅销"。

Farmdo 公司 2014 年春天开始在塑料棚内种植番茄和草莓，还尝试露天栽培菠菜等农作物，从位于长野县的草莓农园等的合作方向蒙古国派遣约 5 人，他们向当地的约 10 名员工具体教授农药的使用方法和施肥的时机以及普及间苗等基本农业知识等。收获的蔬菜在合作方运营的 5 家乌兰巴托市内的超市进行销售。Farmdo 主要在群马县和首都圈运营农产品直销店。并与蒙古国一家经营超市的公司成立了合资企业，目前已在蒙古国首都乌兰巴托近郊的两处用地上建造了共计 34 公顷的农园。

（二）日本和蒙古国在大气污染方面的技术合作

2013 年 12 月 17 日，日本和蒙古国双方负责人在蒙古国首都乌兰巴托举行首次会议，针对改善蒙古国日益严重的大气污染问题，日本以提供严格的环境规章制度为开端，开始向蒙古国提供技术支持。此次的技术支持是 2013 年 3 月日本与蒙古国首脑会谈商定的结果。

乌兰巴托集中了蒙古国几乎半数的人口，因暖气耗费煤炭和车辆尾气排放等原因，导致易引起呼吸系统疾病的 PM2.5 和 PM10 等有害物质的浓度超过蒙古国境内标准的 10 倍，大气污染非常严重。日本为掌握蒙古国污染的实际状况，在蒙古国进行了有害物质的测定。而这次技术支持正是以之前所得数据为基础，为蒙方提供严格的环境规章制度，制定改善乌兰巴托市内各地暖气设施等对策。

JICA（日本国际协力机构）蒙古国事务所所长加藤俊伸称："日本会把在经济高速成长期克服公害的经验传授给蒙古国，希望加强两国关系。"

（三）西门子与蒙古国国家电网公司加强技术合作

西门子股份公司是全球电子电气工程领域的领先企业，创立于 1847 年，主要业务集中在工业、能源、医疗、基础设施与城市四个业务领域。西门子电力自动化有限公司是西门子基础设施与城市业务领域智能电网集团的全资公司，致力于为客户提供优质系统、安全防护和电力自动化产品，业务范围涵盖智能电网服务价值链的各个方面。

2014 年 3 月 26 日，西门子电力自动化有限公司在蒙古国乌兰巴托与蒙古国国家电网公司签署谅解备忘录，以加强双方未来的交流与合作。该谅解备忘录的签订旨在为蒙古国电力减少电网能源损耗、提高输电效率、增强设施耐久性并降低设施运营成本提供解决方案。

根据该备忘录，西门子将为蒙古国国家电网公司提供控制管理系统和变电站自动化设备，将这些设备安装在蒙古国，并对已有设备进行技术革新。该合作协议进一步促进输电网研究，提供高效控制系统解决方案，为蒙古国提供可持续和安全的电网技术，以满足蒙古国不断增长的供电需求。凭借此次西门子和蒙古国家电网公司的战略合作，会进一步探索未来合作的可能性。

2013 年在蒙古国总统的支持下，蒙古国政府正在实行"绿色长城"项目，目的是绿化戈壁地区。蒙方非常希望与中方开展合作，而中方也表示支持。蒙古国驻华大使策登扎布·苏赫巴特尔表示："环保问题、全球气候变化问题对蒙古国而言是一个非常迫切性的问题。蒙古国总理前次访华期间，就曾与李克强总理讨论保护生态环境的问题。目前，蒙方正在引进中方的先进技术和部分种子、植物进行绿化行动。大使指出，内蒙古自治区有非常好的治理沙尘暴的经验，值得蒙方借鉴。"

（四）中蒙的"南南合作"项目

2014 年 3 月，在蒙古国乌兰巴托举行的第三十二届粮农组织亚太区域会议期间，蒙古国、中国及联合国粮食及农业组织（粮农组织）签署了"南南合作"三方协议。该协议的目的是选派中国专家和技术人员组成"南南合作"专家组在蒙古国协助执行"南南合作"项目。在两年期间，中国政府将与蒙古国政府即东道国政府密切合作，规划、设计并实施"南南合作"项目以支持其"国家粮食安全计划"和"国家畜牧发展计划"。中国专家和技术人员将在东道国政府要求的领域（如饲料、园艺、家禽、畜牧、养蜂和水产等）提供技术援助。同时，项目将提供适当的示范性农业物资和设备，并开展技术培训和交流等能力建设活动。

蒙古国"南南合作"项目一期已成功实施。中国和蒙古国在农业方面一直有着非常密切的合作，19 名中国专家和技术人员共同努力，帮助合作伙伴提高了开展"南南合作"项目的能力，为蒙古国"国家粮食安全计划"的顺利实施做出了贡献。基于一期项目的成功经验与成果，蒙古国政府要求实施"南南合作"二期项目。在二期项目中，基于实际需要和与中国讨论的项目目标，蒙古国将接受由 12 位专家与 5 位技术人员提供的技术援助，并向他们提供相应的设施与后勤支持。项目由中国信托基金提供总额近 100 万美元的资金。

第五章　内蒙古自治区与蒙古国科技合作分析

一、蒙古国各重点战略产业亟须的技术需求

（一）蒙古国技术需求的主要产业领域

在经济技术合作中应综合考虑合作双方的条件和需求。从蒙古国方面考虑，根据国际经济发展趋势，各国经济发展与经济改革的实践经验，结合本国实际、本国发展战略，蒙古国近期产业重点应体现扬长补短的特点，扬长就是重点扶植原有基础好、国际地位高的产业，即畜牧业、畜产品加工业和矿产资源勘探、开采、加工业，补短就是大力发展对未来经济发展制约性强、起瓶颈作用的产业，即以交通通信为主的基础设施建设。通过以上分析，内蒙古自治区与蒙古国进行技术贸易的主要发展方向应集中在以下产业领域：

1. 畜牧业畜产品加工业

蒙古国素有"畜牧业王国"之称，蒙古国发展畜牧业优势巨大，其良好的自然生态环境为发展畜牧业提供了很好的基础，历来是蒙古国的经济支柱和外贸支柱之一，该国一直以来发展畜牧业的需求也较为强烈，但开发程度和集约化程度低。蒙古国草原有超过70%的面积存在不同程度的毁坏，草原环境日益恶化，草原荒漠化情况很明显；蒙古国各类自然灾害频繁发生，如由气候引起的雪灾、旱灾、沙尘暴等，由生物引发的动植物传染病、鼠害、兔害、病虫害等；畜产品生产加工技术很差，肉类加工、乳品加工、皮革、纺织、制鞋、制毡等产业加工技术设备落后，污染问题严重；蒙古国93%的宰杀牲畜不能得到卫生检疫的保

障，缺乏相应的检疫技术，导致出口量不多；牧区基础设施薄弱，牧区畜牧业结构单一，良种牲畜和改良牧畜在牲畜的总数中所占比例小……内蒙古自治区与蒙古国条件相似，拥有很多相关畜牧业、畜牧业加工技术，特别是专利技术，可以在这些方面与蒙古国进行加强技术贸易，帮助蒙古国对畜产品进行深加工，延长产业链，增加附加值，增强其产品在国际上的知名度和竞争力。另外，蒙古国粮食等产品基本不能自给，对蔬菜、粮食、水果、禽肉、禽蛋等相关技术有较强烈的需求，中国还可以为蒙古国转让现代化的农牧业机械制造、高产量种养殖业、农产品深加工等技术。

2. 矿产资源勘探开采加工业

根据蒙古国规划，在 2015～2021 年间，蒙古国计划由主要开采自然资源向发展矿产资源成品加工产业转变，而不是简单的开采资源，旨在发展高科技和现代化的工业，确保国家经济的快速稳定发展。

蒙古国地矿部与蒙古国政府在煤炭资源开发领域采取的政策措施主要趋向于发展煤炭地质领域，勘探更多煤炭资源储量；发展煤炭开采、加工，生产增加值高的产品；拟定燃料加工及供应方面的政策，增加石油勘探及开采工作、炼油及煤转油等方面的研究。电力、燃料领域第一阶段发展战略目标：建设小型煤炭火力发电厂和中大型煤制油、煤制气等煤化工工业园区；第二阶段发展战略目标：建设大型清洁型火力发电站，实现煤制油等煤化工工厂产能最大化。政策措施：建立国内的炼油加工厂；勘探及开采天然气的工作，建立深加工企业；加强行业经济效益、资金能力，积极招商引资，加强国际合作，煤炭行业执行国有和私有化加强竞争能力；改善行业机械设备，鼓励使用环保的高新设备；以公民参与为基础，发展透明和责任性，引进"倡导采掘业透明度"和"发展有责任性的矿业"的原则和标准；等等。

蒙古国在这一领域内存在四个方面的问题：首先是矿产深加工能力小，蒙古国的所有矿产资源都是以原材料和半成品的形式出口到国外；其次是设备不齐全、落后，如地质勘探设备、采矿设备和矿物加工等设备，且缺少相关专业人才；再次是缺少多元化运输系统，运输条件差；最后是矿业开采所引发的污染问题严重，水资源缺乏。煤化工、坑口电厂、煤制天然气、矿产品深加工等领域是未来蒙古国发展的重点，当然也是未来中蒙两国合作的重点领域。针对这些情况，内蒙古自治区可以向蒙古国出口先进的技术设备或相关的专利技术，如各种矿产的深加工技术、延长矿产活力技术、有色金属开采冶炼加工技术；一些地质勘探设备包括物探仪器、化探仪器、航测遥感设备、测绘设备、地质数据、处理设备、实验室分析仪器、仪表等；采矿设备包括采掘设备、装载设备、运输设备、提升设备、爆破器材、施工机械等；矿物加工包括破碎粉磨设备、矿用筛分设备、洗选设备等。风能、太阳能等可再生能源技术以及煤炭等资源的就地转化和深加工清洁综合利用技术领域是未来中蒙进行技术贸易的重要发展方向。内蒙古自治区属于资源类省份，对开采煤炭、石油等地下资源的人员、技术、设备都具有优势，因此，抓住蒙古国大力开采矿产资源的机遇，可推动内蒙古自治区对蒙境外投资。

3. 绿色产业

蒙古国更加注重多元发展和绿色发展，产业发展模式将作出调整。蒙古国因缺乏完整的工业链，矿产品易被国际市场所左右，为此，蒙古国政府希望发展原材料深加工，提高出口产品附加值。蒙古国总统额勒贝格道尔吉曾表示，蒙古国不只单纯发展矿业，还将大力投资发展其他经济部门，使蒙古国从"单色经济"转变为"彩色经济"，即从单一依赖矿业的经济体转变为拥有多个支柱产业的经济体。2010年开始建设赛音山达工业园区，对塔本陶勒盖焦煤矿和奥尤陶勒盖铜矿的产品进行加工。蒙古国矿产业发展过程中对环境造成了较大破坏，为此近年来一直在探索矿产和能源领域的正确发展道路。2013 年在乌兰巴托举行的世界环境日大会上，蒙古国正式成为联合国环境规划署 7 个"绿色发展行动伙伴"之一，计划在2020 年使可再生能源利用量达到总的能源需求的 20% ~ 25%。大力开发风能，是蒙古国可再生能源发展计划的重要组成部分。资料显示，蒙古国 10% 的国土面积可以利用风能，13 个省具备发电量超过 2 万兆瓦的风能资源，9 个省具备发电量超过 5 万兆瓦的风能资源。除风力资源外，蒙古国有大小河流 3800 多条，水力资源丰富。蒙古国境内每年有 270 ~ 300 天是晴天，为利用太阳能资源提供了条件。目前，蒙古国正与美国等国家的企业合作开发绿色可再生能源，计划建设 31 组风力发电机组，设计发电量为每天 50 兆瓦时，投产后可满足蒙古国 5% 的用电量，每年可节省 19 万吨煤、160 万吨水，减少 18 万吨温室气体排放。

4. 房地产产业链正显"热潮"

我国的房地产发展已经进入成熟阶段，资金杠杆作用逐渐减小，而蒙古国的房地产正处于初级阶段，这里具有中国房地产初期的特点。在蒙古国投资房地产市场具有很多优势。首先，蒙古国的房地产处于初期阶段，无法满足刚性需求。截止到 2017 年，蒙古国 57.2% 的人口仍然住在传统的帐篷里，这些都是潜在的消费者。以蒙古国首都乌兰巴托市为例，乌兰巴托是政治、经济、文化、科教中心，约有 130 万人口，而且数量还在急剧增加，是蒙古国人口密度最高的地区，由于大量的外资涌入，尤其是中资企业，乌兰巴托的商业用房出现供给严重不足的现象，因此商业住房的发展有很大的发展空间，但乌兰巴托市的住房满足率不足 50%。乌兰巴托的一般公寓售价为 900~1100 美元/平方米，高于我国 15%~25% 的利润，但住宅价格也因位置和档次存在较大差异，部分黄金地段可高达 2500 美元/平方米，地段不好的房价为 880 美元/平方米。其次，蒙古国对于房地产企业持欢迎态度，仅收 10% 的企业所得税和 5% 的建材进口关税。最后，蒙古国土地不存在对控制地块的限制政策。随着蒙古国房地产的大热，与房地产相关的建材、建筑安装也会随之发展。

5. 重视科技人才的培训

结合蒙古国家战略中 "2016~2021 年间选派 1000 名年轻人到先进国家学习采掘、生物技术、信息技术" 等规划，我国采取优惠措施鼓励国内科研机构和有条件的企业开展对蒙古国科技人才的培训。一方面，产业及贸易对于技术路线存在 "路径依赖" 效应，这意味着现在的培训可能为我国未来对蒙经贸事业的开展、获取相对于其他竞争国在蒙事业发展的比较优势提供极大的便利；另一方面，对其未来技术中坚的培养，也有利于逐渐增进其主流社会对中国的认同感。

6. 医疗设备和生物制药市场巨大

预计蒙古国在未来几年内都会以两位数字的百分比增长，因此随着蒙古国经济的迅速增长、人均收入的逐渐增加，百姓对生活质量的关注会越来越多，对生命的长度和宽度的要求也会日渐增强。目前，蒙古国的医疗水平低，多数医院的医疗设备陈旧、医护人员数量不足、专业水平低。据统计，2005~2012 年，平均每万人仅拥有医生 28 人、护理 35 人、药师 4 人、牙医 2 人。自 1994 年蒙古国出台《医疗保险法》后，如今的医疗保险参保率已经达到约 98.6%，因此可以看出，民众的参保意识很强。但是，蒙古国医疗的现实状况不是很乐观，对于医疗设备、生物制药的需求存在广阔的空间。蒙古国除了对麻醉品、鸦片、枪支武器禁止投资以外，对其他行业没有明确禁止，蒙古国对医疗、卫生产业的发展是持鼓励态度的。

7. 环保装备产业前景广阔

蒙古国的 "资源兴国" 引领了经济腾飞，同时也带来矿业生产对大气、水流、地表地质的破坏等典型的环境污染及生态失衡问题。近年来，矿业开采所引发的污染已经引发越来越多的蒙古国民众以及投资者的不满，反对声此起彼伏。蒙古国的基础设施比较落后，直接导致广阔的草遭受重型车的碾压，最后形成寸草不生的惨象。因此，蒙古国为了持续发展，对污染的整治力度会加大，在土壤保持、水域保护、森林保护、大气污染防治等方面均出台了多部法律，对污水储积、净化，垃圾净化、集中处理更是优先鼓励发展。

8. 媒体通信领域发展受重视

在媒体通信领域，提出将媒体通信产业作为 21 世纪蒙古国经济、社会发展的加速器。第一阶段的发展战略目标：创建有利于媒体通信产业发展的技术、法律、融资、人才储备环境，建设完善的通信和互联网网络；将媒体通信技术推广并广泛应用于医疗、金融、贸易等经济和社会发展各领域；到 2015 年实现通信网络覆盖全国 60% 的人口和 50% 的领土范围。第二阶段的发展战略目标：继续建设和推广更先进、更便捷、更廉价的通信媒体网络；将通信媒体技术应用于环境监测、国防安全、紧急情况处理等各领域；2021 年实现固定和移动通信网络覆盖全国 95% 的领土和全体国民。

9. 基础设施建设势头"看涨"

蒙古国近三年的经济发展速度飞快，经济总量不断增加，对日本、韩国等国的出口数量在逐年增加，民众的物质基础逐渐改善。蒙古国在制定 2016～2021 年规划中表示要保持经济增长高于 12%，人均 GDP 高于 1.2 万美元，进入中等收入国家行列。但是，对支撑国民生活和经济发展的基础设施的建设却是没有跟上经济发展的速度。蒙古国的国家级公路只有 21% 是柏油路面，其余是混凝土路面；铁路设备和技术老化，经常发生货物滞留现象；最大的国际机场——成吉思汗国际机场只能单向起降，春冬季节晚点率高；大部分矿产地不具备水电系统。由此可以看出，蒙古国在道路、通信、电力等基础设施建设方面的发展正处于初期阶段。近年来，为优化投资环境，蒙古国在基础设施建设尤其是道路建设方面加大力度，如铁路方面规划在 2015 年前将 1800 多公里的单线铁路拓宽到 2500 公里的双线铁路建设；为缓解航空运输的限制，将新建国际机场投入使用后，相当于现在最大的机场运送人数的 5 倍；推行"4 万户住宅"规划，在土地和房产方面加强建设，逐渐提高城市化水平。

（二）蒙古国各重点战略产业技术需求表

根据蒙古国经济发展情况的调查报告，蒙古国在农业、牧业、能源、矿产、城市建设等领域都需要大量的技术支持，表 5-1 是我们总结出的相关领域及技术关键词语。

根据亚洲开发银行在蒙古国的调查，未来在蒙古国被亚行选中支持的部门如表 5-2 所示。

表 5 - 1　蒙古国相关领域及需要技术关键词语

涉及领域	关键词语
农业	养殖，农业设备，植物加工，马铃薯，饲料，灌溉系统，微生物，发酵，饲养装置
自然资源	钢材，稀土，矿产，金属，燃气，煤炭，纤维，木炭
农村发展	温室大棚，光电互补
财政	金融，货币，股票，基金，理财
教育	电子设备，学习用具，机器人，模型，教学装置，学习辅助工具，乐器，运动器械
健康	药品，食品，医疗设备，医疗用品，预防疾病，婴幼儿，妇科，菌类，中药，蒙药，保健，拔罐，胶囊，血脂，血压
交通	交通工具，标示警示装置，动力装置，零部件，交通信号，定位，火车，安全带
能源	能源转换装置，太阳能，节能装置，发电装置，风能，秸秆
城市建设	污水处理，水循环，回收，安全监测，公路，桥梁，传感装置，停车场，测量装置，水泥，管道，防盗装置，自动化，耐火装置，节水装置，清洁装置
服务业	钢材，纳米高分子，合金，工业设备，化学药剂，型材，食品生产，真空，包装，保护装置，生活用品，家电，服装，家具，散热，装饰品

表 5 - 2　未来在蒙古国被亚行选中支持的部门

政府部门的目标	亚洲开发银行挑选出来的部门			国家战略伙伴的改变及最后的商业行为守则
	有关于亚洲开发银行的贡献及指标的部门结果	亚洲开发银行领域的干预	国家战略伙伴指示未来的传递途径和主题资源分配优级	
1. 运输（2020 年核心区域 1 和 3：基础设施、区域合作和集成）				
发展区域贸易改进乌兰巴托的竞争力改善农村人口的市场和公共设施的使用权增加交通部门和工业的能力	在城市和农村地区和跨国界地区让人员和货物的流动变得更有效率 指标： 总货运营业额（十亿吨公里）：基线：12.1（2010 年），目标：2016 年度增加 10% 中亚区域经济合作走廊的平均速度（公路和铁路）：基线：4 公里/小时（2010 年），目标：18 公里/小时（2016 年） 沿着乌兰巴托南北走廊的公共交通出行（日平均数）为：基线：164000（2010 年），目标：每年增长 15% 盟（省）里的中心与之相连的乌兰巴托一部分的马路铺平了道路：基线：33%（2009 年），目标：100%（2016 年）	整个地区公路的干路，公路行业发展能力；物流和跨境贸易基础设施、城市交通运输	估计 2013 年资源分配：1.25 亿美元（占 2013 年提供贷款总额的 58.1%），其中： ENV：0% RCI：100% GEN + EGM：0% PSD：0% 2012 年批准：5970 万美元（占 2012 年贷款总数的 52.5%），其中： ENV：100% RCI：0% GEN + EGM：100% PSD：0%	CPS（2012 ~ 2016 年）和商业行为守则（2012 ~ 2014 年）都没有变化

续表

政府部门的目标	有关于亚洲开发银行的贡献及指标的部门结果	亚洲开发银行领域的干预	国家战略伙伴指示未来的传递途径和主题资源分配优级	国家战略伙伴的改变及最后的商业行为守则
亚洲开发银行挑选出来的部门				
2. 能源（2020 年核心区域 1：基础设施）				
能源安全问题改善能源存取和使用的方式节约能源	在城市中心和农村偏远地区改善能源的使用和利用效率 指标： 电气化：基线：90%（2011 年），目标：95%（2016 年），当前值：91%（2012 年） 能源消耗：基线：762 兆瓦电（兆瓦）（2011 年），目标：1313 兆瓦（2016 年），当前值：916 兆瓦（2012 年）	乌兰巴托结合热力和电力，整个地区的能源战略，加快对中国的出口		CPS（2012～2016 年）和商业行为守则（2012～2014 年）都没有变化
3. 教育（2020 年核心区域：教育）				
提高质量、使用效率和教育部门的有效性	提高教育水平；提高质量和使用效率，提高在中等教育、高等教育和技术职业教育与培训（技职）的关联性。 指标： 高等教育毕业生在毕业后，在所就业的领域接受培训的百分比为：基线：40%（2007 年），目标：50%（2016 年） 人口年龄 18～24 岁的高等教育净入学率：基线：47%（2010 年），目标：50%（2015 年） 技职院校的学生数量：基线：46945（2009 年），目标：2009（2015 年） 重点学科（自然科学、工程技术、农业）的学生份额：基线：26.8%（2010 年），目标：40%（2016 年）	中等教育、高等教育改革		CPS（2012～2016 年）和商业行为守则（2012～2014 年）都没有变化

	亚洲开发银行挑选出来的部门			国家战略伙伴的改变及最后的商业行为守则
政府部门的目标	有关于亚洲开发银行的贡献及指标的部门结果	亚洲开发银行领域的干预	国家战略伙伴指示未来的传递途径和主题资源分配优级	
4. 健康（2020 年区域：其他区域的操作）				
千年期 提高配置效率和聚焦大量的贫困人群的相关目标的达成	改善卫生服务的质量和财务的可及性 指标： 在 2015 年健康保险中享有全民医保的公民：基线：80%（2010年），目标：100%（2015年） 政府卫生部门分配给初级卫生保健的预算比例：基线：20.2%（2010年），目标：25%（2015年） 非法或不合格的药品市场的比例：基线：26%（2007年），目标：13%（2016年） 在医疗工作者中乙肝和丙肝的患病率：基线：>15%（2010年），目标：12%（2015年）	医疗保险改革；药品安全；加强初级卫生保健；医院医疗服务的效率和质量，包括规划、管理、血液安全和废物管理；提高社会福利工作和保险服务递送的效率和透明度的	预计 2013 年资源分配： 2000 万美元（占2013 年贷款总量的9.3%），其中： ENV：0% RCI：0% GEN + EGM：10% PSD：10% 2012 年批准：5410万美元（2012 年贷款总额的 47.5%），其中： ENV：10% RCI：0% GEN + EGM：10% PSD：0%	增加社会福利和保险服务交付的效率和透明度
5. 供水资源和其他市政基础设施和服务（2020 年核心区域 1 和 2：基础设施和环境）				
在服务提供方面提高了财务的可持续性 增强投资业务，包括基础设施维护 改善城市环境，特别是改善空气质量和减少土壤和水的污染 减少城市拥堵和改善城市的功效	增强市政服务的可用性和改善在城市地区的生活条件 指标： 为城市人口提供饮用水的供应系统的份额：基线：46%（2008年），目标：65%（2016年） 为城市人口提供足够的卫生设施的份额：基线：27%（2008年），目标：40%（2016年） 蒙古包（蒙古帐篷）区域的平均用水量：基线：每天人均 6.5 升（l/c/d）（2010年），目标：10l/c/d（2016年） 肠道和肺部感染患病率：基线：12000 例（2010年），目标：10200（2016年）	供水和卫生设施，其他市政服务，城市部门发展	估计 2013 年资源分配：5 千万美元（占2013 年贷款总额的23.3%），其中： ENV：60% RCI：20% GEN + EGM：15% PSD：15%	CPS（2012～2016 年）和商业行为守则（2012～2014 年）都没有变化

续表

亚洲开发银行挑选出来的部门				国家战略伙伴的改变及最后的商业行为守则
政府部门的目标	有关于亚洲开发银行的贡献及指标的部门结果	亚洲开发银行领域的干预	国家战略伙伴指示未来的传递途径和主题资源分配优级	
6. 金融（Core Area 4：金融问题）				
更有效的金融中介支持私营部门的增长，经济多样化，长期投资，创新，融资渠道	增加使用更高效的金融中介的私营部门企业和个人银行信贷与国内生产总值（GDP）增长到2016年占GDP的100%（2012年基线：83.9%）年度MSE营业额占GDP的比例上升到3.0%以上，2016年底（2012年基线：1%）债券总额占GDP的百分比上升到2016年底的18%（2012年基线：7.1%）	现代化支付系统；经济多样化；加强蒙古国的项目管理的发展银行；能源效率和气候变化融资；公共财政管理改革	6200万美元，CPS信封总量的8%，其中：环境、社会和治理：20% RCI：0% 宝石：10% PSD：100%	
7. 农业、自然资源和农村发展（面积：其他区域的操作）				
质量改进的环境服务和生态系统和农业生产	农业生产率的提高符合国家绿色发展政策到2016年：农产品加工的附加值增加了至少30%（2012年基线：MNT460十亿）	生态系统管理，水安全计划；社区自然资源管理集团；增强价值除了农业产品	1.49亿美元，CPS信封总量的19%，其中：环境、社会和治理：70% RCI：10% 宝石：20% PSD：80%	

注：亚行＝亚洲开发银行，CAREC＝中亚区域经济合作，CPS＝国家伙伴战略，环境、社会和治理＝环境持续增长，GDP＝国内生产总值，宝石＝性别平等主流化，每天人均lpcd＝升，MSE＝蒙古国证交所、PSD＝私营部门发展，RCI＝区域一体化，TVET＝技术和职业教育和培训。蒙古包是指传统蒙古族帐篷形的住所。

　　根据以上参考材料我们制定了蒙古国各重点战略产业技术需求表，如表5-3所示。

表5－3 蒙古国各重点战略产业技术需求表

产业	所需技术
畜牧业、农畜产品加工业	草原荒漠化防控技术；退化草地综合治理技术；动植物传染病防控技术；畜产品生产深加工技术（肉类加工、乳品加工、皮革、纺织、制鞋、制毡等产业加工技术及设备）；畜肉产品加工检疫技术；改良牧畜繁育技术；蔬菜、粮食、水果等绿色高效生产技术；农牧业机械制造技术、高产量种养殖业技术；灌溉系统；饲料、饲养装置技术；温室大棚技术、设施农业高寒地区集成技术；光电互补技术
矿产资源勘探、开采、加工业	石油、天然气、煤炭地质勘探技术；炼油及煤转油技术；煤制气技术；有色金属开采冶炼加工技术；环保的勘探、采矿设备和矿物加工设备技术；煤炭等资源的技术就地转化和深加工清洁综合利用技术；水能、风能、太阳能等绿色可再生能源技术；能源转换技术
房地产业	房地产相关的建材、建筑安装技术；工程机械技术；建筑及装饰装修材料技术；全生态、低碳环保集成房屋技术
医疗	医疗设备、生物制药；蒙成药制剂技术；诊断、医疗、护理技术
环保	土壤保持技术；水域保护技术；森林保护技术；大气污染防治技术；污水储积、净化技术；煤化工废水处理技术；垃圾净化、集中处理技术，固体废弃物综合利用技术；矿山复垦植被恢复的边坡播种及建植技术；煤气化废水处理回用技术；煤化工气化炉渣综合利用技术
通信	媒体通信技术；固定和移动通信网络技术；互联网络技术
基础设施建设	铁路设备和技术；机场建设技术；基础水电系统设施技术；动力装置技术

二、内蒙古自治区各产业领域现有专利情况分析

专利是科学研究人员在认知自然规律过程中所获取的重要知识财富，是科学技术向生产力转化的重要基础信息载体，这些数据涉及国民生产生活的各行各业，有着巨大的科学利用价值。要想准确地了解内蒙古自治区有多少专利技术可以满足蒙古国的各产业领域技术需求，如何从海量专利信息中快速有效地获取、利用其中的有效专利信息，就得对内蒙古自治区的专利情况有一个充分的认知。数据挖掘技术和自然语言处理技术被用于帮助用户在海量信息中自动地、迅速地

找到所需信息，我们现在将这种技术方法用于内蒙古自治区专利信息的分析，有助于我们了解内蒙古自治区相关专利储备及供给情况。

数据挖掘技术中的聚类分析技术根据文本信息确定文本之间的相似程度，然后据此进行类别划分，使同一类别的文本具备更大相似性，不同类别的文本之间具有最小的相似性。不同类别的数据集代表不同的内容专题，如医药、化工、农业等，当用户对某专利数据感兴趣时，通常也会对同样类别的其他专利感兴趣，因此对专利数据集进行聚类处理，不但能够确定资料中是否包含用户关心的内容，而且能够按照用户的提取要求将相应信息查找出来并反馈给用户，使结果更加精确和有针对性。

本方法实现思路如下：首先对专利数据进行预处理，由于现有的资料文本是 Excel 表格形式，而聚类和信息检索等技术均以词语为基础，因此预处理阶段主要以已有字典为基础，采用自然语言处理中的中文分词方法完成专利文本数据到数据矢量的转换；其次基于预处理之后的结果进行文本聚类和信息提取的实现，对于文本聚类分析，既可以根据聚类结果进行相关专利文献的推荐，又可以对检索结果进行聚类处理，让用户按照聚类主题进行查询，提高专利检索的效率。

（一）相关技术研究现状

在利用数据挖掘对专利文本进行分析的过程中，中文分词技术、特征选择技术、文本聚类技术是其中的关键技术，下面分别对这三项技术进行简要介绍。在英文文本表达中，单词之间以空格作为自然分节符，而中文以字为基本单位，句子和段落通过标点符号、分段符号等来进行分割，而词语之间没有形式上的分隔符，因此需要通过一定方法将连续的字符序列按照一定规则分割成词语，即中文分词，中文分词技术是后续特征提取、文本聚类等的基础。目前的中文分词方法主要有基于词语匹配的分词方法、基于统计语言模型的分词方法和基于人工智能技术的分词方法等。由于中文词语极为丰富，如果将所有的词语都作为特征项，则文本转化的特征向量维数将过于巨大，从而导致后续计算复杂度增加，因此需要进行特征降维。特征选择是从原始特征集中选取一个特征子集，达到减少特征个数、提高算法效率的目的，主要包括基于信息增益的方法、基于统计的方法、基于粗糙集的方法等，在实际的应用中还通常结合行业专家或用户给出的先验信息进行人工降维。文本聚类是在将文本进行矢量化表示的基础上，基于矢量之间的距离和相似度，对专利文本进行聚类分析，主要包括划分方法（如 k - means、 k – medoids)、层次聚类方法（如凝聚方法、分裂方法）、基于密度的方法（如 DBSCAN）等。

（二）基于语义相似度的专利文献分析方法

本方法针对国家知识产权局内蒙古自治区专利信息服务中心提供的部分专利信息开展分析研究，首先根据词性对文本进行预处理，其次根据词频和词语倒排文档频率选择文档的关键词，将文档表示为一组语义特征词集合，并表示为向量，最后利用向量距离计算专利文本之间的相似度，从而能够从语义上分析文本之间的相似度，并利用改进的 k – means 方法，完成基于特征语义的专利文本聚类，主要流程如图 5 – 1 所示。

图 5 – 1　专利文本聚类流程

1. 文本预处理

由于本文的研究对象是国家知识产权局内蒙古自治区专利信息服务中心提供的部分专利信息，这些资料已经经过了较为严格的审查、处理，可较好地保证可用性和有效性，因此不需要考虑数据噪声的问题。同时，这些资料具有相关专家和用户提供的关键词信息，如农业、医药、化工等，由于专利信息内容用词相对规范，可基于这些先验信息结合专利文档中的相关重要字段完成文本的预处理。此外，在专利文本资料中包含一些出现频率高但主题并不鲜明的词语，如本发明、设计、公开、提出等，称为停用词，可直接去除。具体实现方法如下：利用中文分词技术完成文本的分词，并去除其中的停用词，利用先验知识中提供的关键字在所有专利文本中进行匹配，若关键词为 m 个，则可将每个文档转换为一个 m 维向量，若能够匹配上则向量中的对应值为非零值，否则为零。文本预处理流程如图 5 – 2 所示。

（1）文本特征降维。由于专利内容涉及行业较多，先验知识中提供的关键字数量较多，再加上后续人工修正中加上的词语，后续的聚类分析中运算量会较大，因此需要对其进行降维处理。本书利用 TF – IDF 特征权重技术结合人工修正的方式完成特征降维，由于提供先验信息的专家或用户可能对专利文本包含的内

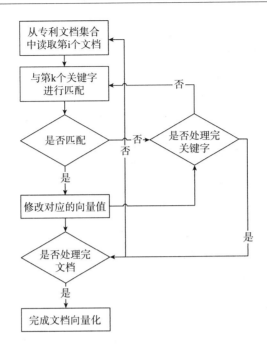

图 5 - 2　文本预处理流程

容并不能完全准确地了解，提供的先验信息中可能包含冗余信息，这些冗余信息的存在会增加分析的复杂度，因此可采用语义特征压缩的方式进行特征压缩，即用彼此间相似度较大的特征词表示出专利主题。具体实现方式如下：初始化词集为文档中所包含的所有词语，然后计算其中所有词语的相似度，并将这些结果按照降序排列，选择其中相似度大于某门限值的词语归为一类，从而实现语义压缩。除语义压缩外，本方法还采用基于 TF/IDF 的特征词权重计算方法，其中 TF 表示特征词在文档中的词频，一个词语在特定文档中出现的频率越高，说明它在区分该文档内容属性方面的能力越强，同样该文档与该词语的关联度越高；IDF 表示词语倒排文档频率，刻画了在一组文档中某个词语的权重大小，一个词语在文档中出现的范围越广，说明它区分文档内容的属性越低，即文档频数越小的词语越重要，文档频数越大的词语越无用。TF/IDF 自提出以来得到了非常广泛的应用，在信息检索领域，基于 TF/IDF 的特征是最重要的基础特征之一。通过权重计算公式 TF - IDF 计算文档向量空间模型，计算公式为

$$w_{ik} = \frac{T_{ik}}{T_i} \log\left(\frac{N}{N_k + b}\right) \tag{1}$$

其中，T_{ik} 表示第 i 个文档中第 k 个关键词的出现次数；T_i 表示第 i 个文档中出现的词语总数；N_k 表示出现过第 k 个词语的文档数；N 表示文档总数；b 为偏置常数，目的是防止出现除 0 的情况。该公式得到的结果 w_{ik} 即为第 i 个文档对应向量的第 k 个成分的权重。对于其中小于某权值门限的特征，由于其可能是与专利信息关系不大的词语或者是停用词，可予以删除，若已知类型信息的话，还可采用粗糙集等方法进行特征选择，在经过预处理、语义压缩和基于 TF/IDF 的特征选择之后，可得到某文本 D_i 的词语特征集合

$$D_i = \{ W_{i1}, W_{i2}, \cdots, W_{ik} \} \tag{2}$$

如此即可完成文本表示模型的建立。

（2）专利文本聚类分析。在文本表示模型建立之后，可以此为基础进行专利文本聚类分析，本方法采用基于文本相似度的聚类分析，文本相似度采用文本向量的余弦值进行衡量，计算公式为

$$dis(D_i, D_j) = \frac{D_i \cdot D_i}{|D_i| |D_j|} \tag{3}$$

当前基于距离的文本聚类方法分为层次聚类法和平面划分法两类。层次聚类法的过程为：将每个文档初始化为一个单成员的簇，然后计算每对簇之间的相似度并选取具有最大相似度的簇对合成一个新的簇，重复上述过程直到将所有簇合并为一个簇位置，该过程可构造出一棵簇生成树，其中包含了簇的层次信息和簇内以及簇间的相似度。平面划分法的过程为：首先确定簇的数目 k，然后按照某种原则生成 k 个聚类中心作为初始聚类种子，对每个文档计算其与各中心的相似度，并将文档归入具有最大相似度的中心类型，重复上述步骤直到得到稳定的聚类结果。两种方法各有优缺点，层次聚类方法能够生成层次化的嵌套簇，准确度较高，但由于每次比较过程都需要全局地比较所有簇之间的相似度，并选出最佳的两个簇，因此计算量较大，不适合大量文件的集合；相比之下平面划分法速度较快，然而需事先确定簇个数 k 的取值，并且种子选取的好坏对群集结果有较大影响。本方法采取一种折中方法：即首先任选一个文本作为聚类初始起点，计算与该类距离小于某门限值的点加入该簇，然后在剩余的集合中再选取一个未聚类的成员重复上述过程，直到所有的成员簇都参与了聚类，再进行平面划分得到稳定的簇。

（3）专利文本信息提取和专利信息推荐。在完成上述预处理、特征提取以及聚类分析过程后，即可对用户提供基于关键词语的专利信息查询以及基于用户相似度和专利文本相似度的信息推荐服务。用户进行专利信息查询时需提供查询

关键字，系统根据用户提供的关键字查找与该关键字相同或者相似度较高的词语，定位用户可能感兴趣的领域，并查询和计算对应 TF/IDF 值较高的专利文献提供给用户。随着未来用户查询信息的增加，可建立用户/专利文献信息矩阵，并基于此进行基于用户相似度的推荐，如两个用户的相似度很接近，某用户查询的专利信息可能或可以作为另外一个用户的参考；此外，从另外一个维度可进行基于专利文本相似度的推荐，即若两个专利文本相似度很高，而用户查询其中一个时即可将另外一个推荐给该用户，而且随着未来专利信息的增加，新增加的专利条目可根据相似度推荐给相关用户。

近年来，推荐引擎对互联特网用户而言已经司空见惯，如商品推荐和好友推荐等，有很多方法可以实现推荐功能，此处我们采用协同过滤的方法，当知道了用户之间或物品之间的相似度之后，就可以利用已有的数据来预测未知的用户喜好，从而进行推荐。例如，试图对用户可能感兴趣的专利进行推荐时，当获取一项新的专利信息时，可计算该专利信息与用户查询过的专利信息之间的相似度，若相似度很高，则可将该专利信息推荐给用户，即基于专利信息相似度的推荐，也可计算用户之间的相似度，若某些用户之间的相似度很高，则某用户查询的专利信息即可推荐给尚未查询该信息的用户。计算用户相似度的方法有欧式距离、皮尔逊相关系数以及余弦相似度等，本书中我们采用余弦相似度方法。关于如何选择基于专利信息的相似度还是基于用户的相似度，取决于专利信息文本数和用户数量，综合考虑模型准确性和计算复杂度来选择。

2. 实验结果和分析

（1）实验环境和数据。实验的目的是通过实际数据的分析验证方法的有效性，实验环境为 64 位 Windows 7 操作系统，Intel Pentium® Dual – Core CPU 3.2GHz 处理器，4G 内存，数据预处理部分采用擅长处理字符匹配的 python 语言实现，数据挖掘部分采用开源数据挖掘系统 weka 实现。待分析数据是国家知识产权局内蒙古自治区专利信息服务中心提供的部分专利信息，共计 19437 条数据，每条数据包含申请号、公开号、分类号、主分类号、名称、公告日、申请日、代理人、专利代理机构、摘要、主权项、申请人、发明人、优先权等字段，专利数据内容涉及农业、自然资源、农村发展、教育、健康、交通、能源、城市建设、服务业等多个领域。

（2）实验结果分析。在文本预处理中，首先根据专利集字段进行人工分析，经分析可知，由于我们的应用主要从应用领域和词语语义方面对专利数据集进行聚类分析，因此主要对文本中的名称、摘要和主权项字段进行分析。由相关专业

人员和用户提供的关键词包括养殖、农业设备、钢材等 10 个不同领域共计 93 个
关键词语，如表 5-4 所示。

表 5-4 相关领域及关键词语

涉及领域	关键词语
农业	养殖，农业设备，植物加工，马铃薯，饲料，灌溉系统，微生物，发酵，饲养装置
自然资源	钢材，稀土，矿产，金属，燃气，煤炭，纤维，木炭
农村发展	温室大棚，光电互补
财政	金融，货币，股票，基金，理财
教育	电子设备，学习用具，机器人，模型，教学装置，学习辅助工具，乐器，运动器械
健康	药品，食品，医疗设备，医疗用品，预防疾病，婴幼儿，妇科，菌类，中药，蒙药，保健，拔罐，胶囊，血脂，血压
交通	交通工具，标示警示装置，动力装置，零部件，交通信号，定位，火车，安全带
能源	能源转换装置，太阳能，节能装置，发电装置，风能，秸秆
城市建设	污水处理，水循环，回收，安全监测，公路，桥梁，传感装置，停车场，测量装置，水泥，管道，防盗装置，自动化，耐火装置，节水装置，清洁装置
服务业	钢材，纳米高分子，合金，工业设备，化学药剂，型材，食品生产，真空，包装，保护装置，生活用品，家电，服装，家具，散热，装饰品

以这些关键词语为基础，对专利文本相关字段进行全匹配即可将每个专利文
档转化为 93 维的向量，转化完的向量中，有一部分关键词语对应的维度取值在
所有样本中的值均为零，这部分关键词可作为停用词处理，原因是提供关键词的
相关用户无法对专利信息内容了解得足够详细。通过匹配分析，已有关键词语中
涉及 4 个领域的 6 个关键词语可作为停用词处理，如表 5-5 所示。这些词语在
所有专利文本中均未出现过，因此去除这些词语不会对后续的分析结果产生任何
影响，去除停用词可降低专利向量的维度，减少后续分析的复杂度。

表 5-5 关键词语中包含的停用词

涉及领域	停用词语
农业	农业设备
金融	货币，股票
教育	学习用具，学习辅助工具
交通	动力装置

从领域划分来看，各领域关键词语所占文档比例如图 5-3 所示。从图 5-3 可看出，以专业领域划分，服务业、城市建设、能源、自然资源以及农业等领域占比较高，即在这些领域的专利文献可能较多，说明这些领域的研究较为活跃，能够为国民经济建设提供的参考资料也更多。然而，在有些领域研究相对较少，如金融领域等，该领域若有需求的话需要加强建设。该图反映的总体现象与内蒙古自治区现状基本符合。不同领域中涉及的关键词语在专利文献中的分布情况如图5-4至图5-13所示。

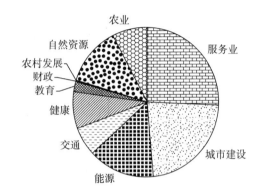

图 5-3 各领域关键词语对应专利文档比例

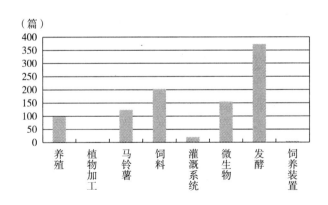

图 5-4 农业领域关键词语在专利文献中的分布情况

从图 5-4 中可以看出，在农业领域专利文献较多，其中发酵、饲料、养殖、马铃薯等都有较为鲜明的地域特征。

图 5-5 是自然资源领域相关关键词语对应的专利文献次数，从专利文献总数看，自然资源领域也是数量较多的领域，其中金属、稀土、燃气、煤炭等在内

蒙古自治区含量也较为丰富。

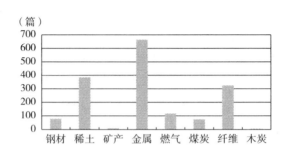

图 5 - 5　自然资源领域关键词语在专利文献中的分布情况

农村发展领域关键词语在专利文献中的分布情况如图 5 - 6 所示,主要涉及温室大棚和光电互补两个关键词语。

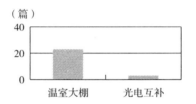

图 5 - 6　农村发展领域关键词语在专利文献中的分布情况

如图 5 - 7 所示,内蒙古自治区财经方面的财经领域专利文献较少,只在金融和理财方面有个别专利,这与自治区的经济发展现状相吻合。内蒙古自治区随着经济的发展,需要加强在金融领域的投入。

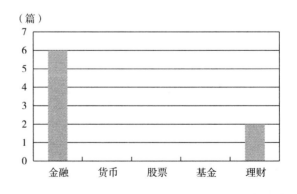

图 5 - 7　财经领域关键词语在专利文献中的分布情况

图 5-8 为教育领域的相关专利文献数量，主要集中在模型、教学装置、机器人、乐器、电子设备等关键词语。

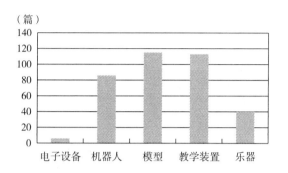

图 5-8 教育领域关键词语在专利文献中的分布情况

图 5-9 为健康领域关键词语在专利文献中的分布情况，该领域涉及关键词语较多，其中在食品、药品、中药蒙药和保健等方面有较多专利文献可供参考，也能体现地域特色。

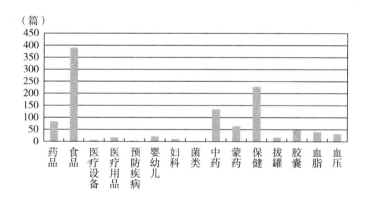

图 5-9 健康领域关键词语在专利文献中的分布情况

交通领域关键词语在专利文献中的分布情况如图 5-10 所示，从中可看出与关键词语定位相关的专利文献较多。

能源领域也是专利文献中数量较多的领域，其分布情况如图 5-11 所示，在太阳能、节能、发电等领域有较多数量的专利文献，也与自治区实际情况相符。

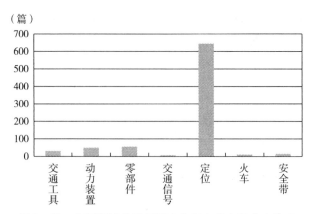

图 5 – 10　交通领域关键词语在专利文献中的分布情况

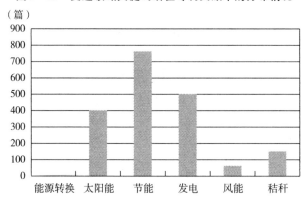

图 5 – 11　能源领域关键词语在专利文献中的分布情况

　　城市建设领域涉及关键词语较多,对应的专利文献数量也较多,从图 5 – 12 中可以看出,回收、测量装置、管道等关键词语对应的专利文献数量较多。

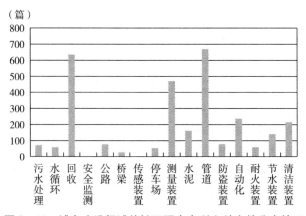

图 5 – 12　城市建设领域关键词语在专利文献中的分布情况

服务业领域同样包含较多关键词语，其专利文献分布如图5-13所示，其中真空、包装、合金、型材等对应的专利文献较多。

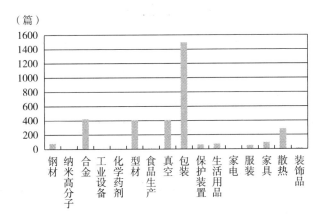

图5-13　服务业领域关键词语在专利文献中的分布情况

　　从各领域的关键词基本可看出该领域内研究点的研究热度，如能源中的节能、城市建设中的回收、农业中的发酵、健康中的食品等，然而有些领域如交通中的定位、服务业中的钢材等，由于词语的多义性，不一定能够为数据分析提供精确信息，需要进行进一步分析。

　　从单个专利文档的角度考虑，如果某个关键词语在一篇专利文献中出现的频率很高，则认为该关键词语和该专利的关联度很高，即TF能够反映出一个关键词对于一篇专利文献的重要程度。根据关键词语的词频能够分析出与关键词相关的专利文献，多数结果是正确或接近正确的，但其中也可能出现一些失误，如财经领域的基金，这是由于专利文本中分词错误以及专利信息中包含该关键词语的文本较少所致，该类词语可作为停用词处理。此外，有些词语由于本身的多义特性，造成专利文本分类的错误，从而导致检索到的结果不准确，如教育领域的机器人和模型、城市建设中的水循环和清洁装置、服务业中的包装等，查找到的结果虽然能与关键词语有很高的匹配度，但由于该词可能出现在多个领域，因此出现了分类错误。分析原因可知，TF只能从单个专利文档的角度反映专利信息与相关词语的关联程度，为解决该问题，引入IDF能够从全局信息的角度反映某个词语的类别区分能力，即出现越少的词语其分类能力可能越强，若某个多义词语在很多领域的专利文献中都出现，则相应的IDF值就会降低，从而减轻该词语在分类或聚类中的作用。

三、内蒙古自治区专利技术的供给与蒙古国技术需求的对接

运用以上方法，由关键词语在专利文献中出现的次数以及关键词本身的 IDF 值我们可得到各领域专利技术需求和供给对应表，如表 5 - 6 所示。

表 5 - 6　专利技术需求和供给对应表

涉及领域	关键词	专利数量	供给指数
农业	养殖	98	0.135
	农业设备	0	0
	植物加工	2	0.005
	马铃薯	124	0.163
	饲料	203	0.241
	灌溉系统	20	0.0357
	微生物	155	0.195
	发酵	373	0.384
	饲养装置	4	0.009
自然资源	钢材	79	0.113
	稀土	384	0.392
	矿产	9	0.018
	金属	664	0.584
	燃气	118	0.157
	纤维	75	0.108
	煤炭	325	0.346
	木炭	5	0.011
农村发展	温室大棚	23	0.04
	光电互补	3	0.007
财经	金融	6	0.013
	货币	0	0
	股票	0	0

续表

涉及领域	关键词	专利数量	供给指数
财经	基金	1	0.002
	理财	2	0.005
教育	电子设备	6	0.013
	学习用具	0	0
	机器人	86	0.121
	模型	115	0.154
	教学装置	113	0.151
	学习辅助工具	0	0
	乐器	40	0.064
	运动器械	1	0.002
医学	药品	83	0.117
	食品	390	0.397
	医疗设备	6	0.013
	医疗用品	17	0.031
	预防疾病	3	0.006
	婴幼儿	22	0.039
	妇科	10	0.019
	菌类	2	0.005
	中药	134	0.174
	蒙药	64	0.095
	保健	228	0.264
	拔罐	17	0.031
	胶囊	49	0.076
	血脂	40	0.064
	血压	32	0.053
交通	交通工具	31	0.052
	标示警示装置	0	0
	动力装置	50	0.078
	零部件	56	0.085
	交通信号	7	0.014
	定位	644	0.571
	火车	11	0.021
	安全带	15	0.028

涉及领域	关键词	专利数量	供给指数
能源	能源转换	2	0.005
	太阳能	402	0.406
	节能	763	0.643
	发电	502	0.478
	风能	63	0.094
	秸秆	152	0.192
城市建设	污水处理	73	0.106
	水循环	59	0.089
	回收	635	0.566
	安全监测	1	0.002
	公路	78	0.112
	桥梁	27	0.046
	传感装置	3	0.007
	停车场	55	0.084
	测量装置	471	0.456
	水泥	162	0.202
	管道	670	0.588
	防盗装置	79	0.113
	自动化	237	0.272
	耐火装置	60	0.09
	节水装置	142	0.182
	清洁装置	216	0.253
服务业	钢材	79	0.113
	纳米高分子	1	0.002
	合金	425	0.423
	工业设备	3	0.007
	化学药剂	6	0.012
	型材	409	0.411
	食品生产	9	0.018
	真空	410	0.412
	包装	1498	1
	保护装置	63	0.094

续表

涉及领域	关键词	专利数量	供给指数
服务业	生活用品	74	0.107
	家电	1	0.002
	服装	52	0.08
	家具	93	0.13
	散热	284	0.312
	装饰品	14	0.026

对于某关键词语的需求，供给指数在 0.1～1 之间的词语说明相关研究较为活跃，能够提供较为充足的专利技术支持，如养殖、马铃薯、太阳能、节能、包装等；在 0～0.1 之间的专利供给相对较少，如金融、运动器械、家电等，有些词语对应的专利数量甚至为 0，表示能够提供的专利技术相对较少。

综合上述分析，并综合考虑 TF 和 IDF 得出权重系数，可得出各领域专利满足度分级情况，如表 5－7 所示。在各领域的分布情况对比如图 5－14 所示。

表 5－7　专利满足度分级情况

涉及领域	专利文档满足度分级	
农业	满足	36
	比较满足	45
	基本满足	21
自然资源	满足	10
	比较满足	49
	基本满足	25
农村发展	满足	13
	比较满足	13
	基本满足	0
财政	满足	5
	比较满足	1
	基本满足	0
教育	满足	0
	比较满足	7
	基本满足	0

涉及领域	专利文档满足度分级	
健康	满足	44
	比较满足	57
	基本满足	14
交通	满足	12
	比较满足	34
	基本满足	0
能源	满足	39
	比较满足	66
	基本满足	49
城市建设	满足	41
	比较满足	124
	基本满足	124
服务业	满足	14
	比较满足	54
	基本满足	25

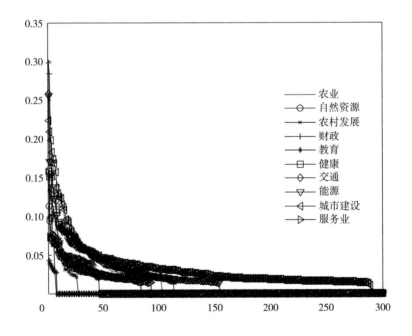

图 5-14　各领域专利分布情况

从表5-7和图5-14可以看出，教育、财政领域相关专利文献较少，且权值多在0.05以下，匹配度一般，城市建设、能源领域的专利文献数量较多。权重大于0.05的可认为是高匹配度区间，即文档与关键词契合度较高，能更好满足用户需求，在高权重区间，除教育领域外，其余领域都有分布，其中农业、能源、城市发展、服务业等几个领域不但文档总量较多，而且在高权重区间专利文献数量也较多，说明这些领域研究较为活跃，能够更好地满足需求；自然资源、健康、交通等领域文档数量较多，但在高权重领域分布较少，属于能较好匹配关键词的区间，能较好地满足需求；财政领域虽然文档数量较少，但由于词语的专业性较强，因此IDF值较高，部分文档也能获得较高权重，尽管如此，但其和教育领域一样，相关专利文献数量相对较少，说明研究相对薄弱，若有需求应加大发展力度。

四、内蒙古自治区与蒙古国科技合作前景

内蒙古自治区与蒙古国在科技领域开展合作具有技术、人才和经济等方面的优势互补条件。通过技术合作可使内蒙古自治区一些企业，特别是中小企业登陆蒙古国，在蒙古国创业发展，为企业创造更多利润，为国家创造外汇收入。伴随着技术的输出，必然带动一批劳务输出，这有利于缓解我国的就业问题，也有利于解决农村剩余劳动力的转移问题，科技合作也有利于一些与输出技术相关的产品的输出，从而扩大内蒙古自治区一些产品的国际市场，提高产品相关企业的利润，增加国家财政收入。最重要的是，科技合作的发展也有利于促进内蒙古自治区科技的创新与发展。内蒙古自治区与蒙古国从地理位置、气候条件、资源以及文化等方面都有许多相似或共同之处。蒙古国是欠发达地区，发展经济的愿望很强烈，距离近、需求大的市场则是中国。同时，近年来内蒙古自治区经济发展快，迫切需要开拓国际市场，企业"走出去"的愿望很强，产业结构与蒙古国也有很强的互补性。因此，内蒙古自治区与蒙古国科技合作的实践，将不仅有利于内蒙古自治区充分利用国内外两种资源、两个市场，同时还可以为与其他国家开展科技领域的合作探索途径、积累经验。

（一）在畜牧业方面的科技合作前景

内蒙古自治区拥有广袤的草原和丰富的家畜品种资源，是中国重要的畜产品

生产和商品基地。拥有 13.2 亿亩天然草场，其中可利用草场面积 10.23 亿亩，可饲用牧草 900 余种，主要优良牧草 217 种。内蒙古自治区已经具备了年稳定饲养 1 亿头（只）牲畜，年生产 240 万吨肉、10 万吨绒毛、900 万吨牛奶和 50 万吨禽蛋的综合生产能力。新育成命名的呼伦贝尔肉羊和巴美羊两个品种，填补了国内杂交肉羊品种的空白，在提供高档畜产品和支援区内外畜种等方面，均发挥着重大作用。牛奶、羊肉、山羊绒、细羊毛产量均居全国第一，畜牧业产值已占大农业的 45.93%。畜牧业是蒙古国传统的经济部门，也是蒙古国国民经济的基础，但是蒙古国畜牧业的经营主要以粗放型经营为主，一直存在生产力水平较低，经营管理方式、方法滞后，"靠天养畜，逐水草而居"的流荡搬迁的生产状态，这种四季游牧个体经营模式的牧户生产组织程度低，个体经营的牧户生产规模相对较小，造成畜产品的生产、贮藏、加工、销售不成体系，畜产品的分配和流通随机性大，信息比较闭塞，离市场远等问题。单个牧户的质量意识差，生产无规程，质量不标准，销售渠道不畅，畜产品的国际市场认同度和竞争力较低。

内蒙古自治区牧区畜牧业经营的组织化程度比蒙古国高，集约化、规模化也比蒙古国强，牧区抗灾能力比蒙古国强。内蒙古自治区牧区的基础建设比蒙古国牧区好，如内蒙古自治区牧区的道路建设状况、家用电器的普及率、学校医疗条件等都强。内蒙古自治区与蒙古国的畜牧业都属基础产业，在这一领域继续开展科技合作对内蒙古自治区与蒙古国的经济发展具有重要意义。蒙古国政府强调要把蒙古国由畜牧业原料出口国变为畜牧业工业成品出口国，如 2013 年 2 月蒙古国羊绒业近千名代表在乌兰巴托中央文化宫举行会议，要求政府提供低息贷款支持羊绒加工产业升级，以提高蒙古国羊绒制品在国际市场上的竞争力。近几年来，蒙古国每年生产羊绒 4000 吨左右，是世界第二大羊绒生产国。由于羊绒加工能力不足，蒙古国往年大部分原绒用于出口。代表提出的要求包括：政府每年提供 30000 亿~5000 亿图（1 美元约合 1380 图）的低息贷款作为周转资金，用于羊绒加工业的稳定发展；要大力进行羊绒加工企业技术更新，禁止原绒出口或征收出口关税。内蒙古自治区在羊绒加工和制作方面积累了非常丰富的经验和技术，出现了像鄂尔多斯这样的国际知名品牌，也有这方面的专利技术。

乳制品领域的龙头企业伊利地处内蒙古自治区，伊利一直坚持产品的创新，推出多项专利产品。据统计，截至 2017 年 12 月，伊利公司累计获得专利授权 2201 项，专利保护已覆盖全部业务。其中，发明专利授权数量为 469 项，发明专利的授权率以绝对优势稳居国内乳品行业首位。同时，公司现有三项专利获得中国专利优秀奖。不仅是在产品质量方面，在节能减排、绿色可持续发展上，伊利也开展了多方合作，强调绿色产业的发展链条。

像鄂尔多斯和伊利这样的畜牧业知名企业和科研院所还有很多，所以在畜牧业和畜产品加工领域，双方利用蒙古国的资源优势和内蒙古自治区的生产优势，就能够共同开发建设，开拓国际市场。蒙古国效仿内蒙古自治区在牛羊乳业的成功经验来发展本国畜牧业经济必将取得可喜的成绩。

（二）在草原生态环境治理方面的科技合作前景

由内蒙古自治区林业厅发布的全区第四次荒漠化和沙化土地监测结果可知：2004～2009 年，荒漠化土地面积减少 4671 平方公里，年均减少 934 平方公里。其中，风蚀荒漠化土地面积减少 2816 平方公里，水蚀荒漠化土地面积减少 560 平方公里，盐渍化土地面积减少 1295 平方公里。沙化土地减少 1253 平方公里，年均减少 251 平方公里。荒漠化是指包括气候变异和人为活动在内的种种因素造成的干旱、半干旱和亚湿润干旱区的土地退化，所退化的土地即为荒漠化土地。沙化是指在各种气候条件下，由于各种因素形成的、地表呈现沙（砾）物质为主要标志的土地退化，具有这种明显特征的退化土地为沙化土地。根据 2007 年的统计，蒙古国已有 72% 以上的土地出现了不同程度的荒漠化，其中 23% 的土地轻度荒漠化、26% 的土地中度荒漠化、18% 的土地重度荒漠化、5% 的土地极重度荒漠化。蒙古国荒漠化问题近十年来日益严重，已造成土地干旱、植被破坏、牧场和水源短缺，严重影响了蒙古国支柱产业——畜牧业的发展。内蒙古自治区在草原生态治理方面有成熟的技术，可以通过科技合作向蒙古国输出，从而提高内蒙古自治区的科技人才综合素质，使内蒙古自治区取得更加广泛的应用技术，也可以为蒙古国的草原生态治理提供技术支持。

（三）在农业方面的科技合作前景

从农业发展看，蒙古国土地广阔，农牧业占蒙古国经济活动近一半，具有非常重要的位置。然而，蒙古国农牧业发展水平低，仍以粗放型农牧业为主。粮食年进口量在 15 万吨左右，面粉自给量仅为 20% 左右，其中从我国进口的粮食产品约占 50%，蔬菜占 70%～80%，鲜奶、肉类等畜产品也有部分进口。我国与蒙古国在农业水利化、牧业现代化发展方面的合作以及高科技、高产量种养殖业方面的合作空间较大。内蒙古自治区与蒙古国开展科技合作，相互间引进技术和科研专家,可以节省人力、物力和财力,有效地打破其他国家的技术封锁,进一步加快各方技术进步的进程。内蒙古自治区与蒙古国开展科技合作,可以培养和锻炼两地科技人才,提高自主科技创新能力,也是增强两地综合能力的有效途径。两地将把科技合作的政策与本地区的外交、经济政策有机结合起来,对实现国家和地区利益、促进经济社会发展与资源可持续利用和生态环境保护的协调发展都将起到难以替代的作用。

(四)可再生能源与新能源国际科技合作前景

内蒙古自治区与蒙古国虽然经济发展水平不同,资源禀赋也各有所长,但双方科技合作具有良好的基础和潜力,两地都可以从中获益,可以互通有无、互相借鉴和促进,实现优势互补。沉重的环境压力使蒙古国政府全力寻找节能、环保的新技术。但蒙古国的经济不发达,在提出对环境高要求的同时,还要求新技术的费用价廉。内蒙古自治区与蒙古国地理位置及气候条件相似,太阳能与风能资源得天独厚,大力发展太阳能、风能等可再生能源的开发与综合利用适合两地经济发展的特点。内蒙古自治区在太阳能、风能等再生能源的综合开发利用方面技术较为成熟,20世纪90年代后期,热水器、淋浴器、干燥器、集热器等诸多太阳能设备在内蒙古自治区广泛使用。随着环境污染日渐严重,太阳能与风能的开发与利用是非常适合在蒙古国推广的。近年来,蒙古国首都乌兰巴托的空气污染问题日渐突出,极大地影响了市民的健康。由于雾气,用于取暖烧煤和木柴释放的污染气体,市区几个发电厂排放污染气体,以及汽车尾气等,乌兰巴托的空气质量严重受到影响。虽然蒙古国政府采取了推广污染较小的炉具、鼓励用电取暖等措施,但上述治理空气污染的举措收效甚微,甚至有加重的趋势。太阳能与风能等的开发与综合利用正好能够有效解决乌兰巴托城市空气污染问题。通过开展国际科技合作,内蒙古自治区也能够更加深入地进行可再生能源、新能源的研究,使内蒙古自治区在这一领域的技术更加具有国际竞争力,为发展相关产业起到促进作用。

(五)采矿业科技合作前景

蒙古国矿产资源丰富,而且正处在开发的初期阶段,开发潜力很大,这无疑对中国有较强的吸引力。从中国工业化过程中的巨大需求量、蒙古国的出口型主导战略以及两国距离相近的状况看，矿产资源的合作开发必将是中蒙合作的重点领域，必将给双边合作注入更大的动力。蒙古国矿产资源丰富，与中国有很强的互补性，许多中国紧缺的矿产在蒙古国都有发现，从目前的实际需求看，蒙古国丰富的石油、天然气、铜、黄金、铀、萤石、磷钙石以及一些建筑材料、黑色和有色金属矿产都可以成为双方合作的重点对象。

国际科技合作为各国生产技术效率的提高和实现更大的规模经济效益提供了广阔的前景，所以选择合适的科技合作模式，选择适合本地区经济发展特点的技术，不仅可以把各国间各自有优势的生产要素结合在一起，还可以共同研制、开发、生产和销售新产品，提高国际竞争力，扩大国际市场。研究证明，高效利用双方特色资源优势、科技优势，对提高双方各自创新能力、加快经济跨越步伐、延长产业链有着重要的意义和巨大的推动作用。在当前世界各国科技发展的相互依存度不断加深的背景下，通过与蒙古国的科技合作强化内蒙古自治区核心竞争力，提高内蒙古自治区的科技水平和科技实力，将为内蒙古自治区的经济发展和社会进步注入新的活力和动力，有利于边境地区的经济发展和居民生活水平的提高，也有利于国家"睦邻、安邻、富邻"的周边外交政策，促进地区的发展与合作，提高我国的国际形象和地位。通过与内蒙古自治区开展国际科技合作，可以使蒙古国加快经济发展，实现技术的飞跃，提升各行业从业人员的素质，改善生产环境，改进现代化生产设备，以及发展成产技术，从而促进蒙古国经济又好又快地发展。因此，未来内蒙古自治区与蒙古国应该结合本国实际积极开展更广泛的科技合作，并为科技合作制造更加宽松的条件，这样，内蒙古自治区与蒙古国的科技合作将呈现良好的发展前景。

五、内蒙古自治区与蒙古国科技合作的主要形式

（一）国际科技研究合作——共建合作研发平台

2007 年底蒙古国物理技术研究院与内蒙古自治区包头稀土光合作用研究院共同建立的蒙古国材料研究理化检测中心，在 2008 年得到了中国科技部在该项目上的国际科技合作资金支持，项目实施中，双方技术人员多次进行交流探讨，

互派技术人员实地考察学习，完成了实验室改造、设备安装调试、人员技术培训、检验方法建立等内容。项目完成后，双方实验室通过合作可以进行稀土、铁矿石、有色矿产品的检验。该项目的实施扩大了包头稀土研究院国际合作的实绩，也扩大了包头稀土研究院在蒙古国的影响，从而使包头稀土研究院与蒙古国多家企业及院校进行了科技交流与合作。2007年11月16日在乌兰巴托揭牌成立的由内蒙古自治区科学技术厅和蒙古国科技基金委员会共同筹建的中蒙技术转移中心，是内蒙古自治区乃至我国在蒙古国建立的首家技术转移中心，它的成立推动了双方合作的纵深发展。中蒙技术转移中心从成立至今多次组织并实施了企业、政府、民间的内蒙古自治区和蒙古国的考察和访问，几年的时间里为内蒙古自治区与蒙古国的合作奠定了非常好的基础。

（二）举办和参加国际学术会议——研讨会

随着国际科学合作的开展，各学科都成立了国际性的专业学术团体或组织，从而为开展国际科学合作提供了组织保证，定期或不定期地召开国际性学术会议，交流各国专家的研究成果和科技情报资料，并提供新信息，组织各国学者专家现场考察，对某些重大问题进行卓有成效的研讨，这已经成为国际科技合作的主流形式。内蒙古自治区与蒙古国近年来开办了很多次科技交流研讨会。例如，2009年12月在呼和浩特市由中国科技部和蒙古国教育文化科学部共同主办，内蒙古自治区科学技术厅和蒙古国科技基金委承办的"纪念中蒙建交60周年科技合作与发展研讨会"，对巩固中蒙两国人民的友好合作关系、全面推进中蒙科技合作的发展具有重要的意义；2011年3月在呼和浩特市由中国科学技术部国际合作司和蒙古国教育文化科技部共同主办，内蒙古自治区科学技术厅、蒙古国科技基金委承办的"中蒙科技投入研讨会"，对于两国加大科技投入力度、提高资金使用效率、加强两国间科技领域进一步合作具有重要意义。

（三）管理科学研究成果的交流——承办科技展览

不同国家和地区的国际科技交流活动是各种形式、各行业的国际技术交流取得的最佳的科技"收获"。内蒙古自治区与蒙古国科技交流中管理科学研究成果的交流形式最为成功的是中俄蒙科技展。为加强我国与俄罗斯、蒙古国在高新技术领域的交流与合作，由科技部、国家知识产权局、中国科学院、中国工程院、内蒙古自治区人民政府、蒙古国教育文化科技部共同主办，由内蒙古自治区科学技术厅、满洲里市人民政府承办的"满洲里中俄蒙科技展暨高新技术产品展览会"迄今为止已经举办了八届。前八届展览会取得了丰硕的成果，累计参展中俄蒙三方企业 6000 余家，参展项目 14000 余项，参观和洽谈的国内外客商达 20 万余人次，签订各类合同和协议 530 多项，协议金额 240 多亿元。这项展会已经成为目前中俄蒙毗邻地区举办的规模较大、层次较高、影响较广、特色突出、主题鲜明的科技成果暨高新技术产品展示会。

（四）扩大专项进修和培训——开办发展国家技术及科技人才培训班

扩大专项进修和培训有利于及时攻克和解决科学及技术项目中的难题，这种形式的交流具有目标明确、针对性强、时间短和见效快的效果。内蒙古自治区与蒙古国近年来开办了很多次科技人才培训班。例如，2008 年 11 月 2～15 日内蒙古自治区科技厅对外科技交流中心在呼和浩特市举办了"内蒙古太阳能、风能应用推广培训班"，蒙古国科技工业大学等单位共 20 人参加了培训。内蒙古自治区在太阳能、风能的应用方面有较为纯熟的技术，而蒙古国急切需要发展太阳能、风能的开发利用，所以此次培训班在太阳能、风能应用推广方面的培训取得了良好的社会效益和经济效益。

综上所述，内蒙古自治区与蒙古国的科技合作领域在不断扩大，合作的模式多种多样，无论是在内蒙古自治区还是在蒙古国都取得了一定的社会效益和经济效益，为未来更好地开展科技合作打下了良好的基础。

六、内蒙古与蒙古国科技合作成功案例

（一）运用联合开发型国际科技合作模式成功的案例

2008 年 6 月至 2009 年 12 月实施的"野生牧草物质资源的开发利用和人工草地建设"项目，是由内蒙古农牧科学院和蒙古国畜牧科学院承办，在内蒙古农牧科学院四子王基地、蒙古国畜牧科学院阿日胡苏基地开展的国际合作项目。本项目获得的成果主要有中蒙双方分别建设牧草种植引种基地 5 公顷；互引优良牧草品种 100 份以上，在引种圃内栽培驯化和选育；改良天然草地 200 公顷；开展了广泛的技术培训，培训人数达到 300 人次，双方专家交流 2 次。"野生牧草物质资源的开发利用和人工草地建设"项目的成功给内蒙古自治区与蒙古国在畜牧业，尤其牧草饲料的优化方面的合作起到了示范作用。

"野生牧草物质资源的开发利用和人工草地建设"项目的合作模式属于联合开发型国际科技合作模式。联合开发型科技合作模式是通过新技术、材料、工艺等方面的共同研究与开发，使合作双方的技术积累同时得到提升。内蒙古自治区在牧草种植、新品种的研发、优良品种在不同环境下的移植等方面技术的纯熟与研发利用牧草的科技人才的充沛，是"野生牧草物质资源的开发利用和人工草地建设"项目的成功的关键。"野生牧草物质资源的开发利用和人工草地建设"项目取得成功，证明了内蒙古自治区与蒙古国在畜牧业科技合作中采取联合开发型科技合作模式是适合双方的经济发展特点的，也是能够满足各方的合作需求的。

（二）运用产品产业化型科技合作模式成功的案例

2009 年实施的"马奶产业化基地建设"项目是由内蒙古自治区科学技术厅与蒙古国科学技术基金委员会承办的。本项目的成果主要是在项目建设期间形成了两个马奶产业化基地示范点，即镶黄旗示范点和阿巴嘎旗示范点，申请了一项国家专利——马奶发酵装置（专利申请号：201020286777.6）。内蒙古自治区与蒙古国开展马业的综合开发、应用、推广等领域的研究，为内蒙古自治区与蒙古国制定马产业可持续发展规划提供了科学依据或实施方案。广义的马业产品，除生产马奶和马肉制品外，还包括皮、毛、血、骨、脏器等副产品的综合利用，以及用胃液、孕马血清和尿液等生产药用生物制品等。本项目的成功丰富了食品、饲料、制革、医药和生物等工业原料，对提高马产业整体经济效益产生了积极的推动作用。

"马奶产业化基地建设"项目属于产品产业化型科技合作模式。本项目通过产品产业化型科技合作提高内蒙古自治区与蒙古国马产业产品的技术含金量，使研制的最终产品走向了市场，实现了产品产业化。畜牧业产业化是以市场为导向、以效益为中心，对畜牧业经济的重点产品、主导产业按市场化、社会化、集约化的要求，实行多层次、多形式、多元化的优化重组，以达到产业区域化、组织集团化、经营市场化、管理企业化、服务社会化、效益最大化的目标，其实质内容就是生产专业化。马奶产业化是适合内蒙古自治区与蒙古国经济发展特点的，马业发展的新概念涉及的领域不仅是农业，还包括畜牧兽医业、食品加工业、医药业、科学技术、旅游业等各行各业。内蒙古自治区与蒙古国在马奶甚至马业方面的合作选择产品产业化型科技合作模式，可以给未来在畜牧经济合作起到借鉴作用，未来蒙古国可以仿效内蒙古自治区在牛羊产业的成功模式发展畜牧业。

（三）运用二次开发型科技合作模式成功的案例

2009 年开始实施由中蒙德三国合作的"稀土在养殖业中的研究应用"项目，充分发挥包头的稀土资源、德国的先进技术、蒙古国的草原资源，聚集三方的技术、人才的优势，就稀土在畜牧业的应用，稀土对动物生长发育及动物性产品产量、质量、经济效益，稀土在动物体残留量，稀土的卫生学评价等方面进行研究，该项目就稀土对蒙古羊喂养后的产量、稀土残留、卫生学评价进行了实验检测，取得了可喜的成果。该项目在蒙古国进行扩大试验，为稀土饲料在羊的养殖业上得到顺利推广。试验期间蒙古国科学院提供了 120 个样本羊，利用包头稀土研究院研制的"稀土饲料添加剂"进行喂养，稀土饲料添加剂在蒙古羊喂养上取得了超预期的成效，蒙古羊不仅增重效果显著，最高增幅达到了 36%，而且饲料利用率提高了 9%，同时极大地提高了样本羊的抗病能力，使死亡率明显降低。冬季试验重点解决了蒙古羊冬季体重下降和在草料缺乏条件下抗病性差、死亡率高的难题。随着稀土农用研究的发展，稀土作为动植物生理调控物质已被广泛认同。

"稀土在养殖业中的研究应用"项目属于二次开发型科技合作模式。"稀土在养殖业中的研究应用"项目实施过程中，内蒙古自治区与蒙古国结合自己的生产需要研究开发了稀土作为饲料添加剂的生产工艺，将稀土应用于饲料中，研发出了在畜牧经济中实用性更强的饲料添加剂的技术。内蒙古自治区与蒙古国将稀土应用技术进行二次开发，使技术适用于养殖业中。"稀土在养殖业中的研究应用"项目的成功给内蒙古自治区与蒙古国双方都开辟了新的领域。由于内蒙古自治区及蒙古国牛羊养殖多达数亿头（只），因此稀土农牧养殖高科技产品开发成功，对内蒙古自治区与蒙古国乃至世界农牧养殖业大幅度增产增收及品质改善意义重大。

（四）运用技术辐射型科技合作模式成功的案例

2009 年 11 月 9 日开始实施的中美蒙三方合作的"蒙古高原草原生态系统对气候变化与放牧的响应与适应"项目在内蒙古自治区和蒙古国境内靠边境，从西往东和从北往南共选 3 条线，横跨 4 个植被类型，选取多个样地。基于陆地卫星和 MoDIS/AVHRR 数据，结合野外实地调查，在对 1975～2005 年遥感和气候数据分析的基础上进行植被、土壤等相关内容的取样调查及牧户访问调查，在时间尺度上纵向比较、空间尺度横向对比，以嘎查牧户为单位对草地生产力进行了定量分析研究，同时对比研究了蒙古国和内蒙古自治区区域生态系统的生产力关系和人类对环境的适应性，并研究全球气候变化对蒙古高原草原生态系统与放牧的影响程度，提出了相应的对策来保护蒙古高原草原生态系统的良性循环，进而为区域可持续发展提供了可参考的依据。内蒙古自治区与蒙古国随着经济的较快发展均出现了不少环境问题，其中荒漠化问题是最为严重的，过去几年中内蒙古自治区政府十分重视草原生态治理问题，大力支持草原生态保护与治理研究，也取得了不错的成绩。但蒙古国的草原生态状况日渐严重，由于政府的政策支持与资金投入不够，所以没有能够起到有效治理的作用。本项目的成功，使蒙古国通过与内蒙古自治区的合作，引用内蒙古自治区在草原生态保护与治理方面成熟的技术，准确分析出蒙古国的草原生态现状，进而为蒙古国今后采取有效措施解决荒漠化问题提供了技术保障。

"蒙古高原草原生态系统对气候变化与放牧的响应与适应"项目属于技术辐射型科技合作模式。在草原生态环境治理方面开展技术辐射型科技合作模式对技术输出方——内蒙古自治区本身在草原生态环境方面的技术更加成熟、科技人才培养等产生了推动作用，同时对蒙古国生态环境治理提供了技术支持，为蒙古国制定相关政策及有效措施提供了有效的依据，并对内蒙古自治区与蒙古国相关产业的发展起到了积极作用。

（五）运用技术输出型国际科技合作模式成功的案例

2008 年 9 月，内蒙古甜菜制糖工业研究所与蒙古国 STS 工贸公司制糖产业开始合作，内蒙古自治区在蒙古国开展甜菜种植和建设糖厂。在这之前，蒙古国没有制糖厂，所需食糖全部依靠进口。为了使食糖国产化，蒙古国根据中蒙两国国家间合作协议，利用中国政府提供的长期贷款建立了一座糖厂。在内蒙古自治区科技厅和蒙古国教育文化科技部的支持下，从 2006 年起，由内蒙古自治区甜菜制糖工业研究所提供甜菜品种和优质高产栽培技术，在蒙古国农业区进行了试种，结果显示，内蒙古自治区提供的甜菜品种适合在蒙古国大面积推广种植。

内蒙古甜菜制糖工业研究所与蒙古国 STS 工贸公司制糖产业科技合作属于技术输出型国际科技合作模式。在合作的过程中，内蒙古工业研究所为蒙古国 STS 工贸公司提供技术支持的同时，其提供的甜菜品种在蒙古国试种成功并得以推广。内蒙古自治区农牧业技术和装备非常适合蒙古国需求，内蒙古自治区农牧业技术发达，与邻国蒙古国有极高的契合度，所以今后内蒙古自治区与蒙古国在农业方面的科技合作应继续鼓励内蒙古自治区农牧业先进技术向蒙古国的输出。

（六）运用 R&D 型科技合作模式成功的案例

除了以上介绍的成功的合作模式之外，内蒙古自治区与蒙古国开展科技合作最重要的一个模式，也是运用最多的科技合作模式是 R&D 型技合作模式。国际科技交流是以国际科技人才交流为主体的综合性"软"交流。国际科技交流是以人才交流为主体的信息、技术、管理、治理和观念等综合性的"软"交流，是教育、科学研究、实验研究、生产技术和市场营销等方面人才和智力的国际交流和合作研究。国际科技交流的形式有国际科技研究合作、引进科研和技术专家、举办和参加国际学术会议、管理科学研究成果的交流、扩大专项进修和培训、派遣出国留学生。内蒙古自治区与蒙古国近几年采用 R&D 型科技合作模式开展科技合作取得了非常大的成功。

第六章　中蒙专利技术贸易与科技合作的实现途径

一、影响中蒙专利技术贸易实现途径选择的主要因素

（一）技术贸易在国民经济中发挥的作用

技术贸易在国民经济中发挥着重要的作用，包括优化我国出口商品结构、提高我国的综合国力、增加我国的外汇收入、促进我国国民经济的持续稳定增长、提升我国在国际分工中的地位等。其中最重要的同时也是我国目前经济发展中的战略重点，技术贸易会促进我国产业结构调整。

1. 技术出口促进了科技成果的产业化和商品化

技术出口对科技成果的转化具有良好的示范和推动作用。特别是近年来，技术出口增长较快，一批先进成熟的科技成果在国际市场推广应用，并取得成功，实现资源的有效配置，这大大推动和加快了国内相关产业科技成果的产业化和商品化进程。

例如，湖北登峰换热器有限公司（以下简称登峰公司）在 2006 年 7 月 6 日收到加拿大尤尼飞电力设备公司半年的技术转让费 45 万美元。靠转让拥有自主知识产权的热交换器原件整张套片股管专利技术，他们按销售额的 1.5% "坐收渔利" 30 年。登峰公司 1998 年改制后，着力增强自主创新能力，与国内 30 多所高校、科研所合作，先后完成两项国家火炬计划，获得 12 项技术专利，2005 年被科技部确认为国家级高新技术企业和博士后产业基地，一跃成为全国品种最齐全的换热器生产厂家。作为全球百强企业之一的美国科氏工业集团子公司尤尼飞

电力设备公司，欲扩大电力设备在国际市场的占有份额，2004 年在全球寻找合作伙伴，以解决困扰电力设备热交换器核心技术整张套片股管技术难题。经过谈判，双方达成合作协议。从 2005 年开始，直至 2035 年，尤尼飞公司每年按该项产品销售额的 1.5% 返给登峰公司作为专利技术补偿费。拥有整张套片股管技术的尤尼飞公司，从 2005 年起生产的电力设备产量在国际市场份额猛增；登峰公司的"渔利"也同步增加，2006"坐收"30 万美元，2007 年进账 90 万美元。

2. 技术出口带动了成套设备、产品和服务出口

技术出口在带动成套设备、产品和服务出口，促进国民经济发展等方面作用显著。20 世纪 90 年代以来，我国在电力、通信、建材生产、交通运输等领域出口大量技术的同时，该领域成套设备、服务及相关产品也随之一同出口，既大大提升了我国企业及行业的竞争力，也促进了我国出口的增长，在一定程度上缓解了我国技术贸易逆差，推动了对外贸易的健康发展。

3. 技术出口推动了国内产业结构升级

2008 年以来，全球金融危机给我国对外贸易的发展带来了负面影响，而技术出口却保持了良好发展态势，在一定程度上带动了我国对外贸易的发展。技术出口的发展引导了高新技术、先进适用技术和成熟配套技术进入国际市场，提高了外贸出口的技术含量和附加值，增加了货物贸易附加值，带动了产业技术的提升和制造业的发展，也符合国家调结构、保增长的发展方向。

4. 技术出口为发展中国家技术升级做出了贡献

技术出口进一步密切了我国与其他国家特别是广大发展中国家的关系。在过去几十年里，技术出口的主要目的地是发展中国家。随着对外承包工程及技术援助等方式出口到这些国家的技术，极大地改善了当地的基础设施条件，也为当地创造了大量的就业机会，促进了当地经济的发展，为发展中国家技术升级做出了贡献。

通过以上分析可知，买卖专利所有权、提供专利许可、提供专利技术服务与技术协助以及买卖含有专利技术的成套设备和器材都属于国际技术贸易的范畴，其实这就是我们经常提到的专利实施。

（二）我国技术贸易中技术出口的基本情况

2015 年 7 月 7 日，财政部、商务部《关于 2015 年度外经贸发展专项资金申报工作的通知》中确定，未来财政重点支持外经贸协调发展和结构调整，在具体

的实施办法中提及专利，鼓励承接国际服务外包业务和技术出口。

技术出口指我国境内企业通过贸易、投资或经济技术合作方式向境外实施的专利权转让、专利申请权转让、专利实施许可、专有技术转让或许可等技术转移，以及技术转让或许可合同项下提供的技术服务。不包括《中国禁止出口限制出口技术目录》（商务部、科技部令 2008 年第 12 号）所列的出口技术。重点支持具有国际竞争力、成熟的产业化技术出口及技术服务出口。

近年来，我国技术贸易规模迅速扩大，我国技术贸易发展迅速、结构不断优化、稳步快速增长的态势初步形成。2006 ~ 2011 年，我国技术进出口总额从 226.1 亿美元上升到 535.6 亿美元。1982 ~ 2011 年的 30 年来，我国共引进国外先进技术 141086 项，合同金额达 3658.39 亿美元。其中，2002 ~ 2011 年，我国共引进先进技术 95609 项，合同金额达 2201.93 亿美元，分别是前 20 年总和的 2 倍和 1.5 倍。2011 年，我国共引进国外先进技术合同 12202 份，同比增长 8.43%；合同金额达 321.59 亿美元，同比增长 25.5%。

与此同时，技术贸易结构也不断优化。2006 ~ 2011 年，技术出口合同数从 281 项增长到 47221 项，合同金额从 5.8 亿美元增长到 213.99 亿美元。我国的技术引进已经从最初以成套设备、关键设备、生产线为主逐渐转变成以专有技术许可、技术咨询与技术服务等方式为主，专有技术、技术咨询和服务分别从 2006 年占全部引进额的 33% 和 23.5% 上升到 2011 年的 37.13% 和 35.85%；同时，成套设备、关键设备、生产线分别从 2006 年占全部引进额的 13% 下降到 2011 年的 2.84%。

大力发展技术贸易，对提升我国产业发展水平、增强创新能力具有重要意义，可以为我国实施创新驱动发展战略提供重要的战略支撑。当前，我国正在推动经济发展方式转变和经济结构战略性调整，对技术贸易特别是国际高新技术的需求更加迫切，中国技术贸易发展前景广阔。

我国技术出口的主要特点：技术出口以计算机软件的出口、专有技术的许可与转让、技术咨询和技术服务等纯技术出口合同为主，附带关键设备或成套设备的技术出口合同很少，因此，技术出口合同金额中，技术费占比较高；计算机应用服务业、综合技术服务业和电子及通信设备制造业是技术出口的主要行业；外资企业和民营企业是技术出口的主要力量；技术出口目的地日趋多元化，美国、日本和中国香港是技术出口的主要目的地；从出口地区上看，技术出口以东部发达地区为主。

（三）影响中蒙技术贸易实现途径选择的主要因素

我们面对这么多纷繁复杂的国际技术贸易方式，如何有针对性地来选择呢？影响国际技术贸易方式选择的因素主要有以下几点：

第一，从技术供方看，主要包括：①技术供方发展战略决定的合作意愿；②技术供方的技术能力；③技术供方对于技术受方的了解，包括合作意向、技术需求、产品市场、生产要素市场、接受技术的能力和历史背景；④技术供方对于社会、政治、经济环境的估计和判断。

第二，从技术受方看，包括：①技术受方发展战略决定的合作意愿；②技术受方的技术能力；③技术受方的国内产品市场；④技术受方对于技术供方的了解；⑤技术转移机会，即国家政治、经济、技术环境的影响。

第三，技术的先进程度。这个直接影响到技术引进方的消化、吸收和创收价值，从而可以决定技术引进方技术风险和投资风险。

第四，技术的生命周期以及技术所处生命周期的阶段。技术寿命长的技术供方可多次转让，均摊开发成本，降低转让价格。

第五，贸易方式的选择也由交易标的物本身的性质所决定。

第六，经济因素，其中包括沉入成本、机会成本、对技术本身所带来的新增利润的估计等。

第七，其他的一些政治与法律因素，如《著作权法》《专利权法》，或者一些国家出台的政策、法规。

二、传统的专利技术贸易实现途径

中蒙专利技术贸易的实现途径可以分为三类，即单纯的技术转让、引进技术与引进设备相结合、引进技术与引进外资相结合。具体可以分为以下八种：

（一）工业产权与非工业产权的转让与许可

工业产权与非工业产权的转让与许可是国际技术贸易的主要形式。工业产权的转让与许可：与工业产权相关的国际技术贸易主要对象是受法律保护的专利、商标（不包括单纯的商标转让与许可）和计算机软件著作权等的转让与许可；非工业产权的转让与许可：与非工业产权相关的国际技术贸易的主要对象是专有技术的转让与许可。无论是工业产权还是非工业产权的国际技术贸易，通常都是进行使用权的许可，国际技术贸易实践中是通过所谓的许可贸易（licensing）来实现的。

许可贸易有时称为许可证贸易，是指知识产权或专有技术的所有人作为许可方，通过与被许可方（引进方）签订许可合同，将其所拥有的技术授予被许可方，允许被许可方按照合同约定的条件使用该项技术，制造或销售合同产品，并由被许可方支付一定数额的技术使用费的技术交易行为。许可贸易是国际技术贸易中使用最为广泛的技术贸易方式。

许可贸易实际上是一种许可方用授权的形式向被许可方转让技术使用权同时也让度一定市场的贸易行为。根据其授权程度大小，许可贸易可分为如下五种形式：①独占许可。它是指在合同规定的期限和地域内，被许可方对转让的技术享有独占的使用权，即许可方自己和任何第三方都不得使用该项技术和销售该技术项下的产品。所以这种许可的技术使用费是最高的。②排他许可，又称独家许可。它是指在合同规定的期限和地域内，被许可方和许可方自己都可使用该许可项下的技术和销售该技术项下的产品，但许可方不得再将该项技术转让给第三方。排他许可是仅排除第三方面不排除许可方。③普通许可。它是指在合同规定的期限和地域内，除被许可方该允许使用转让的技术和许可方仍保留对该项技术的使用权之外，许可方还有权再向第三方转让该项技术。普通许可是许可方授予被许可方权限最小的一种授权，其技术使用费也是最低的。④可转让许可，又称分许可。它是指被许可方经许可方允许，在合同规定的地域内，将其被许可所获得的技术使用权全部或部分地转售给第三方。通常只有独占许可或排他许可的被许可方才获得这种可转让许可的授权。⑤互换许可，又称交叉许可。它是指交易双方或各方以其所拥有的知识产权或专有技术，按各方都同意的条件互惠交换技术的使用权供对方使用。这种许可多适用于原发明的专利权人与派生发明的专利权人之间。

（二）技术服务与咨询

1. 技术服务

技术服务是指技术知识人接受委托为委托人解决特定的技术问题。比较常见的技术服务的内容包括员工培训、技术的指导以及现场设备的安装和调试等。

2. 技术服务和咨询

技术服务和咨询是指独立的专家或专家小组或咨询机构作为服务方应委托方的要求，就某一个具体的技术课题向委托方提供高知识性服务，并由委托方支付一定数额的技术服务费的活动。技术服务和咨询的范围和内容相当广泛，常见的技术咨询服务包括有关技术运用的可行性论证、相关技术的调查、相关技术成果的分析和评估等，包括产品开发、成果推广、技术改造、工程建设、科技管理等方面，大到大型工程项目的工程设计、可行性研究，小到对某个设备的改进和产品质量的控制等。企业利用"外脑"或外部智囊机构，帮助解决企业发展中的重要技术问题，可弥补自身技术力量的不足，减少失误，加速发展自己。我国"二汽"委托英国的工程咨询公司改进发动机燃烧室形腔设计，合同生效半年内就取得了较好的技术经济效果。

技术服务和咨询与许可贸易不同。许可贸易是以技术成果为交易对象的，而技术服务和咨询则是以技术性劳务为交易对象。许可贸易的技术供方所提供的技术是被其垄断的新的独特的技术，这些技术属于知识产权或专有技术。而在技术服务和咨询中，服务方所提供的技术多是一般技术，即知识产权和专有技术以外的技术。在国际技术贸易实践中，许可贸易特别是专有技术许可中常含有技术服务和咨询（如设备安装调试、人员培训）的内容。而在技术服务和咨询活动中，也有提供服务的供方以其专利或专有技术完成其服务任务的。许可贸易与技术服务和咨询是国际技术贸易的两种基本的贸易方式，其他技术贸易形式一般都是这两种方式在特殊情况下的运用或是包含了这两种方式。

（三）合作生产与合作设计

合作生产与合作设计就是通过双方的合作，利用各自拥有的技术共同完成有关的生产项目或共同开发有关的生产计划。发展中国家通过这种形式在引进外资的同时，也引进了经济发展所需的有关技术和技术设备。

对于合作生产有多种不同的理解。从国际技术贸易的角度来看，合作生产是指分属不同国家的企业根据它们签订的合同，由一方提供有关生产技术或各方提供不同的有关生产技术，共同生产某种合同产品，并在生产过程中实现国际技术转让的一种经济合作方式。合作生产中的一方或各方拥有生产某种合同产品的特别技术，在合作生产过程中通过单向许可或双向交叉许可的方式，可能再辅以一定的技术服务和咨询，从而实现国际技术转让。合作生产作为一种国际技术贸易方式，并不是一种独立的、基本的技术贸易方式，实际上它只不过是建立在各方合作生产目的之上的许可贸易及技术服务和咨询而已。这种技术贸易的目的与单纯的技术贸易不同，它是为各方的合作生产服务的。

（四）国际工程承包

国际工程承包通常通过国际间的招投标方式由中标人为招标人承建相关的工程项目。由于国际工程承包设计咨询、勘探、评估、技术设备的提供、人员的培训、设备的调试、试生产等技术性服务，因此国际工程承包已经成为国际技术贸易的重要形式。

（五）国际直接投资

国际直接投资是投资方通过兼并、收购或建立新企业的方式直接在东道国设厂生产。在当前国际经济全球化日趋深化的背景下，国际直接投资已经成为国际性跨国公司实现全球化经营的重要战略内容。国际直接投资的投资方通常以现金资本的方式作为主要形式，目前以技术和技术设备作价作为投资的方式日趋增多。

（六）含有知识产权和专有技术转让的设备买卖

在国际贸易实际业务中，在购买设备特别是关键设备时，有时也会含有知识产权或专有技术的转让内容，这种设备买卖也属于技术贸易的一种方式。但是，单纯的设备买卖，即不含有知识产权和专有技术许可的设备的买卖属于普通商品贸易，不是技术贸易。

含有知识产权利和专有技术转让的设备买卖，其交易标的包含了两方面的内容：一是硬件技术，即设备本身；二是软件技术，即设备中所含有的或与设备有关的技术知识。这些技术知识又分为两部分：一部分属于一般的技术知识，另一部分是专利技术和专有技术。这种设备的成交价格中不仅包括设备的生产成本和预得利润，也包括有关的专利或专有技术的价值。在这种设备的买卖合同中含有专利和专有技术许可条款以及技术服务和咨询条款。

这种方式的技术转让在发达国家与发展中国家的技术贸易中占有相当大的比重，也常用于工程承包中。

（七）补偿贸易

所谓补偿贸易（compensational trade），就是一方提供的设备中含有专利或专有技术，该方以设备出口和技术许可的综合方式向对方提供技术设备，对方以该项设备生产的产品或其他产品补偿其技术和设备的价款。设备的引进方通过这种方式可以在设备提供方的帮助下获得相关的生产技术。许可贸易的做法常出现在补偿贸易中，有些学者将补偿贸易、加工贸易等方式合并在合作生产的技术贸易方式中。

许可贸易的做法也常出现在合资经营方式中。拥有专利和专有技术的一方直接转让其技术，实行技术作价入股；或经过许可方式获得他人专利或专有技术使用权的一方，经技术产权方的允许后，以分许可的方式向合资企业进行技术的再转让。

（八）特许专营

特许专营是指由一家已经取得成功经验的企业，将其商标、商号名称、服务标志、专利、专有技术以及经营管理的方式或经验等全盘地转让给另一家企业使用，由后一企业（被特许人）向前一企业（特许人）支付一定金额的特许费的技术贸易行为。

特许专营的受方与供方经营的行业、生产和出售的产品、提供的服务、使用的商号名称和商标（或服务标志）都完全相同，甚至商店的门面装潢、用具、职工的工作服、产品的制作方法、提供服务的方式也都完全一样。例如，美国的麦克唐纳快餐店在世界各地几乎都有它的被授人，它们所提供的服务同美国一样，所生产和销售的汉堡包的味道也完全一样。

特许专营类似许可，但它的特许方和一般的许可方相比要更多地涉入对方的业务活动，从而使其符合特许方的要求。因为全盘转让，特别是商号、商标（服务标志）的转让关系到自己的声誉。

特许专营的被特许方与特许方之间仅是一种买卖关系。各个特许专营企业并不是由一个企业主营的，被特许人的企业不是特许人企业的分支机构或子公司，也不是各个独立企业的自由联合，它们都是独立经营、自负盈亏的企业。特许人并不保证被特许人的企业一定能盈利，对其盈亏也不负责任。

特许专营合同是一种长期合同，它可以适用于商业和服务业，也可以适用于工业。特许专营是发达国家的厂商进入发展中国家的一种非常有用的形式。由于风险小，发展中国家的厂商也乐于接受。

三、新兴的专利技术贸易实现途径

近几年来，随着科学技术的进步，特别是信息技术的广泛应用，国际技术贸易的实现方式开始走向多样化，并发生重要变革。

首先，企业兼并成为国际技术贸易的一种新方式。企业兼并是市场竞争的结果。在过去，企业兼并主要是企业间的"以强吞弱"。在这种技术先进型企业吞并技术落后型企业的情况下，企业兼并活动中的技术转让或贸易的成分并不明显，甚至根本不存在。随着以知识为基础的国际竞争的加强，当前的企业国际兼并活动主要体现在技术先进企业间的"强强联合"上，兼并的目的是进一步壮大自己的实力，使自己的资金、技术和产品流通能在较短时间里跃上一个新台阶。伴随着这种性质的企业兼并，必然有着较多的国际技术转让或贸易存在。换言之，此时的企业国际兼并事实上已成为了直接获取国外先进技术的特殊贸易方式了。

其次，电子商务的兴起。电子商务有利于形成新的国际技术营销方式，能满足消费者多样化需求，并且改善了国际技术贸易的运行环境，推动了国际技术贸易的大幅度增长，还促使产生了新的国际技术贸易模式，实现贸易模式的多样化。

最后，第三方技术供给的出现。专业研发技术型企业也称第三方技术供给，即既不是企业自己研究开发，也不是从具有竞争关系的其他制造企业引进技术，而是将研究开发活动外包给专业化的研发与设计企业承担。

第七章　中蒙专利技术贸易与科技合作的法律保障及政策建议

一、中蒙科技合作中蒙古国相关知识产权法律

当代国际贸易中初级产品比例下降，与知识产权领域相关的贸易则急剧扩大，高科技知识、资本密集型产品所占比例呈上升趋势。随着我国在蒙古国的投资、贸易增多，特别是高附加值的技术输出增多，双方涉及专利、商标、版权的问题也越来越多，因此，有必要分析蒙古国知识产权制度的特点，以资借鉴。

蒙古国的知识产权法包括《蒙古国专利法》《蒙古国商标及地理标志法》《蒙古国著作及相关权利法》。我国与蒙古国均为世贸组织成员，在知识产权立法方面基本一致，但仍存在差异。

（一）蒙古国专利法特点分析

1. 专利权的客体：发明、实用新型和外观设计

根据《蒙古国专利法》第 3 条，专利包括发明、外观设计和实用新型，但《保护工业产权巴黎公约》和 1994 年世界贸易组织《与贸易有关的知识产权协议》（简称《TRIPS 协定》）所说的专利权只是指发明专利权。蒙古国与我国同为发展中国家，为促进本国技术进步和经济发展，都将实用新型纳入专利之中。

2. 专利权的申请和审批

（1）申请目的确定。《蒙古国专利法》第 3 条第 1 款第 7 项规定："申请日是指国家负责知识产权事务的机关首次收到发明、外观设计、实用新型申请的年月日。"涉及优先权的有以下几条：其一，第 3 条第 1 款第 9 项规定，"优先权日

是指在申请目之前向保护知识产权的巴黎公约或者世贸组织某一成员国申请的年月日"。其二，第 7 条第 9 款规定，"申请人可以在其申请中提出将其国内、地区、国际申请日确定为优先权日，在此情况下应当附上申请优先权日的申请文件副本"。其三，第 10 条第 5 款规定，"申请日要求优先权日的，应当在登记申请之日起 2 个月内对此书面通知，提交原申请副本"。与我国专利法相关规定比较，存在以下特点：一是在蒙古国专利法中发明、实用新型和外观设计都可以享有优先权；二是要求优先权提交书面声明与副本的期限不同，蒙古国是 2 个月，我国是 3 个月。

（2）专利权的条件。《蒙古国专利法》第 4 条规定，授予发明专利权的条件是创造性、新颖性、实用性；授予外观设计专利权的条件是创造性、新颖性、富有美感；授予实用新型专利权的条件是新颖性和实用性。在我国，发明与实用新型的授予条件是创造性、新颖性和实用性；外观设计的授予条件只有新颖性。

（3）申请文件、申请撤回、申请修改、申请变更。《蒙古国专利法》对申请文件、申请撤回、申请修改的规定与我国基本相同。但值得注意的是，《蒙古国专利法》第 11 条第 8 款规定："提交发明申请的创作人，在对其申请做出终局决定之前，可以将其申请变更为实用新型申请，也可以将其实用证书的申请变更为发明申请。在此情况下，按照第一次申请确定其申请日。"我国并没有关于"申请变更"的规定。

（4）专利申请的审查批准程序。《蒙古国专利法》第 11 条第 1 款规定："在确定申请日后，知识产权局的审查员对该发明、外观设计是否符合本法第 4 条、第 5 条规定的要求进行审查。"第 12 条规定："在申请日后的 1 个月内，由审查员对其是否符合本法第 6 条规定的要求，是否可以按照实用新型进行登记做出结论。"与我国专利审查制度相比存在如下特点：一是蒙古国对发明、外观设计、采用实质审查；对实用新型采用登记制度；二是在对发明的实质审查中，我国采取延迟审查制度，从公布到正式授权阶段处于临时保护期而蒙古国采取一次性审查制度，即知识产权局对申请案进行形式审查之后，无须申请人提出实质审查请求，就随即对专利申请的内容进行新颖性、创造性和实用性审查，以确定是否授予专利，因此不存在临时保护期的问题。

3. 专利权的授予、异议与期限

《蒙古国专利法》第 13 条第 1 款规定："在专利出版物上公布发明的参考文献和权利定义、外观设计的图片或者照片之后的 3 个月内，知识产权局如果没有受到异议的，应当对其授予专利。"第 13 条第 5 款规定："对授予专利的发明、外观设计应当进行国家登记，并将其申请存入专利库。"第 14 条规定："在审查员做出可以按照实用新型进行登记的结论之日起，1 个月内由知识产权局对其授予实用证书。"与我国相关规定比较存在如下特点：一是在蒙古国，发明与外观设计授予"专利证书"；实用新型授予"实用证书"。二是在蒙古国，没有将公告日期规定为生效日期，所以按法条规定的理解，专利权应当自授予证书之日起生效。三是我国专利法规定授权后有异议的，引起专利无效程序；在蒙古国，专利异议发生在专利权授予之前，引起不授予专利的法律效果。四是《蒙古国专利法》第 15 条规定："从申请日起发明专利在 20 年内有效；外观设计专利在 10 年内有效；实用新型的实用证书在 7 年内有效。"我国实用新型专利的期限为10 年。

4. 专利权的无效程序

《蒙古国专利法》第 25 条规定了专利无效程序，与我国相关规定比较存在如下差异：在我国，专利无效由专利复审委员会做出决定，对专利复审委员会的决定不服的，可以向人民法院起诉。在蒙古国，违反法律规定授予专利权的，争议解决委员会、法院可以撤销专利；拒绝缴纳专利费用的，由知识产权局撤销专利，不服争议解决委员会决定的，可以向法院起诉。

5. 专利权的强制许可

《蒙古国专利法》第 20 条规定了专利强制许可，与我国相关规定比较，其特点如下：《蒙古国专利法》只是笼统地规定了"为了国家安全、国防、人口粮食供应、卫生等社会必然需要而实施发明、外观设计、实用新型"，没有像我国一样做详细列举式规定。

6. 专利权的转让

《蒙古国专利法》第 16 条第 1 款第 2 项规定了专利申请权的转让，但没有专利权的转让合同的规定，但这并不等于蒙古国没有专利权的转让或者禁止专利权转让，这一问题需要参考《蒙古国民法典》中的所有权转让规定，因为《蒙古国民法典》将知识产权作为一种无形物权糅合进民法典的所有权中。《蒙古国民法典》第 136 条规定："除非法律另有规定，智力创作成果者的所有权，自创作此等成果时起产生。智力成果所有权根据依法定程序进行的登记确定。"可见，蒙古国专利权的转让制度是存在的，只不过被融入民法所有权转让制度中，并要求依法定程序登记。

7. 专利权的保护与救济

（1）专利权的保护范围。《蒙古国专利法》第 7 条规定，在确定专利权保护范围问题上采用折中原则，既考虑专利权人所提交的权利要求书的行文字面含义，同时也参考说明书和附图对权利要求书的解释，但是不得利用摘要。

（2）专利权人的救济。《蒙古国专利法》第28条规定："赔偿因非法实施受权利保护的成果而造成的损失以及支付成果实施费用相关的纠纷，由设在知识产权局的争议解决委员会审理。不服争议解决委员会决定的，可以在收到决定之日起30日内向法院起诉。"可见，在专利权救济的问题上我国提供了多种选择渠道，而蒙古国提供的是单一的救济渠道。

（3）专利侵权纠纷的举证责任。我国对新产品的方法专利采取了举证责任倒置的原则，《蒙古国专利法》中虽然没有相关的规定，但可以参照《蒙古国民法典》中对举证责任的规定。

（4）赔偿数额的确定。《蒙古国专利法》第29条第3款规定："侵犯占有人权利造成的物质损失的赔偿问题，由法院根据《蒙古国民法典》的规定解决。"我国充分考虑了专利权侵权的特殊性，在专利法中做了明确的规定。

（二）蒙古国商标及地理标志法特点分析

1. 商标权的客体

《蒙古国商标及地理标志法》第3条提到的商标种类包括：集体商标、证明商标、驰名商标。与我国相关规定比较存在如下特点：我国《商标法》第3条规定，集体商标、证明商标注册和管理的特殊事项，由国务院工商行政管理部门规定；蒙古国的集体商标与证明商标的注册直接规定在《蒙古国商标及地理标志法》第12条和第13条中。

2. 商标权的主体

《蒙古国商标及地理标志法》第6条规定，可申请注册商标的主体有公民和法人。值得注意的是，我国《商标法》第5条规定了商标专用权的共有，而蒙古国商标法对商标权的共有没有明确规定，但这不等于没有商标权的共有，应该参考《蒙古国民法典》中的共有制度来认定。

3. 商标注册申请

（1）申请商标注册的途径。在我国，申请商标注册可以选择两条基本途径：一是直接到国家工商行政管理总局商标局，当面申请商品商标、服务商标的注册；二是通过商标代理组织申请。其中，对外国人和外国企业采取强制代理制。在蒙古国，申请注册商标只有一条途径：向知识产权机关申请，并且没有商标代理组织的规定，对外国人和外国企业作相同申请要求，不采用强制代理制。

（2）商标注册的条件。在我国，可作为商标标志的条件：有显著特征、便于识别、不与他人先取得的合法权利冲突。蒙古国商标法中除了要求商标具有识别功能外，没有显著性的要求。

4. 商标注册的审查与核准程序

根据我国《商标法》的规定，我国商标注册的主要程序包括：商标申请——形式审查——实质审查——初步审定公告（3 个月内无异议）——核准注册公告。在蒙古国，其商标注册的主要程序包括：商标申请——形式审查——确定申请日——实质审查——登记颁发证书。两者比较其不同如下：一是蒙古国在实质审查通过之后，没有商标异议环节，直接进入登记颁发证书环节。二是两者虽然都有实质审查环节，但是内容不同。我国实质审查的内容包括商标的禁止性审查与商标的显著性审查；蒙古国的实质审查内容不包括显著性审查。三是在核准注册的方式上，我国采取发给商标注册证，并予以公告；蒙古国采取国家登记颁发证书。

5. 注册商标的有效期

在我国，注册商标的有效期为 10 年，自核准注册之日起计算。《蒙古国商标及地理标志法》第 10 条规定："商标注册从申请日起 10 年内有效。"

6. 注册商标的续展

在蒙古国，可以根据商标持有人的申请，每次以十年为续展有效期；应当在该注册有效的最后 1 年内向知识产权机关提出有效期续展申请。在我国，每次续展注册的有效期为 10 年，应当在期满前 6 个月内申请续展注册。

7. 申请在先与使用在先、恶意抢注

《蒙古国商标及地理标志法》第 5 条第 4 款规定："不予注册下列商标：同在蒙古国获得注册或者申请注册的用于同一类商品、服务的商标相同或者近似的可能误导消费者的；与他人著作权、工业产权相冲突的。"我国《商标法》第 29 条规定了申请在先与使用在先原则，第 31 条规定了恶意抢注。其中，值得注意的重要差别是，蒙古国商标法只规定了申请在先原则，没有规定使用在先原则，因此，在恶意抢注中，保护他人在先权利，不保护在先使用。

8. 驰名商标

《蒙古国商标及地理标志法》第 3 条规定："驰名商标是指在蒙古国领土内被公众所知晓的商标。"第 5 条第 4 款第 3 项规定："无论商品、服务的种类和注册与否，因与驰名商标相同或者相近而足以误导消费者、获得不正当优越权利、获利、造成损失、侮辱商誉的，不予注册。"可见，蒙古国与我国对驰名商标都采取全方位保护，范围扩大到不相同、不相类似商品。不同的是，蒙古国的驰名商标仅有知名度的要求，没有要求使用的持续时间、宣传的程度范围、保护记录等。

9. 注册商标的转让

《蒙古国商标及地理标志法》第 21 条规定："商标所有权应当在订立合同的基础上转让，这个合同应当以书面制作，并经双方签字确认。商标所有权转让合同应当在知识产权机关进行登记，经登记后视为权利转移。"与我国相比，存在如下不同：一是我国商标权的转让除签订合同外，还要求共同向商标局提出申请，而蒙古国要求对转让合同向知识产权机关登记；二是我国商标权转移发生在转让注册商标核准公告之日，蒙古国商标权转移发生在完成合同登记之日。

10. 注册商标的使用许可

《蒙古国商标及地理标志法》第 22 条规定："其他人可以与所有人订立合同，将商标使用于商标、服务。该合同经知识产权机关登记后生效。"与我国相比，存在如下不同：一是我国要求许可人监督被许可人使用其注册商标的商品的质量；在商品上标明被许可人的名称和商品产地。蒙古国的商标法没有上述法定要求。二是我国商标法要求使用许可合同应当报商标局备案，商标使用许可合同未经备案的，不影响许可合同的效力。蒙古国要求许可合同经知识产权机关登记后生效。

11. 地理标志的注册

《蒙古国商标及地理标志法》中"地理标志的注册"问题单独成章，其他共性问题与商标法规定在一起，但单独成条。与我国相比存在如下特点：一是该法第 16 条规定："在该地点生产与该地点有关特征商品的公民、法人可以向知识产权机关提交注册地理标志的申请书。"而我国则是根据国家质检总局《地理标志产品保护规定》，由当地县级以上人民政府指定的地理标志产品保护申请机构或者人民政府指定的协会和企业向本辖区内出入境检验检疫部门或质量监督部门提出。二是蒙古国对地理标志的法律保护主要依赖商标法，而我国对地理标志的保护涉及多部法律：《商标法》《产品质量法》《农业法》《消费者权益保护法》及《地理标志产品保护规定》。

12. 注册商标争议的裁定

《蒙古国商标及地理标志法》第 28 条规定："利害关系人认为商标注册违反相关规定的，可以向法院提出撤销该商标的申请。法院认为必要时可做出撤销商标的判决,并将其通知知识产权机关。"与我国相比,存在如下差异:一是我国商标法区分了违法程度:在严重违法的情况下,商标局可以依职权撤销,第三人也可以申请撤销;在一般违法的情况下,可申请撤销的主体仅限于商标所有人和权利利害关系人。蒙古国没有做这种区分,在所有违法情况下,都可以由利害关系人提出撤销。二是我国商标法规定了提出撤销申请的期限:商标核准注册之日起 5 年内。蒙古国没有这种期限规定。三是在我国受理商标争议的机关是商标评审委员会,对委员会的裁定不服的,可以向人民法院起诉。蒙古国受理注册商标争议的机关是法院,对法院的判决不服的,可以向法院提出申诉。

13. 商标权的保护

与我国相比,蒙古国的商标权保护存在如下特点:一是蒙古国没有详细列举商标侵权行为类型。二是在蒙古国,对于商标侵权纠纷的解决由知识产权机构负责审查处理与申请书、申请日和优先权日、国家登记有关的申诉和争议,其他申诉和争议由法院受理。如果不服知识产权机关审查处理决定,可在受到决定之日起 2 个月内向法院申诉。三是赔偿数额的认定。蒙古国的赔偿数额根据《蒙古国民法典》确定,在商标权法中没有明确规定。

(三) 蒙古国著作权法特点分析

1. 著作权的客体

《蒙古国著作及相关权利法》第 6 条规定:"著作权作品,不论其内容、用途、价值、作用、表现方式,包括作为作者智力活动成果的科学、文学、艺术作品。著作权作品,不论其是否发表,包括文字、口述、绘制或者其他有形形式。"我国著作权法中的作品是指文学、艺术和科学领域内具有独创性并能以某种形式复制的智力成果。可见,我国对作品除了形式上的限制外,还要求独创性。所以,按照蒙古国著作权法认定为作品的,有可能在我国无法受到法律保护。

2. 著作权的主体

《蒙古国著作及相关权利法》第 4 条规定:"无论作品是否发表,创作作品的蒙古国公民,常住本国的外国人、无国籍人根据本法享有著作权;首次在蒙古国发表其作品的外国公民,根据本法享有著作权;参加蒙古国国际条约的其他国家公民、法人,根据本法享有著作权。"该法适用属人原则的范围不仅包括本国公民,还包括常住的外国人。但是,对于未与蒙古国共同参加国际条约的国家的作者首次在蒙古国以外的国家发表的作品是否根据该法享有著作权,没有相应的规定。

3. 著作权的内容

《蒙古国著作及相关权利法》规定，著作权包括 9 项具体权能，第 11 条规定了作者的非财产性权利，即精神权利 4 项，第 12 条规定了使用作品的专有权，即财产权利共 5 项，这种规定方式也是《伯尔尼公约》中的规定方式。虽然其权能的数量少于我国（我国《著作权法》第 10 条共列举了 16 项权能），且无"其他条款"，但是其中第 12 条第 2 款第 4 项"改变为演绎作品"的权能涵盖了我国著作权法列举的很多权能，如表演权、改编权、广播权、汇编权等。

4. 职务作品的著作权

《蒙古国著作及相关权利法》第 17 条规定："按照其职务创作作品的作者对其作品享有非财产权利；除合同另有约定外，职务作品的使用专有权可以由雇主享有。"与我国相比，存在如下特点：一是蒙古国著作权法没有规定对职务作品的含义；二是蒙古国著作权法没有区分一般职务作品与特殊职务作品；三是在蒙古国，对于职务作品，作者享有所有的非财产性权利；四是蒙古国法律中有"除合同另有约定""可以"字样，可见，其职务作品的著作权规定是一种任意条款，而我国没有相应规定，是一种强制条款。

5. 著作权的限制

《蒙古国著作及相关权利法》第 24 条规定了"不被视为著作权纠纷的特殊情形"，即我国著作权法中的"合理使用"，一共 9 项，基本上涵盖了我国《著作权法》第 22 条列举的 12 种情形。值得注意的是，该法第 24 条第 2 款的补充规定："在确定本法第 24 条第 1 款规定的事项时应当考虑下列条件：具有谋利目的的；使用作品的程度和所使用部分的意义；作品的价值、所使用部分的市场影响。"结合其补充规定，其著作权的合理使用范围在司法中可能要比我国的合理使用范围小。这种比较抽象的规定为司法中法官的自由裁量权留下空间。

6. 著作权的期限

《蒙古国著作及相关权利法》第 13 条规定："对于某一作品，对其保护期限应当从创作该作品之日起计算；作者使用作品的专有权在作者终生及其死亡后 50 年内有效；作者非财产性权利的保护期不受限制；共同作品的著作权在共同作者终生及其最后一位死亡次年 1 月 1 日起 50 年内受保护。"与我国相比，存在如下特点：一是蒙古国对于公民作品的著作权保护期限的起算时间是从创作之日起算；二是蒙古国对于公民作品的著作权保护期限的截止时间是作者死亡后次年的 1 月 1 日；三是蒙古国著作权法仅笼统规定非财产性权利不受保护期限制，没有作列举式规定。

7. 著作权的管理

（1）著作权的行政管理。《蒙古国著作及相关权利法》第 26 条规定，由知识产权局负责实施保护著作权的政策；在全国范围内组织实施有关著作权的法律法规。

（2）著作权的集体管理。《蒙古国著作及相关权利法》第 27 条的规定，作者和著作权相关权利人为了保护其权利，可以组织集体管理组织开展活动；集体管理组织在开展著作权保护活动时可以与知识产权局签订合作协议。

8. 著作权的许可使用与转让

《蒙古国著作及相关权利法》第 12 条第 3 款规定："只能经过作者许可，通过合同转让本法第 12 条第 1 款规定的权利。"第 23 条第 1 款规定："可以将作品使用专有权通过合同全部或者部分转让给其他人。"与我国相比，存在如下特点：一是我国著作权法中的著作权许可使用和转让合同问题独立成章；蒙古国只有两条规定。二是两国都要求著作权的许可使用与转让必须签订合同，我国详细列举了两种合同的主要内容，蒙古国只列举了转让合同的主要内容，其对许可使用合同没有硬性的要求。

9. 著作权的保护

《蒙古国著作及相关权利法》第 25 条特别规定了互联网上的著作权的保护："提供互联网服务者有义务做到在其服务器内设置的网页上不发生著作权纠纷。提供互联网服务者有义务提供接受著作权人权利遭到侵犯信息的条件，承担收到纠纷的通知时立即关闭网页的义务。与关闭互联网有关的纠纷，应当由法院解决。"第 31 条规定："因侵犯使用作品专有权而造成损失的补偿问题，应当依照《蒙古国民法典》的规定处理。"可见，其侵权民事责任问题并没有在著作权法中单独规定，而是完全融入民法典中。

（四）蒙古国知识产权制度的特点

1. 重视知识产权的国际保护，与国际公约、条约接轨度较高

从蒙古国知识产权法规定及其所参加的国际条约看，蒙古国在知识产权的法律制度建设上正积极与国际接轨。蒙古国参加的国际条约有：1883 年《保护工业产权巴黎公约》及其补充和修改、1960 年及 1999 年《外观设计国际保存海牙协定》、1970 年《专利合作条约》、1971 年《国际专利分类斯特拉斯堡协定》、

1994 年世界贸易组织《与贸易有关的知识产权协议》。在其知识产权的三大法中都明确规定:"蒙古国国际条约中的规定与本法不一致的,适用国际条约的规定。"

相对落后的国家往往面临着一个悖论:在立法上如果采用较高的法律标准,可以与发达国家在制度上接轨,有利于提高知识产权的保护水平,但这样也会导致本国长期处于产业链低端,被发达国家技术剥削,发展中国家虽然签署了有关知识产权保护协议,但很难相信发展中国家会迅速而且完全自愿接受这些新条款。每个国家都会在自身具有比较优势的部门加强知识产权保护,如果采用较低的法律标准,虽然会因此抢占一部分市场份额,但是不利于本国知识产权的保护,这迫使很多发展中国家一方面在立法上采用较高的法律技术标准,另一方面会利用实际司法过程中宽松的程序来保护自己比较优势的部门,尽量减少对自身比较劣势部门的冲击,蒙古国就是这样的典型代表。正如郑成思教授所言:"对于中国已经缔结和已经参加的知识产权国际公约、条约、协定等,其中对成员国的最低要求所形成的国家保护水平,中国的立法及执法必须与之一致,这种与国际接轨是必要的。"

2. 重视对传统知识的知识产权法保护

传统知识是指世界上的少数族群所拥有的知识、技能和传统做法,包括语言、记事符号、故事与传说、歌舞、习俗、礼仪、谚语、宗教信仰、手工艺、服饰、耕作、捕猎和饲养动物的习惯与方法等。

对传统知识的知识产权法保护主要有三种模式:著作权保护模式、专利保护模式、商标权保护模式。《蒙古国著作权及相关权利法》第 7 条规定,以著作权保护的作品包括以民间艺术为基础的演绎作品;第 8 条规定,民间艺术作品和民族风俗习惯不以著作权保护。《蒙古国专利法》并没有明确提到如蒙古国的手工艺技能、蒙古国医学、蒙古国的家居、蒙古国的传统服饰等,但由于该法对专利、外观设计和实用新型的界定都非常抽象,所以我们也可以认为上述传统知识可以利用专利法来保护。《蒙古国商标法》中也没有明确提到传统知识的保护,但是其关于集体商标和证明商标的规定可以用于保护蒙古传统知识。

3. 蒙古国知识产权局对知识产权集中统一管理的模式

《蒙古国专利法》第 26 条与《蒙古国著作及相关权利法》第 26 条明确列举规定了知识产权局的具体职责;在《蒙古国商标及地理标志法》中,与商标及地理标志注册相关的事项由负责知识产权事务的国家行政机关负责,而知识产权局具有撤销商标及地理标志的职权、受理审查相关申诉的职权。与我国相比,蒙古国在知识产权的管理体制上存在如下特点:一是在蒙古国,全国的知识产权事务，除了商标及地理标志的注册相关事宜，都由作为中央机构的知识产权局负责管理，对地方的知识产权管理工作一般由知识产权局派国家监督员负责监督。二是在蒙古国的著作权、专利权、商标权及地理标志三大领域中，知识产权局都具有管理职责，尤其是对专利权和著作权。

4. 对知识产权的保护重视行政手段、依赖行政责任

在蒙古国，对于侵犯知识产权的行为涉及三种法律责任：刑事责任、行政责任、民事责任。但是，在这三大法中，对刑事责任都没有作明确的规定，相关的犯罪行为应当直接适用《蒙古国刑法典》的规定；对民事责任也没有明确的规定，只是规定适用《蒙古国民法典》；对行政责任却做了明确细致的规定，不仅规定了处罚机关——法官、国家监察员，还规定了具体的罚款数额，并对有过错的公民可以处以拘留。

可见，行政保护是蒙古国知识产权纠纷处理中的一大特色。所谓行政保护，是指知识产权行政管理机关运用行政手段调处知识产权纠纷、制裁侵权行为，这是知识产权法广泛采用的保护方式，但它不是司法保护必需的前置程序。蒙古国有关知识产权的三部法律文件中都有关于"知识产权局职责范围"的明确规定；在专利法和商标法中，知识产权局与法院之间存在横向的管辖分工，同时规定，对于知识产权局的处理决定不服的，可以向法院申诉。

5. 蒙古国知识产权法与民法的糅合式关联，造成知产民产权法公法色彩的弱化

从世界范围看，知识产权与民法典的连接方式可以概括为四种：第一种，分离式。该模式将知识产权与民法典相分离。第二种，纳入式。该模式将知识产权全部纳入民法典中，使其与物权、债权、人身权等平行。第三种，链接式。该模式将知识产权与民法典链接。具体言之，民法典在民事权利体系中对知识产权作概括性、原则性规定，然后再单独编纂知识产权法典。第四种，糅合式。该模式将知识产权作为一种无形物权，与普通所有权进行糅合，使其与普通物权结合成一个有机的整体，其结果使知识产权完全融入民法典之中，只见知识产权之神韵，不见知识产权之身影。这种模式首先在理论上有一个重大突破，即将智慧创作物与普通物同化，并不需要单独创立新理论为其作支撑；其次在实践上也有一个突破，即单独为保护知识产权所创立的一系列特别机构能够尽可能减少。这种模式的典型代表是《蒙古国民法典》。

二、我国技术贸易的相关法律规定

(一) 法规结构

我国技术贸易的相关法律结构分为人大常委会、国务院、商务部、科技部、海关总署三层，具体结构如图 7-1 所示。

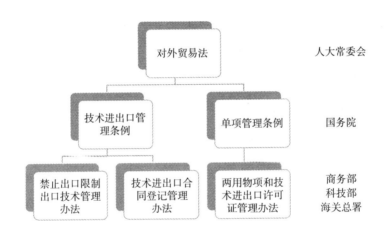

| 对外贸易法 | 人大常委会 |

图 7-1 我国技术贸易的相关法律结构

其中，单项管理条例包括：《中华人民共和国核出口管制条例》《中华人民共和国核两用品及相关技术出口管制条例》《中华人民共和国导弹及相关物项和技术出口管制条例》《中华人民共和国生物两用品及相关设备和技术出口管制条例》《中华人民共和国监控化学品管理条例》《中华人民共和国易制毒化学品管理条例》《有关化学品及相关设备和技术出口管制办法》《技术进出口管理条例》《禁止出口限制出口技术管理办法》《技术进出口合同登记管理办法》《两用物项和技术进出口许可证管理办法》，具体内容见附录。

（二）有关法律中技术贸易的重要条款

1. 在外贸法中的相关条款

第 15 条：自由贸易的技术应当有登记。

第 16 条：政府可以对进出口产品和技术进行限制或静止。

第 17 条：政府可以控制核以及军事相关产品和技术。

第 18 条：外贸管理部门管理限制和禁止进出口产品和技术目录。

第 27 条：控制与核以及军事相关的国际服务贸易。

第 61 条：没收货物并加以 1 ~ 5 倍的非法所得的罚款，严重时追究刑事责任。

2. 技术进出口管理条例中的重要条款。

第 2 条：定义技术转让包括了专利权转让、专利申请权转让、专利实施许可、技术秘密转让、技术服务和其他方式的技术转移。

第 32 条：不得出口禁止出口的技术。

第 33 条：限制出口的应当有许可证。

第 34 ~ 38 条：许可证申请求成。

第 39 条：自由贸易技术的登记要求。

3. 部委级别法律的重点

（1）禁止出口限制出口技术管理办法。

（2）限制出口技术做二次审核。一是合同签订前的实质性审核，商务部门组织，科技部门配合，从经济利益和技术角度审核潜在出口技术，同时如果涉及国家秘密项目，需要保密局审批。二是合同签订后的合同审核，验证出口的真实性。

（3）技术进出口合同登记管理办法。登记，不影响合同生效，目的应当只是排除转让中涉及限制或者禁止技术。

（三）我国现有法律法规中对技术出口的监管措施

1. 涉及国家安全或者重大利益需要保密的专利技术

在国内学界对于高智发明公司的担心中，首先关注的是涉及国家安全或者重大利益的技术的控制权是否会落到他人手中。国家机关和国有企事业单位通常有比较完善的保密制度，在申请专利时也会依照相关规定按国防专利或保密专利进行申请。对于非国有单位而言，其并不会主动将研发成果确定为国家秘密，而实际上并不能排除其开发的某些技术会涉及国家安全或者重大利益。为了在市场竞争中取得优势地位，这些单位通常会积极地向我国和外国申请专利，如果这些专利申请被公布或公告，就有可能对国家安全或者重大利益产生损害。对此，我国专利法从在国内进行申请和向国外申请两个方面进行监管。

对于在国内进行专利申请的情况，主要是通过国防专利和保密专利的形式，使相关技术既能获得专利保护，又通过保密措施来维护国家安全或者重大利益。《专利法实施细则》第七条规定：专利申请涉及国防利益需要保密的，由国防专利机构受理并进行审查；国务院专利行政部门认为其受理的发明或者实用新型专利申请涉及国防利益以外的国家安全或者重大利益需要保密的，应当及时作出按照保密专利申请处理的决定，并通知申请人。对于向国外申请专利的情况，为维护国家安全或者重大利益，需经国家知识产权局对相关技术进行审查批准后方可对外申请。《专利法》第二十条规定，任何单位或者个人将在中国完成的发明或者实用新型向外国申请专利，应事先报经国务院专利行政部门进行保密审查。保密审查的程序、期限等按照国务院的规定执行。中国单位或者个人可以根据中华人民共和国参加的有关国际条约提出专利国际申请。申请人提出专利国际申请的，应当遵守前款规定，即也应当事先报经国务院专利行政部门进行保密审查。向国务院专利行政部门提交专利国际申请的，视为同时提出了保密审查请求。对于保密审查的后续程序，《专利法实施细则》第九条规定，国务院专利行政部门收到依照本细则第八条规定递交的请求后，经过审查认为该发明或者实用新型可能涉及国家安全或者重大利益需要保密的，应当及时向申请人发出保密审查通知；申请人未在其请求递交日起 4 个月内收到保密审查通知的，可以就该发明或者实用新型向外国申请专利或者向有关国外机构提交专利国际申请。

由此可见，上述规定使涉及国家安全或者重大利益的技术在对内、对外申请专利的过程中都能够经过遴选、审查，有效避免了技术秘密因不当申请而泄露。同时，为防止在国防专利的转让和许可过程中泄露技术秘密，我国也做出了具体的规定。《国防专利条例》第八条规定，向中外合资经营企业、中外合作经营企业转让国防专利申请权或者国防专利权的，必须向国防专利局提出转让请求书，由国防专利局报国防科工委批准；第九条规定，禁止向国外的单位或者个人转让国防专利申请权和国防专利权；第二十六条规定，国防专利权人许可外国的单位或者个人实施其国防专利的，必须事前向国防专利局提交请求书，由国防专利局报国防科工委批准后，方可进行。对于保密专利的转让和许可，虽然现行《专利法》《专利法实施细则》以及《专利审查指南》目前并没有单独作出明确的规定，但此类保密专利的对外转让或许可仍要遵守《技术进出口管理条例》的相关规定，根据保密专利技术属于禁止出口类、限制出口类或自由出口类技术分别采取不同的监管措施。

2. 对于利用财政性资金所形成的与专利有关的权利

利用财政性资金设立的科学技术基金项目或者科学技术计划项目所形成的与专利有关的权利，如果涉及国家安全或者重大利益，需要根据上面的相关规定按照国防专利或保密专利的规定执行；对于除此之外的情况，则按照普通的专利执行。但对于这些专利的对外转让和许可，则应当经前述财政性资金设立的科学技术基金项目或者科学技术计划项目的项目管理机构批准。根据"谁投资谁受益"的原则，利用财政性资金所形成的专利权理论上也应当归国家所有。但由于在具体操作上存在一些困难，为避免所有权缺位所带来的消极影响并且出于调动科研机构和科技人员的考虑，《科学技术进步法》第二十条第一款规定，利用财政性资金设立的科学技术基金项目或者科学技术计划项目所形成的发明专利权、计算机软件著作权、集成电路布图设计专有权和植物新品种权，除涉及国家安全、国家利益和重大社会公共利益的以外，授权项目承担者依法取得。

对于上述利用财政性资金所形成的与专利有关的权利的对外转让和许可，《科学技术进步法》第二十一条规定，国家鼓励利用财政性资金设立的科学技术基金项目或者科学技术计划项目所形成的知识产权首先在境内使用。前款规定的知识产权向境外的组织或者个人转让或者许可境外的组织或者个人独占实施的，应当经项目管理机构批准；法律、行政法规对批准机构另有规定的，依照其规定。

3. 对于普通专利的对外专利权转让、专利申请权转让、专利实施许可

对于普通专利的对外转让和许可，我国《技术进出口管理条例》进行了规定。《技术进出口管理条例》将技术分为禁止出口的技术、限制出口的技术和自由出口的技术三种；由国务院对外经济贸易主管部门（商务部）会同国务院有关部门制定、调整并公布禁止或者限制出口的技术目录。属于禁止出口的技术，不得出口。属于限制出口的技术，实行许可证管理；未经许可，不得出口。其中，对于属于国家秘密技术的限制出口技术，应先办理保密审查手续，并持保密审查主管部门批准的《国家秘密技术出口保密审查批准书》办理出口申请。国务院对外经济贸易主管部门收到技术出口申请后，应当会同国务院科技管理部门

对申请出口的技术进行审查，作出批准或者不批准的决定。保密专利通常属于禁止出口或者限制出口的技术。对属于自由出口的技术，实行合同登记管理。

有学者认为，《技术进出口管理条例》对技术进出口进行管理的目的是与保密有关，但是对于非国防专利和保密专利的普通专利而言，其技术方案都要向社会公布或公告，保密并没有什么意义。因此从理论上说，我国普通专利的权利对外转让一般按照自由出口的技术进行管理。在这里需要指出的是，专利具有地域性，在我国的专利法体系中所说的专利权、专利申请权指的是在中国的专利权利。因此，《专利法》第十条中所规定的中国单位或者个人向外国人、外国企业或者外国其他组织转让专利申请权或者专利权的情况，实际上是指中国单位或者个人将其在中国享有的专利权利转让给外国主体，对于中国单位或者个人将其在外国享有的专利权利转让给外国主体的情况，实际上并不受我国《专利法》的限制。因此，对于国内高校向高智发明公司转让其发明在中国以外的其他国家所申请的专利或者转让其在国外申请专利的权利，如果是来自于利用财政性资金设立的科学技术基金项目或者科学技术计划项目，则根据《科学技术进步法》的规定需要项目管理机构批准；如果不是来自于这些项目，那么上述转让就没有违反我国《专利法》和《科技进步法》的规定。但是，由于此类专利相关权利的对外转让仍然属于技术进出口范畴，因此需要遵守《技术进出口管理条例》的相关规定，按照禁止出口类、限制出口类和自由出口类技术进行管理。

4. 监管措施小结

根据上述分析，依据对其出口监管措施的不同，可将我国的专利技术分成以下三类：

第Ⅰ类：涉及国家安全或者重大利益需要保密的专利技术，其中也包括了利用财政性资金设立的科学技术基金项目或者科学技术计划项目所形成的专利技术。该类技术在对内申请时应按照国防专利或保密专利进行，对外申请时需经国家知识产权局保密审查后进行，若须保密则不得对外申请。该类专利技术只能是在中国的专利权利，可进一步细分为两类。

第Ⅰ-1类：国防专利技术。国防专利申请权和国防专利权禁止向国外的单位或者个人转让；向中外合资经营企业、中外合作经营企业转让的，必须由国防科工委批准；国防专利权人许可外国的单位或者个人实施其国防专利的，也须由国防科工委批准。

第Ⅰ-2类：保密专利技术。对于保密专利技术的出口，根据禁止或者限制出口的技术目录，若属禁止出口类技术则禁止出口；若属限制出口类技术，则须持保密审查主管部门批准的《国家秘密技术出口保密审查批准书》办理出口申请，再由商务部和科技部相关部门进行审查。其中利用财政性资金设立的科学技术基金项目或者科学技术计划项目所形成的保密专利，向境外的组织或者个人转让或者许可境外的组织或者个人独占实施的，还应当经项目管理机构批准。

第Ⅱ类：利用财政性资金设立的科学技术基金项目或者科学技术计划项目所形成的、除上述第类技术之外的其他专利技术，包括在中国的专利权利和在外国的专利权利。该类专利技术向境外的组织或者个人转让或者许可境外的组织或者个人独占实施的，应当经项目管理机构批准。此外还应按照禁止或者限制出口的技术目录进行审查。由于其中不涉及保密，因此这里无须进行保密审查。

第Ⅲ类：由中国主体（包括个人和单位）拥有的、除上述第Ⅰ、Ⅱ类技术之外的其他专利技术，包括在中国的专利权利和在外国的专利权利。该类专利技术出口只须按照禁止或者限制出口的技术目录：对禁止出口的技术禁止出口；对限制出口的技术，未经许可不得出口；对属于自由出口的技术，实行合同登记管理。

综上所述，高智发明公司及类似公司在中国的运营可能会对我国带来一定的消极影响，我国现行法律法规已经形成了初步的监管体系，可以尽量减少国外专利运营公司可能带来的消极影响，避免其对我国的经济运行产生不良后果。但是，现有的法律法规仍存在着一些问题。首先，对于保密专利转让和许可缺少有效监管，现有的专利法规并没有做出详细具体的规定，尤其是与国防专利的转让和许可相比还不完善。其次，对于利用财政性资金所取得的专利的监管，在操作上存在一些困难。由于申请专利时并不需要标明是否来源于某个项目，因此难以判断专利是否利用财政性资金设立的科学技术基金项目或者科学技术计划项目所形成的，进而去适用中华人民共和国《科学技术进步法》第二十条第一款的规定[①]。最后，对于中国的单位和个人的发明在国外申请专利的权利的监管存在一些空白。现有法律法规中的专利申请权转让，并没有涉及申请专利权利的对外转让问题，这样就难以监管诸如高智发明公司与巴西坎皮纳斯大学的合作模式——大学可以在其本国国内申请国内专利，而高智发明公司则有权提交申请并获得该发明其他区域范围内的权利。

对于上述存在的问题以及其他问题，有些可以通过针对性的建章立制解决，

---

　　① 中华人民共和国《科学技术进步法》第二十条第一款：利用财政性资金设立的科学技术基金项目或者科学技术计划项目所形成的发明专利权、计算机软件著作权、集成电路布图设计专有权和植物新品种权，除涉及国家安全、国家利益和重大社会公共利益外，授权项目承担者依法取得。

但有些却并非简单地填补漏洞即可，其中会涉及国家整体利益与专利权人利益的平衡、市场机制和行政干预的平衡以及相关政府部门之间的协调和合作等，有待更深入的研究。

三、中蒙专利技术贸易与科技合作的政策建议

"十二五"期间内蒙古自治区专利申请总量中，从专利申请主体来看，企业占 40.00%，大专院校占 9.09%，机关团体占 0.54%，科研机构占 3.51%，个人申请占总量的 46.86%。从专利授权情况来看，企业授权量占 44.54%，大专院校占 7.36%，机关团体占 0.58%，科研机构占 3.13%，个人占 44.39%。从发明专利有效来看，企业占 57.86%，大专院校占 10.94%，机关团体占 1.34%，科研单位占 3.19%，个人占 26.67%。从职务发明创造来看，专利申请中企业占 75.27%，大专院校占 17.10%，机关团体占 1.01%，科研单位占 6.61%；授权专利中企业占 80.09%，大专院校占 13.24%，机关团体占 1.05%，科研单位占 5.62%；截至 2015 年 6 月，有效发明专利中企业占 78.91%，大专院校占 14.92%，机关团体占 1.82%，科研单位占 4.35%。

上述数据表明，无论是专利的申请量、授权量，还是职务发明和持有的有效专利，企业优势明显，占有较大比重，其次为大专院校。中蒙专利技术贸易的对象也主要是企业和大专院校所持的专利技术，企业多半并不想将专利转让，而是想通过专利来宣传自己的产品。同样，高校大多数发明专利也未能转化实施，推向市场难度较高。据统计，2012 年全国高校发明专利拥有量达 9.7 万件，仅次于企业，占总量的两成多，但我国高校实现成果转化项目不到 10%，真正实现产业化的不足 5%，这与美国等发达国家专利转化率 70% 左右的水平相去甚远。中蒙专利技术贸易与科技合作的政策建议及具体激励措施如下：

（一）提高专利转化的认识

对企业、高校领导与科研工作者进行专利转化的教育与引导是专利转化工作中的一个重要环节，应该在科研的过程中有目的地引导专利所有者去思考专利转化的意义，对于拿住专利不放手的进行一定的疏导，让他们认识到科技的时效性

和专利转化的紧迫性。加强专利转化工作的地位，促使其重视专利转化，只有意识跟上了，才能在实际操作过程中切实可行地提高专利的转化率。

（二）加强政策引导，营造有利于专利技术出口的环境氛围

结合"一带一路"倡议的实施和国家对技术出口的大力支持与重视的现状，加强专利技术出口政策引导和倾斜，抓紧进行科学研究和专利技术出口方面的立法，鼓励企业、高校积极有针对性地进行创新。政策制定要以促进产学研结合为起点，建立良好的专利技术出口的评价和激励制度，促使企业、高校的专利成果及时转化为现实生产力。在高校内部，要深化用人制度、分配制度的改革，发挥制度的激励作用。要通过立项、投资和收入分配上给予倾斜等方式鼓励高校教师促进专利技术出口，实现专利的转化。对于企业，要建立政府、中介、企业合理分工的工作格局，树立发展和依靠专利中介服务机构发展壮大专利技术出口事业的理念，进一步推进政府专利管理职能转变这一关键环节，明确企业是专利申请的主体，中介服务机构是面向中蒙技术市场的专利技术出口服务的主体，政府是提供公共服务和市场管理的主体，避免各主体缺位、相互越位。从以政府为主、行政层层推动的模式，向以中介为主，直接面向中蒙企业及专利持有人，政府为辅，营造氛围，维护秩序方向转变。

（三）构建促进专利技术出口的制度环境

技术贸易是一个复杂的过程，实际的范围广、主体多，需要一系列的法律法规来规范和引导这些活动。在国家立法层面，为规范技术出口管理，维护技术出口秩序，我国依据《对外贸易法》《中华人民共和国技术进出口管理条例》《禁止出口限制出口技术管理办法》《中国禁止出口限制出口目录》等相关法律法规对技术出口进行统一管理。对属于自由出口的技术实行合同登记管理；对属于限制出口的技术实行许可证管理；属于禁止出口的技术不得出口。同时，国家鼓励成熟的产业化技术出口，支持企业通过贸易、投资或者经济技术合作的方式出口技术（指未列入《中国禁止出口限制出口目录》的技术），包括专利权转让、专利申请权转让、专利实施许可、技术秘密许可、技术服务、技术咨询等，但具体的激励政策还非常少。通过法律制定明确激励政策，给予发明人、科技人员有效激励，是专利成果转化的第一步。我国现有的相关法律有《科学技术进步法》

《促进科技成果转化法》等，但这些法律并没有专门针对专利成果转化，且科技成果的归属、收益分配、科技人员激励方面的规定过于模糊。可以说，对于专利实施的重要性在立法层面并没有受到足够的重视，所以应尽快制定"专利实施促进法"才能加快专利成果向商品化转化的进程，并且在法律中针对专利技术出口制定相关的激励措施，使政府在法律规制下转变为在专利技术出口中专利供方的担保人，专利的实施方可以放心地与供方签订专利技术贸易合同，促进专利成果转化。

地方立法层面与国家立法侧重点不同，地方政府对专利技术出口带来的经济效益和社会效益认识比较充分，所以把专利转化效率、专利技术出口的激励制度作为重点。在地方性法规中，政府要建立专门的专利技术出口的管理机构，并在专利技术出口的过程中履行必要的监督职能；其次，专利的供方和实施方均为平等的民事合同关系，地方性法规的立法重点在于为专利转化提供保障，尽量确保双方平等的基础上履行合同。地方性立法应当使专利技术出口在法律规定的程序下进行成果转化，这种公正性不仅保证了双方在专利实施中的权利实现，也避免了专利技术出口中的各种利益纠纷。

（四）完善专利实施资金投入体系

首先，加大蒙古国对出口技术需求的科技投入。事实上，从我们对内蒙古自治区及蒙古国的调研结果来看，蒙古国需求的技术实际上相当多的是我们内蒙古自治区缺少的，因此，我们知识产权部门应多渠道地增加相关专利技术的科技投入，积极调动社会资金，在资金的支持上对申请专利的技术走向做有目的的引导。在保证国家财政对科技投入直接拨款的情况下，制定鼓励企业进行科研投入的政策，培育企业成为科研经费投入的主体，同时调动金融资本也投入到技术出口的活动中，如各专业银行的科技贷款、金融部门优先安排技术出口所需的流动资金，并按国家政策规定在利息上给予适当优惠。技术出口主管部门对具有出口前景的技术项目，应优先列入成果推广计划，给予必要的信贷、资金支持，并积极协助企业开辟海外市场。随技术出口带出的机电产品，按规定享受国家扶植鼓励机电产品出口的专项贴息贷款和卖方信贷。技术出口单位留用的技术出口净收入，应当按一定的比例用于技术出口发展基金、集体福利基金和奖励基金。企业向银行申请的技术出口专项贷款，可由本项目实现的收入分期在税前还本付息。通过政策引导，开辟多元化的投融资渠道，形成以政府投入为引导、企业投入为主体、银行信贷为支撑、民间集资为补充、优惠政策做扶持的科技投入支持体系，对专利技术出口形成有效的资金支持。

（五）完善专利技术出口的税收优惠政策

专利技术出口需要投入大量的资金，只有投资收益高于投资风险时，投资者才能积极参与专利技术出口。税收政策通过减免税的方式降低了专利技术出口成果转化的成本，从而提高了投资收益率，可以说是一种间接地科研投入，能有效地促进技术出口。完善的税收优惠不但对专利技术出口有事前引导、扶持和事后鼓励的双重功能，还可以引导资源向政府鼓励和扶持的科技领域流动，减少企业在研发方面的成本，降低专利成果转化的风险。另外，税收优惠政策还可以鼓励科研单位和高等院校、企业将专利成果去国外实施专利成果转化，鼓励高校和企业将专利成果在国外生产领域的推广和应用，使科学研究、技术开发、专利应用得到良性互动，实现专利成果的市场化、产业化。可以说税收激励政策会成为各国政府促进专利技术出口最直接的手段。

国家税务总局于2009年4月下发《关于技术转让所得减免企业所得税有关问题的通知》，规定向境外转让技术经省级以上商务部门认定的，其技术转让享受减免企业所得税优惠；2009年11月商务部与科技部联合发布了《关于鼓励技术出口的若干意见》，从政策扶持、加强国际合作、完善管理和服务等三方面提出了政策措施，以支持企业积极出口成熟的产业化技术；同时在特定领域也有相关促进措施，如2006年9月，商务部、科技部等九部委联合制定了《关于发展软件及相关信息服务出口的指导意见》，明确了软件及相关信息服务出口的发展目标，并从完善税收扶持政策、完善财政金融支持政策、加强人才培养、知识产权保护等多方面提出了相关政策措施，并对技术交易额500万元以下的免征所得税，在500万元以上的减半征收所得税。上述现行技术出口相关的税收优惠、政策的实施，为推动成熟的产业化技术出口提供了政策保障。

除此之外，具体结合蒙古国的现状，对于技术出口合同项下出口设备、仪器、图纸资料，应凭《技术出口合同批准证书》验放，除国家另有规定的产品外，应免征出口关税。技术出口合同项下配套进口物资，由海关依法监管，并视不同贸易性质分别按规定给予税收优惠待遇。技术出口所得收入，免缴所得税、营业税。技术出口带动的设备、仪器及其他产品出口，按国家有关规定办理出口退税。

(六) 加强知识产权中介服务机构建设，扩展已有知识产权信息平台功能，建立技术出口服务平台

我国作为专利技术贸易的供方，蒙古国作为专利技术的需方，都需要对对方的技术能力有深度的了解。同时，我国要对蒙古国的合作意向、技术需求、产品市场、生产要素市场、接受技术的能力和历史背景有所了解，知识产权信息发布和交易平台就显得尤为重要了。这当然也离不开中介服务机构的帮助，它可以提供专利技术展示交易的渠道，使其全面展示自己的专利技术或产品，寻找项目的投资人，找到合适的投资项目；通过信息收集、政策咨询、发布技术资源和技术供给，帮助企业获取国际技术市场信息；为企业技术出口提供人才信息、法律咨询、翻译、报关、专利申报、展会服务、培训等综合服务。

首先，加强知识产权中介服务机构建设，扩展已有知识产权信息平台功能，完善专利、商标、版权等知识产权信息发布和交易平台。技术展示交易平台的最大特点是能够提供多种形式的展示，包括图片展示、视频展示以及3D动画展示。内蒙古自治区现有的知识产权信息平台包括内蒙古专利技术展示交易网、呼和浩特市知识产权网、中国（内蒙古自治区）农业机械领域专利信息平台等。

最值得关注的是中国蒙文知识产权服务平台，它是在国家知识产权局的关心支持下，由内蒙古自治区知识产权局组织蒙文翻译专家、咨询专家、信息系统研发人员，运用互联网技术开发完成的迄今为止我国第一个少数民族语言知识产权服务平台。该服务平台主要包括专利专栏、商标专栏、版权专栏、商业秘密、植物新品种、知识产权政策法规、知识产权保护、文献检索、相关内容下载等信息。中国蒙文知识产权服务平台的开通有助于蒙古族民众及时、全面地了解和掌握国家知识产权政策法规以及知识产权的相关知识，同时对提高少数民族地区创新能力、增强知识产权保护意识、推动发展民族地区知识产权事业、促进少数民族地区经济社会又好又快发展具有深远的意义，也为我国同蒙古国专利技术的沟通开通了一个窗口。另外值得关注的是中国（内蒙古自治区）农业机械领域专利信息平台，它是内蒙古知识产权服务中心针对农业机械领域特点和自治区农业机械企业实际情况及需求开发建立的公益类农机领域专利信息服务平台。该信息平台的开通运行，进一步推动农业机械领域知识产权工作发展，帮助农业机械领域相关企业有效应用和保护知识产权。这种专业指向性强的专利信息平台，未来应对蒙古国专利技术出口会发挥重要的作用。除此之外，引进专业代理人才，增

加专利专业人才的配置，由政府牵头营造专利市场的服务平台，同时采用"请进来、走出去"的方法开展行业自律和业务交流活动，不断提高知识产权中介服务机构业务水平，促进中介机构在为广大企事业单位服务好的基础上，自身做精做强。

要做好这些工作，完善的法律法规体系是科技中介发展的基础。在发达国家，政府不直接参与科技中介机构的管理，而是通过法律法规给予科技中介发展的空间。我国有关科技中介发展的政策法规缺位，在一定程度上限制了科技中介的发展。因此，在明确科技中介机构的法律地位和权利义务的同时，对其兴业规范也要加以明确，建立一个公平、公开、公正的市场秩序和政策法律法规环境。

其次，政府有关部门要切实转变职能，营造良好的政策空间。制定科技资源信息共享机制，增强中介机构获取信息的能力，积极为社会化、网络化科技中介服务机构的完善搭台。

最后，加强科技中介技术经纪人的培养。科技中介是一个专业性很强的机构，对技术经纪人的要求较高，不仅要求经纪人具有完备的知识结构和对科技未来走向的预测能力，而且要求其对市场发展趋势具有洞察力，同时对蒙古国技术需求相当了解，对新技术国际市场价值具有敏锐判断力。我国目前的科技中介缺少这种复合型人才，因此有必要强化中介从业人才的培养，使中介机构及技术经纪人能为专利技术的转让和转化实施提供及时、有效的服务。

（七）发展风险投资业，为专利实施提供后备资金

有效的风险投资政策可以引导社会力量和地方政府加大对专利成果转化的投入，也有利于风险投资业的发展。在美国，50%的中小企业在科技成果转化中得到风险投资的帮助，而我国已经转化的科研成果中，引入风险投资的仅占3.8%左右。目前我国专利转让和许可的信息成本与交易成本较高，加之信息的不对称，缺乏对蒙古国经济技术状况的了解，导致许多潜在的投资者缺乏对专利技术出口投资的能力和机会，阻碍了社会资本流向最有价值的地方。风险投资起着促进专利技术出口"催化剂"和"推动器"的作用，有效的风险投资政策可以引导社会力量和地方政府加大专利技术成果出口转化投入，因此应制定相应的优惠政策改善风险投资的发展与生存环境，拓展新的融资途径，实现风险投资资金来源多元化来支持专利技术出口。通过借鉴美国、日本发展风险投资业的成功经验，可以制定以下有效政策措施：

一是对风险投资的主体、风险投资退出机制等做出明确规定。首先，除了风险投资的主体政府外，应该吸引金融部门和民间资本逐渐成为风险投资的主要来源，使政府与民间共同承担风险。同时要发挥政府对其他风险投资主体的导向作用。其次，风险投资不同于一般投资的一个特点是风险企业一旦走向成熟，风险资金就会立刻退出，因此，建立便捷的风险资金退出机制是关键。

二是制定有利于风险投资的良好政策环境，政府的政策不但要利于保护风险投资者的利益，而且要降低风险投资者的风险。在多方面给予政策支持，可以财政补贴、税收优惠、政府担保政策推动风险投资积极加入到专利技术出口的行列。

三是培养高素质的风险投资人才。风险投资业的正常发展离不开高素质的投资人才来经营风险资本。在风险投资的过程中，创业者不仅能够提供高效的服务，还可以减少投资过程中的盲目性，降低风险，因此，风险投资的关键是投资人的素质和能力，而不是项目本身。风险投资人才不但要有战略眼光和风险意识，还应具备科技、经济、预测等方面的能力。

（八）加强对知识产权的管理和保护

健全知识产权管理和保护制度，建立技术出口企业知识产权辅导服务机制，建立知识产权数据库和公共信息服务体系，支持技术出口企业境外知识产权维权，增强技术出口企业解决海外知识产权争端的能力。

（九）鼓励科技型企业"走出去"

鼓励和支持科技型企业通过对外投资、承包工程、技术与知识产权入股等方式开展对外合作业务，鼓励科技型企业并购境外高新技术企业、设立境外研发机构，带动我国技术及服务出口。发挥驻外经济商务、教育、科技等机构的作用，引导企业"走出去"，开展合作研发，建立海外研发基地和产业化基地。

（十）加强国际技术合作

发挥全球和区域经济合作、多双边会议和磋商机制等方面的作用，将多双边技术合作与援外、对外投资、境外承包工程等工作结合起来，在推进与发达国家合作的同时，加强与发展中国家合作，进一步推动国际技术合作。

第八章 结论与展望

一、主要结论

　　"一带一路"是中国首倡、高层推动的国家战略，这个战略构想的提出，契合沿线国家的共同需求，为沿线国家优势互补、开放发展开启了新的机遇之窗，是国际合作的新平台。蒙古国在"一带一路"战略中具有重要的地位，由于地域及民族方面的原因，蒙古国与中国的经贸往来具有得天独厚的优势，1999年起，中国就成为蒙古国的第一大贸易伙伴。但是，中蒙贸易的进一步发展仍然面临许多矛盾和问题，主要表现为进出口商品分布过分集中，主要以资源密集型为主，技术含量低，产业结构、贸易结构单一。蒙古国缺乏先进的技术，单靠国家自己的力量开发和加工丰富的畜产品、矿产资源很困难，急需从国外大量引进先进的生产技术。技术贸易具有促进技术进步、节约技术研究开发费用和研制时间，迅速增强国家的经济技术实力等重大意义。我国目前正好拥有大量的相关技术，特别是专利技术，这些优秀的专利亟须转化成实际的生产力实现专利价值。在这种技术供需市场和规模已经形成的形势下，可以利用我国在技术方面的优势，通过专利技术贸易推动中蒙两国的技术合作，达到促进边境贸易的产业升级、改善对外贸易结构、扩大贸易规模的目的。

　　内蒙古自治区与蒙古国在科技领域开展专利技术贸易、进行科技合作具有技术、人才和经济等方面的优势互补条件。截至目前，内蒙古自治区已有专利技术上千项，有相当一部分具有农牧、矿产特色，而且是精品，符合蒙古国对相关技术的需求。根据国际经济发展趋势，以及亚洲开发银行公布的官方数据，结合蒙古国2015年经济发展战略和本国的科学技术情况，蒙古国在农业、牧业、能源、矿产、城市建设等领域都需要大量的技术支持，这些领域是中国与蒙古国进行专利技术贸易的主要发展方向，可以通过单纯的技术转让、引进技术与引进设备相结合、引进技术与引进外资相结合三类途径实现，还可以通过一些新兴的国际技术贸易方式，如企业兼并、电子商务、第三方技术供给来实现。

在国际科技合作方面，中蒙在畜牧业、草原生态环境治理、农业、可再生能源与新能源等方面具有广泛的国际科技合作前景，可以通过国际科技研究合作——共建合作研发平台、举办和参加国际学术会议——研讨会、管理科学研究成果的交流——承办科技展览、扩大专项进修和培训——开办发展中国家技术及科技人才培训班等形式开展内蒙古自治区与蒙古国的科技合作。在科技合作模式上可以采用联合开发型国际科技合作模式、产品产业化型科技合作模式、二次开发型科技合作模式、技术辐射型科技合作模式、技术输出型国际科技合作模式、R&D 型科技合作等。

中蒙的国际科技合作、专利技术贸易要特别注意中蒙知识产权制度、法律的不同，处理好相关的法律问题。在意识方面，通过提高专利转化的认识，加强政策引导，营造有利于专利技术出口的环境氛围；在政府方面，构建促进专利技术出口的制度环境，完善专利技术出口的税收优惠政策；在资金方面，完善专利实施资金投入体系，发展风险投资业，为专利实施提供后备资金；在知识产权服务方面，加强知识产权中介服务机构建设，扩展已有知识产权信息平台功能，建立技术出口服务平台，积极鼓励科技型企业"走出去"，促进中蒙专利技术贸易的发展，加强国际技术合作。

二、展望

综上所述，内蒙古自治区与蒙古国在地理位置、气候条件、资源以及文化等方面有许多相似或共同之处，内连八省、外接俄蒙的独特区位优势，以及中俄蒙经贸合作战略的深入实施，使内蒙古自治区在中国"一带一路"发展战略中具有重要的作用和责任。我国周边外交方针是"与邻为善、以邻为伴"，周边外交政策是"睦邻、安邻、富邻"，发挥双方的合作优势，克服合作的制约因素，加大国际领域的合作，真正将提到的建议实施到双方的科技合作中，能够使我国和蒙古国互利互信的合作伙伴关系更加稳固，且更上一个台阶，同时使双方的科技发展与经济社会发展都能取得快速的发展。内蒙古自治区与蒙古国在科技领域开展合作具有技术、人才和经济等方面的优势互补条件，通过技术合作可使内蒙古自治区一些企业，特别是中小企业登陆蒙古国，在蒙古国创业发展，为企业创造更多利润，为国家创造外汇收入。技术的输出必然带动一批劳务输出，这有利于缓解我国的就业问题，也有利于解决农村剩余劳动力的转移。科技合作也有利于一些与输出技术相关的产品的输出，从而扩大内蒙古自治区一些产品的国际市场，提高产品相关企业的利润，增加国家财政收入。最重要的是，科技合作的发展有利于促进内蒙古自治区科技的创新与发展。近年来，内蒙古自治区经济发展快，迫切需要开拓国际市场，企业"走出去"的愿望很强，产业结构与蒙古国也有很强的互补性。蒙古国是欠发达地区，发展经济的愿望很强烈，距离近、需求大的市场则是中国。因此，内蒙古自治区与蒙古国科技合作的实践，将有利于内蒙古自治区充分利用国内外两种资源、两个市场，同时还可以为与其他国家开展科技领域的合作探索途径、积累经验。

参考文献

［1］ Ahmed Ahnert, Christian Borowsk. i Environmental risk assessment of anthropogenic activity in the deep – sea ［J］. Journal of Aquatic Ecosystem Stress and Recovery, 2000, 4 (7)：299 – 315.

［2］ Arno Behrens, Stefan Giljum, Jan Kovanda, Samuel Niza. The material basis of the global economy, Worldwide paterns of natural resource extraction and their implications for sustainable resource use policies ［J］. ECOLOGICAL ECONOMICS, 2007 (64)：444 – 453.

［3］ Arrow K J. Economic Welfare and the Allocation of Resources for Invention ［M］. Princeton NBER, 1962.

［4］ Arundel A. The Relative Effectiveness of Patents and Secrecy for Appropriation ［J］. Research Policy, 2001, 30：611 – 624.

［5］ Damjan Krajnc, Peter Glavic. A model for integrated assessment of sustainable development ［J］. Resources, Conservation and Recycling, 2005 (43)：189 – 208.

［6］ Gavin M Hilson. Introduction to this special issue, Improving Environmental：Economic and Ethical Performance in the Mining Industry. Part 1：Environmental Management and Sustainable Development ［J］. Journal of Cleaner Production, 2006 (14)：225 – 226.

［7］ R. K. Amankwah C. Anim – Sackey, Benjamin N. A. Aryee Bernard K. Ntibery Evans Atorku. i Strategies for sustainable developmentof the small – scale gold and diamond-mining industry of Ghana ［J］. Resources Policy, 2003.

［8］ Science and technology master plan of Mongolia (2007 – 2020).

［9］《蒙古国消息报》（中文版），2008 年至 2010 年.

［10］ 巴特. 日渐复苏的蒙古国经济 ［J］. 当代世界，2004 (11).

［11］ 巴特尔. 蒙古国草原畜牧业发展现状及今后走向 ［J］. 世界农业，2003

（1）．

[12] 包明齐．中国与蒙古国次区域经济合作研究［D］．吉林大学硕士学位论文，2011．

[13] 长青，赵洪彬，朝克．内蒙古自治区专利事业发展现状分析及对策研究［J］．科学管理研究，2011（5）：57－60．

[14] 陈慧琴．技术引进与技术进步研究［M］．北京：经济管理出版社，1997．

[15] 程如烟．30年来中国国际科技合作战略和政策演变［J］．中国科技论坛，2008（7）：7－11．

[16] 邓忠，王华．国际金融危机对二连浩特口岸中蒙双方经贸运行的负面影响［J］．内蒙古金融研究，2009（4）：59－60．

[17] 高本权，均衡——中蒙经济合作关系中的策略与目标［J］．内蒙古财经学院学报，2008（5）．

[18] 韩振东．中蒙经贸关系回顾与展望［D］．中央民族大学硕士学位论文，2007．

[19] 何日莫奇．蒙古国经济的发展趋势［J］．东北亚论坛，2001（1）．

[20] 侯剑华，张韶维，潘黎．国际科学合作领域研究的前沿趋势探测［J］．科技管理研究，2013（22）：32－37．

[21] 胡格吉勒图．试论蒙古国主导产业的选择与发展［J］．东北亚论坛，2001（3）．

[22] 李慧．中蒙经贸合作现状及对策［J］．国际经贸，2008（1）．

[23] 李江．产学研技术创新合作模式的博弈分析［D］．重庆大学硕士学位论文，2009．

[24] 李靖宇，雷杨．论中蒙两国合作开发矿产资源的战略推进导向［J］．延边大学学报（社会科学版），2014（2）．

[25] 李靖宇，雷杨．蒙古国矿产资源分布与中蒙两国合作开发前景论证［J］．世界地理研究，2010（1）：138－146．

[26] 李俊灵．我国专利实施的影响因素分析——以专利实施政策为视角［D］．北京化工大学硕士学位论文，2013．

[27] 李楠．基于自主创新的国际科技合作平台运行机理研究［D］．吉林大学硕士学位论文，2008．

[28] 李庆霞．我国高校专利技术转化现状及激励政策选择［D］．湖南大

学硕士学位论文，2010.

　　［29］李正风．中国创新系统研究——技术、制度与知识［M］．山东教育出版社，1995.

　　［30］李志军．当代国际技术转移与对策［M］．北京：中国财政经济出版社，1997.

　　［31］梁峰主．东北亚区域经济发展与合作［M］．北京：中国财经出版社，2007.

　　［32］林关征．专利激励机制的理论探源——基于政府制度设计的解析［J］.中外企业，2011（3）.

　　［33］刘伯川，陈敏，李玲缨．关于向蒙古国输出技术的思考［J］.科技情报开发与经济，2005（6）.

　　［34］刘凤朝，姜滨滨，马艳艳．基于 USPTO 专利的中日韩校企合作模式及其绩效比较［J］.研究与发展管理，2013，25（5）：98 – 104.

　　［35］刘凤朝，马荣康，孙玉涛．中国专利活动国际化的渠道与模式分析［J］.研究与发展管理，2012，24（1）：86 – 92.

　　［36］刘秋生，赵广凤，彭立明．国际科技合作模式研究［J］.科技进步与对策，2007（2）：38 – 40.

　　［37］刘云．国际科学合作与交流的政策背景分析［J］.科学管理研究，1996，14（3）：74 – 78.

　　［38］柳剑平，郑绪涛．专利制度：对技术创新的激励作用及其优化［J］.湖北行政学院学报，2008（1）.

　　［39］门宏光，李维．走近蒙古国［M］．呼和浩特：内蒙古人民出版社，2006.

　　［40］蒙古国国家统计局．http：//www. nso. com.

　　［41］蒙古国卫生部．http：//www. moh. mn/.

　　［42］蒙古经济研究所．http：//www. eri. mn/.

　　［43］蒙古沙拉布贡嘎道日吉．蒙古国农村、农业发展若干问题［M］．西里尔文，乌兰巴托，2007.

　　［44］蒙古新闻网站．www. mongol. news. mn.

　　［45］蒙古詹德希拉布．蒙古国草原畜牧业经验［M］．西里尔文，乌兰巴托，2006.

　　［46］娜琳．金融危机以来蒙古国经济及中蒙经贸合作［J］.东北亚论坛，

2010（5）：51-57.

[47] 娜琳．蒙古国经济社会现状［A］．东北亚论坛，2000（11）.

[48] 娜琳．中蒙经贸关系现状及前景仁［J］.东北亚论坛，2007（3）.

[49] 内蒙古专利技术展示交易网．http：//www.zlzsjy.com/.

[50] 内蒙古自治区科学技术厅（知识产权局）.http：//www.nmkjt.gov.cn/.

[51] 聂凤军．蒙古矿产勘查与开发现状评述［J］.地质论评，2010（1）.

[52] 诺敏．中蒙贸易互补性与竞争性研究［J］.现代商业，2011（6）.

[53] 齐欣．对发达国家跨国公司技术输出的贸易机制研究［J］.现代财经，2000（2）.

[54] 齐欣著．国际技术互流机制研究［M］.天津：天津人民出版社，2001.

[55] 任雪娇．中蒙经贸合作中的蒙方因素实证分析［J］.经济论坛，2009（4）.

[56] 任雪娇．中蒙贸易实证分析［J］.内蒙古财经学院学报，2008（6）.

[57] 瑟日革琳．蒙古国草原畜牧业经济研究［D］.中央民族大学硕士学位论文，2005.

[58] 世界卫生组织西太平洋区域．http：//www.wpro.who.int/.

[59] 舒元等．现代经济增长模型［M］.上海：复旦大学出版社，1998.

[60] 苏利德．中蒙经贸合作中存在的问题及建议［J］.内蒙古统计，2009（2）.

[61] 孙秀霞，朱方伟，侯剑华．国际组织理论研究的合作模式探究——基于研究机构和研究者合作网络的分析［J］.情报杂志，2013，32（1）：105-110.

[62] 台格旺登．蒙古国科学技术发展概况［J］.科学学与科学技术管理，2005（12）：26-31.

[63] 台格旺登．蒙古国科学技术发展概况［J］.科学学与科学技术管理，2005（12）.

[64] 谭晓，张志强．基于专利分析的技术合作和流动研究［J］.科学学研究，2013，31（9）：1313-1320.

[65] 唐辉亮．中蒙经贸关系的发展与存在的问题［J］.江西宜春学院学报，2006.

[66] 图门其其格，李鹤．蒙古国经济社会发展形势分析与展望［J］.内蒙古财经学院学报，2011（4）.

［67］王富强. 蒙古国畜牧业经济发展现状、问题及对策探讨［J］. 内蒙古科技与经济，2008（12）：5-6.

［68］王胜今. 蒙古国经济发展与东北亚国际区域合作［M］. 长春：长春出版社，2011.

［69］王文平. 基于科学计量的中国国际科技合作模式及影响研究［D］. 北京理工大学博士学位论文，2014.

［70］王赵宾. 2015—2020 年蒙古国能源投资研究报告［R］. 能源，2014（12）.

［71］王茁宇. 内蒙古在中蒙贸易中的作用［J］. 内蒙古科技与经济，2014，5（10）.

［72］魏淑艳. 当前我国国际科技合作的发展策略选择［J］. 科技管理研究，2009（3）：47-50.

［73］温都苏. 蒙古国矿产业发展与蒙古国矿产资源政策分析［D］. 内蒙古大学硕士学位论文，2011.

［74］乌兰吐雅，包玉海，海山. 论蒙古国和内蒙古牧区畜牧业经营模式［J］. 内蒙古草业，2007，19（2）.

［75］乌日其其格. 蒙古国经济转型的必然性与改革模式的选择［J］. 内蒙古大学学报，2003（3）.

［76］乌日其其格. 蒙古国经济转型与发展趋势研究［M］. 呼和浩特：内蒙古人民出版社，2012.

［77］向希尧，蔡虹，裴云龙. 跨国专利合作网络中 3 种接近性的作用［J］. 管理科学，2010，23（5）：43-52.

［78］熊彼特. 经济发展理论［M］. 北京：商务印书馆，1990.

［79］秀杰. 蒙古国对外经贸战略及中蒙经贸合作［J］. 黑龙江社会科学，2006（3）.

［80］许海清. 基于利益共享的中蒙经贸合作关系研究［J］. 东北亚论坛，2011（5）.

［81］亚洲发展银行. http：//www. adb. org/.

［82］杨林村. 国际合作研究开发的知识产权问题［J］. 科技与法律，2000（2）：74.

［83］杨文兰. 对当前中蒙经贸关系发展的几点思考［J］. 国际商务论坛，2015（4）：33-36.

［84］咬亮．解析中蒙经贸格局及其优化路径[J].内蒙古科技与经济，2007（4）．

［85］于浩淼．加强中蒙农业合作的思路探析[J].世界农业，2014（11）．

［86］于洪洋，［蒙］欧德卡巴殿君．试论"中蒙俄经济走廊"的基础与障碍[J].东北亚论坛，2015（1）：96.

［87］于潇．蒙古国经济发展现状评析[J].亚太经济，2008（6）．

［88］余斌．国际科技合作的选择优势模型与应用研究［D］.哈尔滨工业大学硕士学位论文，2010.

［89］袁红梅，金泉源，连桂玉．专利激励机制探析[J].科技管理研究，2010（1）．

［90］袁庆明．技术创新的制度结构分析［M］.北京：经济管理出版社，2003.

［91］张国芝．孙久文．内蒙古面向蒙古国开展区域经济合作的SWOT分析［R］.中国区域经济发展报告（2012-2013），2013.

［92］张海霞．中蒙经贸合作的SWOT分析[J].现代经济信息，2012（6）．

［93］张健．蒙古国农机化合作考察［R］.当代农机，2008（11）．

［94］张小云，任虹，贺西安．蒙古国科技发展现状[J].全球科技经济瞭望，2009，24（1）．

［95］张秀杰．蒙古国经济发展对中蒙经贸合作的影响[J].俄罗斯中亚东欧市场，2005（1）．

［96］张序强，王金辉，董雪旺．中国东北地区与蒙古国经济技术合作[J].世界地理研究，2000（3）：82-87.

［97］张宇薇，朝鲁门．2014年蒙古国经济金融形势分析[J].金融观察，2015（1）．

［98］郑佳．基于专利分析的中国国际科技合作研究[J].中国科技论坛，2012（10）：144-149.

［99］郑巧英，张浩，郑金连．创新链环节的国际科技合作层次[J].中国科技财富，2009（21）：98-100.

［100］郑淑伟．中蒙两国煤炭贸易未来发展的思考[J].内蒙古民族大学学报，2013（1）：88-90.

［101］中华人民共和国国家统计局．http：//www.stats.gov.cn/.

［102］中华人民共和国国家知识产权局．http：//www.sipo.gov.cn/.

［103］中华人民共和国海关总署．http：//www. customs. gov. cn/.

［104］中华人民共和国商务部科技发展和技术贸易司网站．http：//kjs. mof-com. gov. cn/.

［105］中华人民共和国商务部网站．http：//www. mofcom. gov. cn/.

［106］周梅芳，陈小雪，邓海艳，胡瑞法．蒙古国经济发展及中蒙经贸关系的可持续性［J］.财经理论研究，2013（1）：96－105.

附　录

附录一　蒙古国法律专利法

（新编）

2006 年 1 月 19 日
乌兰巴托市

第一章　总则

第 1 条　立法宗旨

1.1　本法的宗旨是确认发明、外观设计、实用新型的创作人和专利、实用证书占有人的所有权，调整与发明、外观设计、实用新型有关的关系。

第 2 条　专利法的渊源

2.1　专利法的渊源由宪法①、民法②、本法以及根据这些法律制度定制的其他法规组成。

2.2　蒙古国参加的国际条约当中若有与本法不相一致的规定，则应适用国际条约的规定。

第 3 条　法律名词术语的定义

3.1　本法中的下列名词术语应按照下列意义理解：

3.1.1　"发明"是指按照自然规律，首次构思、发现其原理的生产方式或者产品具有创造性的方案；

3.1.2　"外观设计"是指新创造的包括产品外部样式、设计有关的装饰、色彩及色彩组合的独特方案；

3.1.3　"实用新型"是指包括生产方式、设备、方法在内的能在工业上应用的新技术方案；

3.1.4 "专利"是指确认该方案属于发明、外观设计，批准其创作人在确定期限内拥有将其所有的独占权，由国家有关权力机关颁发的文件；

3.1.5 "实用证书"是指批准权利人在确定期限内对该实用新型拥有将其所有的独占权，由国家权力机关颁发的证明文件；

3.1.6 "创作人"是指通过智力创作活动创作出发明、外观设计、实用新型的个人；

3.1.7 "申请日"是指国家负责知识产权事务的机关首次收到发明、外观设计、实用新型申请的年月日；

3.1.8 "申请人"是指要求发明、外观设计、实用新型权利保护，申请颁发专利或者实用证书的创作人或者继受其权利的个人和法人；

3.1.9 "优先权日"是指在申请日之前向保护工业产权的巴黎公约或者世贸组织某一个成员方申请登记该发明、外观设计的年月日；

3.1.10 "专利、实用证书占有者"是指依照法定根据、程序获得发明、外观设计专利或者实用证书及相关独占权的创作人及其权利继受人；

3.1.11 "审查员"是指受过理学或者工学高等教育，在知识产权领域工作不少于两年，负责知识产权事务的国家行政机关的享有相应权利的工作人员；

3.1.12 "相似外观设计"是指在其多数特点上与现有已受保护的外观设计相似的外观设计；

3.1.13 "许可"是指约定他人实施其获得专利的发明、外观设计、获得证书的实用新型的许可；

3.1.14 "特别许可"是指根据合同许可他人实施其获得专利的发明、外观设计、获得证书的实用新型时，约定专利、证书占有人不得对此同时许可第三人实施的许可；

3.1.15 "强制许可"是指有关国家安全、国防、粮食供应、卫生等社会的必然需要或者根据其他法定条件，对创作人或者权利人支付适当报酬后，按照国家权力机关的决定，准许他人实施该发明、实用新型、外观设计的许可；

3.1.16 "蒙古国参加的国际条约"是指 1883 年保护工业产权巴黎公约及其补充和修改，1960 年、1999 年外观设计国际保存海牙协定，1970 年专利合作条约，1971 年国际专利分类斯特拉斯堡协定，1968 年建立外观设计国际分类洛迦诺协定，1994 年世界贸易组织与贸易有关的知识产权协议以及蒙古国参加的其他国际条约和协定；

3.1.17　"依照专利合作条约指定蒙古国的国际申请"是指依照专利合作条约提出的具有优先权日的发明、实用新型申请。

第4条　授予发明专利权的客体和条件

4.1　对于具有创造性，能够适用于工业的方法或者新产品创作人及从创作人获得权利的个人、法人授予发明专利权。

4.2　对于被证实高于当时技术水平的生产方法和产品，视为具有"新颖性"。

4.3　对于"创造性"应理解为由审查员确定，对于相关技术人员而言具有明显高水平的情况。

4.4　该发明可以用于工业某一个领域的，视其为"适于工业上应用"。

4.5　为了在技术水平上确定发明的新颖性，由负责知识产权事务的国家行政机关（以下称"知识产权局"）对该发明申请日之前提出的申请和受权利保护的发明、实用新型申请进行审查。

4.6　专利审查员在确定本法第4.1条规定的审查事项时，可以承认国际提前检索机关对申请做出的结论。

4.7　下列各项不属于发明：

4.7.1　发现科学理论和数学方法；

4.7.2　计算机程序、系统；

4.7.3　执行智力活动、进行比赛游戏或经营业务的计划、规则和方法；

4.7.4　对公序良俗、自然环境、人类健康有害的事项；

4.7.5　人、牲畜、动物疾病的治疗、诊断方法；

4.7.6　从微生物中提取其他动物、植物的生物学方法。

4.8　本法第4.2条规定的"新颖性"标准中包括反映成果实质性特点在申请日之前未曾公开的条件。

4.9　本法第4.7.6条中不包括非生物学和微生物学方法。

第5条　授予外观设计专利权的条件

5.1　外观设计具有新颖性、富有美感和创造性特点时，对其创作人及继受其权利的个人、法人授予外观设计专利权。

5.2　保护外观设计时应结合下列实质性特点：

5.2.1　外观设计的实质性特点，在其申请日之前未曾公开的，视为具有"新颖性"；

5.2.2　外观设计的实质性特点具有智力创造的，视为具有"创造性"；

5.2.3　外观设计的实质性特点应当包括该产品外表上富有美感和一定的实

质性特点。

5.3 外观设计包含的事项属于该产品根本用途的，不能对其授予专利权。

5.4 下列各项不属于外观设计：

5.4.1 与国徽、国旗、国印、奖状、奖章以及与外国国旗、国家象征、联合国标记或者象征相同或者相类似的设计；

5.4.2 违背社会利益、道德规范的；

5.4.3 可能给他人商业活动造成损失的。

第6条 授予实用证书的客体和条件

6.1 实用新型具有新颖性、能够适用于工业时，对其创作人及其继受其权利的个人、法人授予实用证书。

6.2 对于被证实高于现有技术的实用新型，视为其具有"新颖性"。

6.3 能够适用于某一工业领域的实用新型，视为其具有"适于工业上应用"。

6.4 实用新型的实质性特点，在其申请日之前未曾公开的，视为具有"新颖性"。

6.5 下列各项不属于实用新型：

6.5.1 登记实用新型之前，已经在蒙古国被公开或者被传入并利用的；

6.5.2 在此之前曾在本国或者外国出版过的；

6.5.3 违背社会利益、道德规范的。

6.6 本法第4.7条的规定同样适用于授予实用证书。

第二章　发明、外观设计、实用新型申请的提出及其审查

第7条 发明、外观设计、实用新型申请的提出

7.1 发明、外观设计、实用新型的申请，应当由其创作人及继受其权利的个人、法人向知识产权局提出。

7.2 对于每项发明、外观设计、实用新型都应单独提出申请。对于具有同一个用途，成套使用的发明、外观设计、实用新型，可以作为一件申请提出。

7.3 发明的申请应当由请求书和包括下列内容的发明说明书、权利定义和摘要组成，必要时应有附图和有关权力机关的确认：

7.3.1 发明说明书应当对发明作出完整、清楚的能够达到提交发明申请目的的与现有技术相区别的实质性特点、以所属技术领域的技术人员能够实现其优点或者发明的最合理方法的整体信息；

7.3.2 发明的权利定义应当便于理解，简要、清楚地指出该发明实质性特点和明确权利保护的范围；一项发明可以有数个权利定义；

7.3.3 说明书和附图应当详细说明权利定义的内容；

7.3.4 摘要应当具有提供该发明有关信息的目的。在确定发明的权利保护范围时，不得将其利用。

7.4 外观设计的申请由请求书、外观设计的图片或者照片、说明书组成，必要时在图片或者照片、说明书中还应当附上其他有关材料。

7.5 实用新型的申请应当由请求书、说明书、权利定义、摘要、附图组成。实用新型的权利定义应反映该实用新型实质性特点，并确定权利保护的范围。

7.6 发明、外观设计、实用新型的申请中应当载明发明、外观设计、实用新型的创作人、申请人及他们授权委托的代理人的姓名、地址、授予专利的要求和发明、外观设计、实用新型的名称。

7.7 非创作人提出申请的，应当附上证明其获得专利权、实用证书权的证明文件。

7.8 对于与人口粮食供应、健康有关的发明、外观设计、实用新型而言，应当附上由卫生、传染病研究部门出具的，对人的健康、身体不会造成危害的确认和说明。

7.9 申请人可以在其申请中提出将其国内、地区、国际申请日期确定为优先权日的请求。在此情况下应当附上申请优先权日的申请文件副本。

7.10 在提出优先权日申请时，应当在发明、实用新型申请中附上国际检索报告和初步审查的结论。

7.11 在发明、外观设计、实用新型的申请中应当附上支付服务费用的单据。

7.12 申请人可以委托代理人代理。

7.13 委托代理人的权利、义务应当通过符合民法规定要求的委托书加以明确。

7.14 申请应当用蒙古语制作。在用其他语言制作的情况下，申请人应当在其向知识产权局提交该申请之日起2个月内将其翻译成蒙古语。

7.15 没有在本法第7.14条规定期限内进行翻译的，视为未曾提出申请。

7.16 对于属于同一个国际分类的互相类似的50件以下的外观设计，可以作为一件申请提出。

7.17 对其申请方面作出终局决定之前，申请人可以撤回其申请。

第8条　以电子形式提交发明、外观设计、实用新型申请

8.1　申请人可以以电子形式提交发明、外观设计、实用新型申请。在这种情况下其申请应当符合本法第7条的规定和知识产权局制定的规则。

8.2　可以通过电脑软盘或者其他形式提交本法第8.1条规定的申请。

8.3　以电子形式提交申请的申请日，应当在该申请符合本法规定的要求，而且附有必要证明的条件下，根据将其受理的相关公职人员签字、具有编号的文件加以确定。

8.4　对于以电子形式提交的申请有关的决定，知识产权局可以通过电子形式送达。该局的局长可以使用电子签字。

第9条　依照专利合作条约提出国际申请

9.1　依照专利合作条约指定蒙古国的有关发明、实用新型国际申请的申请日，应当按照本法或者依照专利合作条约登记的国际机关登记日期加以确定。

9.2　蒙古国公民或者居住在蒙古国的外国公民、无国籍人提出的国际申请的受理机关为知识产权局和世界知识产权组织。

9.3　申请人应当按照条约规定的语言向受理国际申请机关提出申请，并缴纳费用。

9.4　申请人在其国际申请中为了在蒙古国领土上获得发明专利、实用证书而指定蒙古国的，知识产权局为被指定机关。

9.5　申请人在其国际申请中为了国际提前检索而选择蒙古国时，知识产权局为被选择机关。

9.6　被选择机关应当在条约规定的期限内受理对申请进行的提前检索报告。

9.7　对于选择蒙古国的国际申请而言，申请人应当依照专利合作条约的规定，在提前检索之前缴纳费用。

9.8　知识产权局应当按照相关法律、条约和程序进行与国际申请有关的活动。

第10条　确定发明、外观设计、实用新型的申请日

10.1　知识产权局应当分别在收到发明、外观设计申请之日起20日内，收到实用新型申请之日起7日内进行形式审查，认为符合本法第7条规定的要求且符合申请文件形式的，应当将收到申请的日期确定为申请日。

10.2　知识产权局认为申请不符合本法第7条规定要求的，应当通知申请人对此进行补充、修改。

10.3　自从知识产权局受理本法第10.2条规定的申请之日起3个月内，申

请人对其发明、外观设计申请进行补充、修改或者在 1 个月内对其实用新型申请进行补充、修改的,应当将第一次收到申请的日期视为其申请日。

10.4 在本法第 10.3 条规定的期限内没有进行补充、修改的,视为未曾提出该申请。

10.5 申请人要求优先权日的,应当在登记申请之日起 2 个月内对此书面通知,提交原申请副本。

第 11 条 对发明、外观设计申请进行实质审查

11.1 在确定申请日之后,知识产权局的审查员对该发明、外观设计是否符合本法第 4 条、第 5 条规定的要求进行实质审查。

11.2 申请人应当向知识产权局告知自己曾对其发明或者实质上与其发明相同的成果向外国、国际组织申请专利或者申请某种权利文件的情况。

11.3 在审查过程中或者作出终局决定之前,在其第一次提交申请范围内,申请人可以对其申请进行补充、修改。

11.4 如果补充、修改将改变其所申请发明、外观设计实质性特点的,应当重新申请。

11.5 虽然可以根据申请人的请求推迟审查,但是推迟审查的期限受本法第 11.9 条、第 11.10 条规定期限的限制。

11.6 在审查过程中,申请人若不超出其首次提交说明书的范围,则可以将其申请分案为 2 个或者更多的申请,也可以合并成套使用的数个发明、外观设计、实用新型的申请。

11.7 在本法第 11.6 条规定的情况下,对其申请日或者优先权日按其第一次申请确定。

11.8 提交发明申请的创作人,在对其申请作出终局决定之前,可以将其申请变更为实用新型申请,也可以将其实用证书的申请变更为发明申请。在此情况下,应当按照其第一次申请确定其申请日。

11.9 自申请日起 9 个月内知识产权局应当根据审查结论作出是否授予专利的决定。

11.10 知识产权局认为必要时,可以将本法第 11.9 条规定的期限延长至 12 个月。

11.11 在专利杂志上公布授予专利的发明参考文献、权利定义,公布外观设计的图片或者照片。

11.12 未能证实属于发明、外观设计而不可能加以保护的,应当作出拒绝

授予专利的决定。在作出该决定之日起 30 日内，应当向申请人送达审查结果，将其申请存入专利库。

第 12 条　实用新型申请的审查

12.1　在申请日后的 1 个月内，由审查员对其是否符合本法第 6 条规定的要求、是否可以按照实用新型进行登记作出结论。

12.2　在审查实用新型申请时，同样遵守本法第 11.2 条、第 11.3 条的规定。

第三章　授予发明、实用证书

第 13 条　授予发明、外观设计专利

13.1　在专利刊物上公布发明的参考文献和权利定义、外观设计的图片或者照片后的 3 个月内，知识产权局如果没有收到异议、争议的，应当对其授予专利。

13.2　在本法第 13.1 条规定期限内收到异议、发生争议的，直到通过相应程序对此进行处理之前，中止授予专利权。

13.3　在收到公民、法人异议、发生争议的情况下，由知识产权局首席审查员自收到申诉之日起 30 日内在原审查员不参加的情况下，以 3 名审查员组成的审查组，对该争议进行重新审查处理，并且为原先审查员提供对其结论进行说明的机会。

13.4　不服本法第 13.3 条规定的决定时，可以向设在知识产权局的争议解决委员会提出申诉。

13.5　对授予专利的发明、外观设计应当进行国家登记，并将其申请存入专利库。

第 14 条　授予实用证书

14.1　自审查员作出可以按照实用新型进行登记的结论之日起，1 个月内由知识产权局对其授予实用证书。

第 15 条　专利、实用证书的有效期限

15.1　自从申请日起发明专利在 20 年内有效；外观设计专利在 10 年内有效；实用新型的实用证书在 7 年内有效。

第四章　发明、外观设计、实用新型创作人和专利、实用证书占有人的权利

第16条　发明、外观设计、实用新型创作人的权利

16.1　发明、外观设计、实用新型创作人享有下列权利：

16.1.1　所有其发明、外观设计、实用新型；

16.1.2　向他人转让其专利、实用证书申请权；

16.1.3　对其发明、外观设计、实用新型起名；

16.1.4　制作其发明、外观设计、实用新型的技术说明书，参加、监督对其进行的试验和用于工业的活动，评定其智力成果的价值；

16.1.5　从实施其发明、外观设计、实用新型获利的其他人收入中收取一定的报酬。

16.2　发明、外观设计的共同创作人员，共同享有申请专利的权利。

16.3　在起草发明、外观设计、实用新型的申请和技术文件、提供资金、做试验等方面提供帮助的人员，不得视为共同创作人。

16.4　合同没有其他约定时，共同创作人在提出申请、获取专利和实用证书、许可他人实施他们创作成果、出卖给他人、转让、评定和参加有关发明、外观设计、实用新型的关系时享有平等的权利，未经其他共同创作人的同意，不得行使上述任何权利。

16.5　各自单独完成相同的发明、外观设计、实用新型时，最先向知识产权局提出申请的创作人享有获得专利、实用证书的权利；申请优先权日的情况下，最先提交具有优先权日的申请的创作人享有获得专利、实用证书的权利。

16.6　合同没有其他约定的，在执行公务或者完成合同义务的过程中创作的发明、外观设计专利、实用证书的申请权，由提供工作者享有。

16.7　提供工作者自创作出发明、外观设计、实用新型之日起6个月内没有提出申请的，其创作人享有申请权。

16.8　按照本法第16.7条的规定，创作人以自己的名义取得专利、实用证书的情况下，提供工作者在实施该成果时，应当根据合同向专利、实用证书占有人支付一定的费用。

第17条　专利、实用证书占有人的权利

17.1　专利、实用证书占有人享有所有其发明、外观设计、实用新型的独占权。

17.2 对于获得专利、实用证书的发明、外观设计、实用新型，应当在取得专利证书、实用证书占有人的许可的情况下将其实施。

第 18 条 发明、外观设计、实用新型的实施

18.1 发明、外观设计、实用证书占有人有权禁止通过实施发明、外观设计、实用新型生产产品、出售、使用或者以此目的保存和进口产品。

18.2 按照下列情形使用授权专利的发明、外观设计或者获得实用证书的实用新型的，不能视为侵犯了权利人的独占权：

18.2.1 专利占有人自己或者其他人经过专利占有人许可使用其国内市场上的产品；

18.2.2 在科研、教学、试验工作中使用；

18.2.3 暂时或者偶然进入本国领域的其他国家运输工具中使用；

18.2.4 不以营利为目的的使用。

18.3 为了有效利用在知识产权局进行权利保护的发明、外观设计、实用新型的目的，设立国家发明库。

18.4 对于组成本法第 18.3 条规定国家发明库的专利占有权，在与该专利占有人签订的合同基础上，由知识产权局享有。

第 19 条 许可合同

19.1 利害关系人在实施授予专利的发明、外观设计、获得实用证书的实用新型的情况下，应当与专利、实用证书占有人签订许可合同。

19.2 依照许可合同，专利、实用证书占有人承担授予实施成果的人实施其受保护成果的义务，实施成果的人承担支付合同约定的费用和其他合同义务。

19.3 许可合同应当包括下列事项：

19.3.1 实施发明、外观设计、实用新型的方法、形式、数量、范围、期限；

19.3.2 合同当事人的权利、义务；

19.3.3 实施发明、外观设计、实用新型的费用及其支付方式；

19.3.4 不履行合同义务应承担的违约责任；

19.3.5 争议解决程序。

19.4 授予特别许可的情况下，许可方根据许可合同授予受许可方独占权。

19.5 授予普通许可的情况下，许可方授予受许可方实施其发明、外观设计、实用新型权，同时有权许可第三人实施其受专利、实用证书保护的权利。

19.6 许可合同应当书面签订，并且在知识产权局登记后生效。

19.7　违反本法第 19.6 条规定程序的合同、民事行为无效。

19.8　专利占有人可以向知识产权局提出许可利害关系人实施其成果的申请。

19.9　禁止以限制市场正当竞争的条件签订许可合同。

第 20 条　强制许可

20.1　根据利害关系人的申请、知识产权局的决定，在下列情况下可以通过强制许可实施受权利保护的发明、外观设计、实用新型；

20.1.1　为了国家安全、国防、人口粮食供应、卫生等社会必然需要而实施发明、外观设计、实用新型的；

20.1.2　自从申请日起满 4 年的，或者自从授予专利、实用证书之日起 3 年内没有将其实施的情况下，权利占有人未能证明不存在实施条件的；

20.1.3　专利占有人认为，通过许可合同实施授予专利的成果具有市场不正当竞争特点的。

20.2　专利、实用证书占有人不服知识产权局强制许可决定的，可以向法院起诉。

20.3　在签订强制许可合同的情况下，实施授予专利、实用证书成果的费用，由受许可方向许可方支付。

第 21 条　实施发明、外观设计、实用新型的法人和专利占有人的义务

21.1　法人实施发明、外观设计、实用新型获得的利益和智力成果的价值应体现在其财务报告中，保守其生产秘密。

21.2　智力成果价值的评定可以使用于财产保证、抵押、投资、发行股份、分配和拍卖、核准资本基金和投保等。

21.3　发明、外观设计专利、实用证书占有人发生变更时，应当对此书面通知知识产权局。如此变更时不影响第三人的利益。

第 22 条　有关涉及国家机密的发明、外观设计、实用新型

22.1　涉及国家安全保障、国防活动的特别重要、属于绝密、机密等级的发明、外观设计、实用新型申请，应当在中央侦查机关登记后，由知识产权局首席审查员受理，交给有权进行机密成果审查的审查员作出结论，解决是否授予专利的问题。

22.2　不得将属于国家机密的发明、外观设计、实用新型刊登在报纸和杂志上。

第 23 条　专利、许可费用

23.1　应当向知识产权局缴纳提出发明、外观设计、实用新型申请、使专利有效、登记许可合同的费用。

第 24 条　支付专利费用的期限

24.1　使专利有效的费用，应当按照国家印花税法规定的数额、期限缴纳。

24.2　使专利有效的前 3 年费用，应当在作出授予专利决定之日起 6 个月内缴纳。在此之后的费用，应当在相应期限开始 6 个月之前缴纳。

24.3　专利占有人如果没有在本法第 24.2 条规定期限内缴纳使专利有效费用的，知识产权局可以规定该期限届满后 6 个月的宽限期。在此情况下应多缴纳与该期限内应缴纳费用相同数额的费用。

24.4　与使专利有效具有厉害关系人，经专利占有人同意，可以缴纳专利费用。

第 25 条　认定专利无效

25.1　违反本法的规定授予专利、实用证书的，争议解决委员会、法院可以撤销专利。

25.2　拒绝占有专利或者拒绝缴纳专利费用、没有在本法第 24.3 条规定期限内缴纳费用的，由知识产权局撤销专利。

25.3　在本法第 25.1 条、第 25.2 条规定的情况下，知识产权局应当在发明、外观设计、实用新型国家登记中作出相应变更，并刊登在专利刊物上。

25.4　从未实施发明的情况下，如果专利占有人不能证明在蒙古国不曾存在实施其专利的条件，则必须受国家监督的发明、外观设计、实用新型的占有权将转移到知识产权局。

25.5　撤销专利的申请，应当在专利有效期限内提出。

25.6　以未缴纳专利费用为由撤销专利的情况下，在专利总有效期限内，可以根据专利占有人的申请恢复专利。

第五章　知识产权机关

第 26 条　知识产权局

26.1　蒙古国有关发明、外观设计、实用新型的问题，由政府行政机构——知识产权局负责，并行使下列职权：

26.1.1　受理并审查处理有关发明、外观设计、实用新型的申请；

26.1.2　授予专利、外观设计和实用证书；

26.1.3　进行有关专利、外观设计、实用新型、许可合同的国家统计；

26.1.4　建立有关专利、外观设计、实用新型统一信息库；

26.1.5　出版发行有关专利、外观设计、实用新型方面的信息杂志；

26.1.6　对解决专利纠纷提供必要的参考资料；

26.1.7　制定专利、实用证书文本；

26.1.8　认为法人、公民违反专利法的，通告有关机关；

26.1.9　按照法定程序根据和程序认定专利、实用证书无效；

26.1.10　在其权限范围内组织专利法的实施工作；

26.1.11　审查处理有关专利问题的申请和申诉；

26.1.12　根据创作人的申请，评定发明、外观设计、实用新型的价值；

26.1.13　执行国家对知识产权法律法规方面的国家监督，委派知识产权国家监督员；

26.1.14　按照其负责的问题，责令有关机关、公职人员出具相关文件；

26.1.15　对知识产权教学、科研提供统一指导和措施；

26.1.16　选拔从事专利代理的公民、法人并与他们合作；

26.1.17　在法律规定的管辖范围内监督和解决争议。

26.2　知识产权局的资金来源于其活动收入。

26.3　知识产权局提供服务的收费问题，由负责知识产权事务的政府委员制定。

26.4　中央和地方行政机关应将发明、外观设计、实用新型方面的工作作为其技术政策的组成部分加以实施。

第 27 条　专利代理人

27.1　专利代理人应当是受过高等教育、在知识产权领域工作不少于 3 年、未曾受过刑法、已满 25 岁的蒙古国公民。

27.2　专利代理人应当按照相关法律法规取得专门许可。

27.3　由知识产权局制定专利代理人工作规则。

27.4　专利代理人应当向知识产权局提交发明、外观设计、实用新型、商标权保护代理活动报告，并向知识产权局缴纳其服务收入的 10%。

第六章 其他事项

第 28 条 解决申诉和争议

28.1 赔偿因非法实施受权利保护的成果而造成的损失以及与支付成果实施费用相关的其他纠纷，由设在知识产权局的争议解决委员会自从受理申诉后的 6 个月内审理，并以书面答复。

28.2 不服争议解决委员会决定的，可以在收到决定之日起 30 日内向法院申诉。

28.3 争议解决委员会的工作制度，由负责知识产权事务的政府委员制定。

第 29 条 违反专利法规、侵犯专利创作人和专利占有人权利者的责任

29.1 对于违反专利法的行为如果不必追究刑事责任的，可以给予下列行政处罚：

29.1.1 由法官、国家监察员处以公民数额为最低劳动报酬 2 倍至 6 倍的罚款，处以法人数额为最低劳动报酬 10 倍至 20 倍的罚款；

29.1.2 由法官处以有过错的公民 7—14 日的拘留；

29.1.3 由法官、国家监察员没收发生争议的货物、物品，将其非法收入上缴国库，销毁该货物，责令停止该行为。

29.2 侵犯创作人或者专利占有人权利者应当承担蒙古国法律法规规定的责任。

29.3 侵犯占有人权利造成的物质损失的赔偿问题，由法院根据蒙古国民法的规定解决。

第 30 条 法律的溯及适用

30.1 不得溯及适用本法。

蒙古国大呼拉尔主席

奇·尼木道尔基

注：①蒙古国宪法公布于《政府公报》1992 年第 1 期；

②民法公布于《政府公报》2002 年第 7 期。

附录二　中国禁止出口限制
出口技术目录

（2008 年 9 月 16 日商务部、科学技术部令 2008 年第 12 号公布　自 2008 年 11 月 1 日起施行）

中国禁止出口限制出口技术参考原则

一、禁止出口技术参考原则

（一）为维护国家安全、社会公共利益或者公共道德，需要禁止出口的；

（二）为保护人的健康或者安全，保护动物、植物的生命或者健康，保护环境，需要禁止出口的；

（三）依据法律、行政法规的规定，其他需要禁止出口的；

（四）根据我国缔结或者参加的国际条约、协定的规定，其他需要禁止出口的。

二、限制出口技术参考原则

（一）为维护国家安全、社会公共利益或者公共道德，需要限制出口的；

（二）为保护人的健康或者安全，保护动物、植物的生命或者健康，保护环境，需要限制出口的；

（三）依据法律、行政法规的规定，其他需要限制出口的；

（四）根据我国缔结或者参加的国际条约、协定的规定，其他需要限制出口的。

目录格式说明

目录格式：

编号：（1）XXXXXXJ（X）

技术名称：（2）＿＿＿＿＿＿

控制要点：（3）＿＿＿＿＿＿

说明：

（1）此目录参照国民经济行业分类与代码（GB/T 4754—2002）进行编辑和排序。

（2）编号：共7位。

年度代码＋行业分类代码＋技术名称顺序号＋拼音代码

2 位数字　　2 位数字　　2 位数字　　1 位字母

1）年度代码由目录编制年度的后两位数字构成。

2）行业分类代码（粗体字）和技术名称顺序号与排序索引表中数字相对应。

3）"J"为禁止出口技术的拼音第一位字母，"X"为限制出口技术的拼音第一位字母。

（3）技术名称：某一类技术的总称。

（4）控制要点：该类技术中需要控制的技术内容、特征及范围。

注：

正文中（圆括号）部分是对前面概念的一般性说明。

排序索引表

01　农业

01X. 农作物（含牧草）繁育技术

02X. 经济作物栽培繁育技术

02　林业

01X. 林木种质资源及其繁育技术

02X. 园林植物、观赏植物繁育技术

03X. 野生动物人工繁育及保护技术

03　畜牧业

01J. 畜牧品种的繁育技术

02J. 微生物肥料技术

03J. 中国特有的物种资源技术

04J. 蚕类品种、繁育和蚕茧采集加工利用技术

01X. 畜牧品种的繁育技术

04　渔业

01J. 水产品种的繁育技术

01X. 水产种质繁育技术

05　农、林、牧、渔服务业

01J. 绿色植物生长调节剂制造技术

01X. 兽药生产技术

02X. 畜禽饲料及兽用生长调节剂生产技术

03X. 畜产品加工技术

04X. 蜂类繁育和蜂产品采集、加工及利用技术

05X. 兽医卫生检疫技术

06X. 森林病虫害防治技术

07X. 林产化学产品加工技术

08X. "新城疫"疫苗技术

06　煤炭开采和洗选业

07　石油和天然气开采业

08　黑色金属矿采选业

09　有色金属矿采选业

01J. 采矿工程技术

10　非金属矿采选业

11　其他采矿业

12　木材及竹材采运业

13　农副食品加工业

01J. 肉类加工技术

01X. 粮食加工技术

02X. 糖加工技术

03X. 蛋品加工技术

14　食品制造业

01X. 食品添加剂生产技术

15　饮料制造业

01J. 饮料生产技术

01X. 饮料生产技术

16　烟草制品业

17　纺织业

01X. 纺织天然纤维制品及其加工技术

02X. 大豆蛋白纤维制造技术

03X. 莨香绸加工技术

04X. 纺织纤维制品及其加工技术

18　纺织服装、鞋、帽制造业

19　皮革、毛皮、羽毛（绒）及其制品业

20　木材加工及木、竹、藤、棕、草制品业

21　家具制造业

22　造纸及纸制品业

01J. 造纸技术

01X. 造纸技术

23　印刷业和记录媒介的复制

24　文教体育用品制造业

25　石油加工、炼焦及核燃料加工业

26　化学原料及化学制品制造业

01J. 焰火、爆竹生产技术

01X. 化学原料生产技术

02X. 化学农药生产技术

03X. 生物农药生产技术

04X. 染料生产技术

05X. 涂料生产技术

06X. 催化剂生产技术

07X. 感光材料生产技术

08X. 合成纤维生产技术

09X. 合成树脂及其制品生产技术

10X. 工业炸药及其生产技术

11X. 工业雷管及其生产技术

27　医药制造业

01J. 化学合成及半合成咖啡因生产技术

02J. 核黄素（VB2）生产工艺

03J. 中药材资源及生产技术

04J. 中药饮片炮制技术

05J. 化学合成及半合成药物生产技术

01X. 中药材资源及生产技术

02X. 生物技术药物生产技术

03X. 化学合成及半合成药物生产技术

04X. 天然药物生产技术

05X. 中药的配方和生产技术

06X. 带生物活性的功能性高分子材料制备和加工技术

07X. 组织工程医疗器械产品的制备和加工技术

28　化学纤维制造业

29　橡胶制品业

01X. 橡胶制品生产技术

30　塑料制品业

31　非金属矿物制品业

01J. 非晶无机非金属材料生产技术

02J. 低维无机非金属材料生产技术

01X. 日用陶瓷及其制品生产技术

02X. 耐火材料生产技术

03X. 无机非金属材料生产技术

04X. 人工晶体生长与加工技术

05X. 聚合物基复合材料生产技术

32　黑色金属冶炼及压延加工业

01X. 钢铁冶金技术

33　有色金属冶炼及压延加工业

01J. 有色金属冶金技术

02J. 稀土的提炼、加工、利用技术

01X. 有色金属冶金技术

02X. 非晶、微晶金属冶金技术

34　金属制品业

01X. 热处理技术

02X. 金属基复合材料生产技术

35　通用设备制造业

01X. 铸造技术

02X. 通用设备制造技术

03X. 通用零部件制造技术

04X. 燃气轮机制造技术

05X. 锅炉制造的燃烧技术

36　专用设备制造业

01J. 农用机械制造技术

01X. 制冷与低温工程技术

02X. 消防技术

03X. 刑事技术

04X. 医用诊断器械及设备制造技术

37　交通运输设备制造业

01J. 航天器测控技术

02J. 航空器设计与制造技术

01X. 船型设计与试验技术

02X. 船用设备制造技术

03X. 船舶建造工艺

04X. 船用材料制造技术

05X. 航空器设计与制造技术

06X. 航空器零部件制造及试验技术

07X. 航空材料生产技术

39　电气机械及器材制造业

01X. 电工材料生产技术

02X. 电线、电缆制造技术

40　通信设备、计算机及其他电子设备制造业

01J. 集成电路制造技术

02J. 机器人制造技术

01X. 电子器件制造技术

02X. 半导体器件制造技术

03X. 传感器制造技术

04X. 微波技术

05X. 光纤制造及光纤通信技术

06X. 计算机硬件及外部设备制造技术

07X. 无线通信技术

08X. 机器人制造技术

09X. 计量基、标准制造及量值传递技术

10X. 空间材料生产技术

11X. 空间仪器及设备制造技术

41　仪器仪表及文化、办公用机械制造业

01J. 地图制图技术

01X. 热工量测量仪器、仪表制造技术

02X. 机械量测量仪器、仪表制造技术

03X. 无损探伤技术

04X. 材料试验机与仪器制造技术

05X. 计时仪器制造技术

06X. 精密仪器制造技术

07X. 地图制图技术

08X. 地震观测仪器生产技术

09X. 玻璃与非晶无机非金属材料生产技术

42　工艺品及其他制造业

01J. 书画墨、八宝印泥制造技术

01X. 工艺品制造技术

02X. 文物保护及修复技术

03X. 文物复制技术

04X. 大型青铜器复制技术

43　废弃资源和废旧材料回收加工业

44　电力、热力的生产和供应业

45　燃气生产和供应业

46　水的生产和供应业

47　房屋及土木工程建筑业

48　建筑安装业

49　建筑装饰业

01J. 中国传统建筑技术

01X. 中国传统建筑技术

50　其他建筑业

01X. 建筑环境控制技术

51　铁路运输业

52　道路运输业

53　城市公共交通业

54　水上运输业

01X. 港口设备制造技术

02X. 液体货物运输技术

55　航空运输业

56　管道运输业

57　装卸搬运和其他运输服务业

58　仓储业

59　邮政业

60　电信和其他信息传输服务业

01J. 计算机网络技术

02J. 空间数据传输技术

03J. 卫星应用技术

01X. 通信传输技术

02X. 计算机网络技术

03X. 空间数据传输技术

04X. 卫星应用技术

61　计算机服务业

01X. 信息处理技术

02X. 计算机应用技术

62　软件业

01X. 计算机通用软件编制技术

02X. 信息安全防火墙软件技术

63　批发业

65　零售业

66　住宿业

67　餐饮业

68　银行业

69　证券业

70　保险业

71　其他金融活动业

72　房地产业

73　租赁业

74　商务服务业

75　科学和试验发展

76　专业技术服务业

01J. 大地测量技术

01X. 海洋环境仿真技术

02X. 大地测量技术

03X. 精密工程测量技术

04X. 真空技术

05X. 声学工程技术

06X. 计量测试技术

07X. 目标特征提取及识别技术

77　科技交流和推广业

78　地质勘查业

01X. 地球物理勘查技术

79　水利管理业

80　环境管理业

81　公共设施管理业

82　居民服务业

83　其他服务业

84　教育

85　卫生

01J. 中医医疗技术

01X. 中医医疗技术

中国禁止出口限制出口技术目录（禁止出口部分）

畜牧业

编号：050301J

技术名称：畜牧品种的繁育技术

控制要点：《国家畜禽品种出口管理分级名录》列为"一级"类品种的繁育技术

编号：050302J

技术名称：微生物肥料技术

控制要点：微生物肥料技术

编号：050303J

技术名称：中国特有的物种资源技术

控制要点：紫杉醇及相关技术

编号：050304J

技术名称：蚕类品种、繁育和蚕茧采集加工利用技术

控制要点：1. 桑蚕一般品种的原种、原原种、母种

2. 柞蚕、蓖麻蚕、天蚕等蚕类及近缘绢丝昆虫利用技术

渔业

编号：050401J

技术名称：水产品种的繁育技术

控制要点：《我国现阶段不对外交换的水产种质资源名录》所列种质的繁育技术

农、林、牧、渔服务业

编号：050501J

技术名称：绿色植物生长调节剂制造技术

控制要点：产品配方

有色金属矿采选业

编号：050901J

技术名称：采矿工程技术

控制要点：离子型稀土矿山浸取工艺

农副食品加工业

编号：051301J

技术名称：肉类加工技术

控制要点：金华火腿生产工艺

饮料制造业

编号：051501J

技术名称：饮料生产技术

控制要点：1. 初、精制茶制作技术

2. 珠茶初制炒干设备的生产技术

造纸及纸制品业

编号：052201J

技术名称：造纸技术

控制要点：1. 宣纸的生产工艺

2. 迁安书画纸的配方及生产工艺

化学原料及化学制品制造业

编号：052601J

技术名称：焰火、爆竹生产技术

控制要点：鞭炮、烟花制造工艺

1. 引燃点爆装置的弹体装填工艺

2. 装填药物配方及粘合剂

3. 球壳的机械成形工艺

4. 多色彩药粒闪光炮药物配方及制作工艺

5. 合金粉的配方及生产工艺

6. 无烟礼花的药物配方及制作工艺

医药制造业

编号：052701J

技术名称：化学合成及半合成咖啡因生产技术

控制要点：咖啡因生产工艺技术

编号：052702J

技术名称：核黄素（VB2）生产工艺

控制要点：1. 核黄素 BS－5 基因工程菌的筛选、培养条件、摇瓶配方

2. 核黄素发酵种子培养配方、培养、发酵罐培养配方、培养条件，发酵主要工艺参数（pH 值、温度、罐压、风量、溶氧）

3. 核黄素提取路线、溶媒、主要工艺参数（pH 值、温度）

编号：052703J

技术名称：中药材资源及生产技术

控制要点：1. 世界珍稀、濒危保护动植物中的野生中药资源及其繁育技术

2. 《中国珍稀、濒危保护植物名录》（1986 年）中收录的我国药材种质和基因资源及其繁育技术

3. 濒危、珍稀药材代用品的配方和生产技术

4. 菌类药材的菌种、菌株、纯化、培养、发酵和生产工艺包括下列菌种：

冬虫夏草

羊肚菌

牛舌菌

云芝

树舌

灵芝（紫芝、赤芝）

雷丸

猪苓

密环菌

松茸

短裙竹荪

长裙竹荪

黄裙竹荪

大马勃

黑柄炭角菌

茯苓

编号：052704J

技术名称：中药饮片炮制技术

控制要点：1. 毒性中药的炮制工艺和产地加工技术

  （1）制川乌

  （2）制草乌

  （3）制南星、胆南星

  （4）制白附子

  （5）清半夏、法半夏、姜半夏

  （6）制关白附

  （7）制附子

  （8）制商陆

  （9）制马钱子

  （10）煨肉豆蔻

  （11）制芫花

  （12）制蟾酥

  （13）制藤黄

  （14）制甘遂

  （15）制狼毒

  （16）巴豆霜

  （17）制斑蝥

  （18）制青娘子

  （19）飞雄黄

  （20）飞朱砂

  （21）制金大戟

  （22）千金子霜

2. 常用大宗中药的炮制工艺和产地加工技术

  （1）熟大黄

  （2）熟地黄

(3) 制何首乌

(4) 制香附

(5) 鹿茸

(6) 紫河车

(7) 六神曲

(8) 建神曲

(9) 炮山甲

(10) 制肉苁蓉

(11) 制黄精

(12) 制山茱萸

(13) 制女贞子

(14) 红参

(15) 厚朴

(16) 阿胶

(17) 龙血竭

编号：052705J

技术名称：化学合成及半合成药物生产技术

控制要点：维生素 C 中间体 2－酮基－L－古龙酸二步发酵制备技术

非金属矿物制品业

编号：053101J

技术名称：非晶无机非金属材料生产技术

控制要点：激光技术用大功率、大尺寸钕玻璃制备工艺技术

编号：053102J

技术名称：低维无机非金属材料生产技术

控制要点：具有下列特征之一的硬质低密度、黏结着碳纤维或非纤维状碳的绝热材料生产技术

1. 可在 2273K（2000℃）以上高温条件下使用

2. 密度在 100～300kg/m³ 之间

3. 压缩强度在 0.1～1.0MPa 之间

4. 挠曲强度≥1.0MPa

5. 碳含量占总固体的 99.9% 以上

有色金属冶炼及压延加工业

编号：053301J

技术名称：有色金属冶金技术

控制要点：离子吸附型稀土堆浸提取技术及配方

编号：053302J

技术名称：稀土的提炼、加工、利用技术

控制要点：1. 全萃取连续分离稀土元素及稀土萃取的"多出口"工艺及
　　　　　　　参数

　　　　　2. 稀土萃取剂的合成工艺

　　　　　3. 提取单一稀土（纯度≥99％）的工艺技术

　　　　　4. 金属材料的稀土添加技术

　　　　　5. 稀土合金材料及其制品的生产技术

　　　　　6. 从离子型稀土矿中提取稀土元素的工艺和参数

专用设备制造业

编号：053601J

技术名称：农用机械制造技术

控制要点：珠茶、扁茶成形工艺及设备设计、制造技术

交通运输设备制造业

编号：053701J

技术名称：航天器测控技术

控制要点：卫星及其运载无线电遥测的加密技术

编号：053702J

技术名称：航空器设计与制造技术

控制要点：航空燃气轮机核心机的设计技术和制造技术

通信设备、计算机及其他电子设备制造业

编号：054001J

技术名称：集成电路制造技术

控制要点：抗辐照技术、工艺

　　　　　1. 抗静电≥2500V，抗瞬时剂量率>1×10 11rad（Si）— s 的

CMOS/SOS（蓝宝石上外延硅/互补型金属氧化物半导体）器件制造技术

2. 抗静电≥3000V，抗瞬时剂量率＞1×10 11rad（Si）—s 的双极器件制造技术

编号：054002J

技术名称：机器人制造技术

控制要点：遥控核化侦察机器人制造技术

仪器仪表及文化、办公用机械制造业

编号：054101J

技术名称：地图制图技术

控制要点：直接输出比例尺≥1：10 万我国地形图要素的图像产品及其应用技术

工艺品及其他制造业

编号：054201J

技术名称：书画墨、八宝印泥制造技术

控制要点：1. 书画墨的配方

2. 八宝印泥的配方

建筑装饰业

编号：054901J

技术名称：中国传统建筑技术

控制要点：1. 传统建筑材料的制作工艺

2. 传统建筑装饰工艺

电信和其他信息传输服务业

编号：056001J

技术名称：计算机网络技术

控制要点：我国政府、政治、经济、金融部门使用的涉及国家秘密的信息安全保密技术

编号：056002J

技术名称：空间数据传输技术

控制要点：涉及下列其中之一的卫星控制信息传输保密技术

　　　　　1. 保密原理、方案及线路设计技术

　　　　　2. 加密与解密的软件、硬件

编号：056003J

技术名称：卫星应用技术

控制要点：双星导航定位系统信息传输加密技术

专业技术服务业

编号：057601J

技术名称：大地测量技术

控制要点：1. 直接输出我国大地坐标的卫星定位技术

　　　　　2. 我国大地、卫星、重力、高程数据库及其开发应用技术

　　　　　3. 我国地球重力场模型

卫　生

编号：058501J

技术名称：中医医疗技术

控制要点：针麻开颅手术的关键穴位

中国禁止出口限制出口技术目录（限制出口部分）

农　业

编号：050101X

技术名称：农作物（含牧草）繁育技术

控制要点：1. 粮、棉、油作物两系、三系杂交优势利用制种技术

　　　　　2. 显性核不育油菜三系制种技术

　　　　　3. 蔬菜自交不亲和系及雄性不育系选育和应用技术

　　　　　4. 玉米花药培养基制备工艺

　　　　　5. 发菜人工制种增殖技术

编号：050102X

技术名称：经济作物栽培繁育技术

控制要点：苎麻栽培繁育技术

    1. 苎麻新品种配套栽培技术

    2. 苎麻嫩梢扦插快繁技术

    3. 苎麻压条繁殖技术

林业

编号：050201X

技术名称：林木种质资源及其繁育技术

控制要点：1.《国家保护野生植物名录》所列Ⅰ级野生植物繁育技术

    2. 杨树三倍体及其繁育技术

    3. 列入《濒危野生动植物种国际贸易公约》的野生植物繁育技术

编号：050202X

技术名称：园林植物、观赏植物繁育技术

控制要点：《国家保护野生植物名录》所列观赏植物的繁育技术

编号：050203X

技术名称：野生动物人工繁育及保护技术

控制要点：1. 列入《国家重点保护野生动物名录》Ⅲ级动物的繁育技术及幼子、幼雏半岁前关键哺育手段和饲料配方、添加剂

    2. 珍稀鸟类朱鹮饲料配方及加工技术

    3. 珍稀哺乳类大熊猫的人工育幼技术

畜牧业

编号：050301X

技术名称：畜牧品种的繁育技术

控制要点：1.《国家畜禽品种出口管理分级名录》列为"二级"类品种的繁育技术

    2. 百色矮马繁育技术

    3. 巴马（环江）香猪繁育技术

    4. 北京油鸡繁育技术

渔业

编号：050401X

技术名称：水产种质繁育技术

控制要点：1.《我国现阶段有条件对外交换的水产种质资源名录》所列种质
的繁育技术

2. 淡水微藻的培养生产工艺

（1）藻种纯化和杂藻抑控制技术

（2）藻类培养工艺和浓缩技术

（3）有关监测工艺

（4）培养水体水质测控技术

3. 梭鱼人工繁殖技术

（1）淡水培育亲鱼药物诱导人工繁殖育苗技术

4. 鳜鱼人工育苗及人工饲料养殖技术。

（1）鳜鱼人工育苗催产技术

（2）稚鱼开口饵料及其同步培养技术

5. 河蟹人工繁殖技术

（1）催产技术、设施、工艺

（2）幼体培育、开口饵料

（3）病害防治

（4）河蟹亲体培育

6. 石斑鱼人工育苗技术

（1）亲鱼培育

（2）催熟、催产技术、药物

（3）苗种培育，食性转换，过渡饵料

7. 乌塘鳢人工育苗技术

（1）幼鱼培育技术、工艺

（2）亲鱼培育、催产技术、工艺

8. 合浦绒螯蟹人工繁殖技术

农、林、牧、渔服务业

编号：050501X

技术名称：兽药生产技术

控制要点：1. 马传贫弱毒毒种及疫苗生产工艺

2. 猪喘气病弱毒毒种及疫苗生产工艺

3. 山羊痘弱毒疫苗生产工艺

4. 羊痘疫苗毒种及疫苗生产工艺

5. 牛肺疫弱毒毒种及疫苗生产工艺

6. 牛瘟弱毒疫苗生产工艺

7. 猪瘟弱毒疫苗生产工艺

8. 鸭瘟弱毒毒种及疫苗生产工艺

9. 牛环形泰勒焦虫病细胞苗及疫苗生产工艺

10. 猪丹毒弱毒毒种

11. 禽霍乱蜂胶灭活菌苗

（1）蜂胶佐剂生产工艺

（2）菌苗生产工艺

12. 灭活疫苗乳化技术

13. 疫苗佐剂配方

14. 禽出败 B26 – T1200 弱毒菌种及菌苗生产工艺

15. 高致病性禽流感疫苗生产工艺

16. 口蹄疫疫苗生产工艺

编号：050502X

技术名称：畜禽饲料及兽用生长调节剂生产技术

控制要点：1. 抗坏血酸多聚磷酸酯生产技术

2. 增茸灵的处方及制造工艺

3. 水弥散型饲用维生素 A、D、E 干粉及其预混剂生产工艺

编号：050503X

技术名称：畜产品加工技术

控制要点：微波能和远红外线加工鹿茸的加工工艺和技术路线、方法

编号：050504X

技术名称：蜂类繁育和蜂产品采集、加工及利用技术

控制要点：1. 蜂毒采毒技术

2. 蜂蜡脱色技术

3. 花粉破壁技术

4. 防癌蜂产品制品配制技术

编号：050505X

技术名称：兽医卫生检疫技术

控制要点：1. 猪瘟强弱毒抗体检测技术

　　　　　　（1）单克隆抗体杂交瘤细胞株

　　　　　　（2）试剂生产工艺

　　　　　2. 马传贫强弱毒抗体检测技术

　　　　　　（1）单克隆抗体杂交瘤细胞株

　　　　　　（2）试剂生产工艺

编号：050506X

技术名称：森林病虫害防治技术

控制要点：1. 针对森林害虫有明显抑制作用的捕食性、寄生性天敌（昆虫种、菌种和其他生物种）及其保存、繁殖技术

　　　　　2. 苏云金杆菌菌剂制备中的助剂配方

　　　　　3. 高毒力白僵菌孢子粉及其生产技术

编号：050507X

技术名称：林产化学产品加工技术

控制要点：1. 植物聚戊烯醇的提取工艺及深加工技术

　　　　　2. 植物聚戊烯醇制剂的加工及其护肝、抗病毒、抑制肿瘤的药物

　　　　　3. 聚戊烯醇磷酸酯的合成工艺及深加工技术

　　　　　4. 银杏叶聚戊烯醇及银杏叶提取物制备方法

　　　　　5. 银杏外种皮的深加工技术

　　　　　6. 橄榄叶提取物的加工技术及其深加工技术

　　　　　7. 大容量电容器用活性炭的制造技术

　　　　　8. 杜仲胶的提取工艺及深加工技术

　　　　　9. 中国主要速生制浆材材性性能指标

　　　　　10. 非木材纤维和林产加工剩余物制浆造纸技术（果壳纤维、韧皮纤维、农业剩余物制浆技术）

　　　　　11. 传统手工纸生产技术

编号：050508X

技术名称：新城疫疫苗技术

控制要点：新城疫疫苗技术

农副食品加工业

编号：051301X

技术名称：粮食加工技术

控制要点：1. 米糠综合利用技术

           2. 谷维素、甾醇、肌醇生产工艺技术

编号：051302X

技术名称：糖加工技术

控制要点：夹心单晶冰糖生产工艺

编号：051303X

技术名称：蛋品加工技术

控制要点：无铅松花蛋加工工艺

食品制造业

编号：051401X

技术名称：食品添加剂生产技术

控制要点：1. 盐藻中胡萝卜素提取工艺

           2. 红曲色素菌种及色素的提取技术

           3. 以薯干为原料的柠檬酸生产菌种

           4. 以玉米芯或以蔗渣为原料生产木糖醇净化及结晶、催化氢化技术

饮料制造业

编号：051501X

技术名称：饮料生产技术

控制要点：1. 非酒精饮料生产技术

           （1）椰树牌天然椰子汁的生产工艺

           （2）非常可乐主剂配方及生产工艺

           （3）特定功能性饮料的生产技术

           2. 酒精饮料生产技术

           （1）运用计算机勾兑调味川酒技术

           （2）茅台酒的生产工艺

（3）黄酒生产制曲、酒药生产工艺技术

纺织业

编号：051701X

技术名称：纺织天然纤维制品及其加工技术

控制要点：1. 苎麻织物后整理技术

　　　　　2. 松堆丝光工艺

编号：051702X

技术名称：大豆蛋白纤维制造技术

控制要点：大豆蛋白纤维制造技术

编号：051703X

技术名称：莨香绸加工技术

控制要点：莨香绸加工工艺

编号：051704X

技术名称：纺织纤维制品及其加工技术

控制要点：1. 独特传统处方的靛蓝染色工艺

　　　　　（1）手织布的靛蓝染色工艺

　　　　　2. 传统手工扎染工艺技术

　　　　　（1）传统手工扎染工艺技术

　　　　　3. 真丝绸制品的蜡染工艺

　　　　　（1）真丝绸蜡染工艺

　　　　　4. 真丝绸防缩抗皱加工技术

　　　　　（1）真丝绸防缩抗皱加工工艺

　　　　　（2）真丝绸防缩抗皱助剂配方

造纸及纸制品业

编号：052201X

技术名称：造纸技术

控制要点：1. 过滤精度≤5μ级航空油滤纸的配方及工艺

　　　　　2. 水溶性或速燃文件用纸生产工艺

　　　　　3. 棉秆新闻纸生产技术及工艺

　　　　　4. 毒剂液滴侦检纸技术

5. 剑麻为原料生产的电容器纸的生产工艺与配方

化学原料及化学制品制造业

编号：052601X

技术名称：化学原料生产技术

控制要点：1. 三聚氯氰一步法生产技术

2. 离子交换法生产仲钨酸铵技术

3. 对氨基苯磺酸精制工艺

4. 电化学法制备丁二酸工艺

编号：052602X

技术名称：化学农药生产技术

控制要点：1. 氯氰菊酯生产技术

2. 杀虫双及杀虫单生产技术

3. 噻枯唑生产技术

4. 溴氟菊酯生产技术

5. 氟氰戊菊酯制备工艺

（1）以甲氧基苯乙腈为原料合成本品工艺

（2）收率≥50%

6. 双酰胺氧醚制备工艺

（1）中间体二氯乙醚的制备和成品缩合工艺

（2）缩合收率≥75%

7. 咪唑酸酯制备工艺

（1）以氯乙酸为原料制备本品工艺

（2）总收率≥24%

8. 杀灭菊酯制备工艺

9. 以中草药为主的植物性农药制备技术

编号：052603X

技术名称：生物农药生产技术

控制要点：1. 灭蝗微孢子虫制剂生产工艺

2. 防治草原毛虫的梭形多角体病毒毒种及制剂生产工艺

3. 井岗霉素菌种及生产技术

4. 华光霉素菌种及生产技术

　5. 浏阳霉素菌种及生产技术

　6. 金核霉素菌种及生产技术

　7. 宁南霉素菌种及生产技术

编号：052604X

技术名称：染料生产技术

控制要点：紫外反射率≥80%的白色荧光染料合成技术

编号：052605X

技术名称：涂料生产技术

控制要点：多色彩、多波长激光隐身涂料配方及生产技术

编号：052606X

技术名称：催化剂生产技术

控制要点：1. 醇一步法制叔胺催化剂制备技术

　　　　　2. 二氧化钛载体制备技术

　　　　　3. 氧含量<1ppm的气体脱氧催化剂的配方及制备工艺

编号：052607X

技术名称：感光材料生产技术

控制要点：1. 彩色负性感光材料乳剂制备技术

　　　　　2. 航天、航空用感光材料乳剂制备技术

　　　　　3. 感光材料制造专用化学品合成技术

编号：052608X

技术名称：合成纤维生产技术

控制要点：1. 硝酸一步法聚丙烯腈原丝和碳纤维加工技术

　　　　　2. 芳纶合成技术

编号：052609X

技术名称：合成树脂及其制品生产技术

控制要点：双马来酰亚胺树脂的配方及合成工艺

编号：052610X

技术名称：工业炸药及其生产技术

控制要点：1. 硝酸铵改性处理技术、工艺

　　　　　2. 改性硝酸铵系列炸药的配方、生产工艺

编号：052611X

技术名称：工业雷管生产技术

控制要点：1. 磁电雷管的柱状安全元件的制造与装配技术

2. 铁脚线磁电雷管的引爆及检测技术

3. 无起爆药雷管的药剂配方、结构及其工艺技术

医药制造业

编号：052701X

技术名称：中药材资源及生产技术

控制要点：1. 蛹虫草人工培植技术

2.《野生药材资源保护管理条例》中规定的属于Ⅱ、Ⅲ级保护级别的物种及其繁育技术

3. 人工养麝（林麝、马麝）活体取香技术及繁育技术

4. 牛体培植牛黄的埋核技术

5. 人工牛黄、人工虎骨、人工麝香等品种配方技术

6.《野生药材资源保护管理条例》中规定的属于Ⅰ级保护级别的物种及其繁育技术

7.《中华人民共和国药典》中收录的大宗品种药材的植物种子（包括种子类生药）、种苗和动物种源及其繁育技术

编号：052702X

技术名称：生物技术药物生产技术

控制要点：1. 青霉素生产技术

（1）青霉素高产菌株

（2）发酵单位≥55000μ/ml

2. 链霉素生产技术

（1）过滤、离心、分离、精制工艺

（2）发酵单位≥27000μ/ml 或总收率≥75% 的链霉素生产技术

3. 发酵单位≥25000μ/ml 头孢菌素 C 高产菌株或总收率≥70% 的头孢菌素 C 生产技术

4. 金霉素制备工艺

（1）金霉素生产菌种

（2）发酵单位≥20000μ/ml

（3）收率≥90%

5. 用于活疫苗生产的减毒的菌种或毒种及其选育技术

    （1）甲型肝炎减毒活疫苗生产毒种

    （2）乙型脑炎减毒活疫苗生产毒种

6. 通过分离、筛选得到的具有工业化生产条件的菌种、毒种及其选育技术

    （1）流行性出血热灭活疫苗生产毒种（含野鼠型及家鼠型）

7. 用基因工程方法获得的具有工业化生产条件的生物工程菌株、细胞株及其选育技术

    （1）用于生产乙肝疫苗的乙肝—国地鼠卵细胞重组细胞株

    （2）用于生产乙肝疫苗的乙肝—苗病毒重组痘苗毒种

    （3）用于生产干扰素的生物工程菌株

8. 蛇毒单一组份类凝血酶制备工艺

    （1）电泳检测单一组份类凝血酶技术

    （2）单一组份含量 100%

编号：052703X

技术名称：化学合成及半合成药物生产技术

控制要点：1. 利福喷汀制备工艺

    （1）侧链收率≥41%

    （2）缩合收率≥78%

2. 利福定制备工艺

    （1）由利福 S 钠盐经利福 S 等反应制备本品的工艺

    （2）总收率≥70%

3. 酮洛芬（原名酮基布洛芬）制备工艺

    （1）以苯乙酮为原料制备本品工艺

    （2）对苯乙酮总收率≥34%

    （3）酮洛芬（原名酮基布洛芬）单个杂质≤0.2%（HPLC 法则）

4. 布洛芬制备工艺

    （1）以异丁苯为原料制备本品工艺

    （2）以异丁苯计总收率≥85%

5. 磷霉素制备工艺

    （1）磷霉素钠

以丙炔醇为起始原料，经酯化、重排、水解等反应制备本品的工艺

（2）磷霉素钙

以磷霉素中间体左旋磷霉素右旋苯乙胺盐为原料，经碱游离、成盐等步骤制备本品的工艺

（3）磷霉素氨丁三醇

以磷霉素中间体左旋磷霉素右旋苯乙胺盐为原料，经双盐、树脂交换、中和成盐等步骤制备本品的工艺

6. 阿霉素制备工艺

　　（1）用柔红霉素为原料合成本品工艺

　　（2）半合成收率≥45%

7. 总收率≥44%的维生素制备工艺

8. 从千层塔中分离制备石杉碱甲工艺

9. 直接引入6α氟，割除转拉工序制备醋酸肤轻松工艺

10. 氯氟舒松制备工艺

　　（1）以四羟孕甾—环缩丙酮为原料制备本品工艺

　　（2）总收率≥80%

编号：052704X

技术名称：天然药物生产技术

控制要点：1. 青蒿琥酯制备技术

2. 青蒿素及双氢青蒿素制备工艺

3. 蒿甲醚制备工艺

4. 提取收率≥0.007%的丁公藤碱2制备工艺

5. 三尖杉酯碱制备工艺

　　（1）全合成工艺

　　（2）从海南粗榧中提取本品及其生物碱工艺

6. 从扶根—天花粉中提取结晶天花粉蛋白工艺

7. 地奥心血康〔中成药〕原料及生产工艺

8. 苦参素制备及从苦豆籽中提取苦参碱工艺

编号：052705X

技术名称：中药的配方和生产技术

控制要点：石斛夜光丸内重金属低于限量标准的技术

编号：052706X

技术名称：带生物活性的功能性高分子材料制备和加工技术

控制要点：1. 活性功能性高分子材料的合成技术

2. 生物活性和药理作用研究技术

编号：052707X

技术名称：组织工程医疗器械产品的制备和加工技术

控制要点：1. 组织细胞分离和培养技术

2. 组织细胞培养基的配方技术

3. 材料支架的加工技术

4. 组织工程产品的培养加工技术

5. 组织工程产品的保存技术

橡胶制品业

编号：052901X

技术名称：橡胶制品生产技术

控制要点：1. 飞机轮胎制造技术

2. 橡胶负重轮胎制造技术

非金属矿物制品业

编号：053101X

技术名称：日用陶瓷及其制品生产技术

控制要点：1. 传统陶瓷配方及生产工艺

2. 传统陶瓷色釉料配方及生产工艺

3. 高石英质、滑石英质、高长石质日用细瓷的配方及生产工艺

4. 陶瓷用稀土色釉料配方及烧成工艺

5. 陶瓷彩绘及现代黑陶工艺

6. 钧瓷定点还原工艺及钧瓷胎、釉配方和烧成工艺

7. 使釉彩厚度≤0.4mm的技术

8. 釉原料、配方和烧成工艺

9. 釉中彩水晶瓷生产技术

10. 釉下彩色釉料配方及生产工艺

11. 陶瓷结晶釉配方及其连续化生产工艺

编号：053102X

技术名称：耐火材料生产技术

控制要点：低烧蚀率耐火混凝土成分及形成均匀硅酸盐熔体覆盖层技术

编号：053103X

技术名称：无机非金属材料生产技术

控制要点：1. 非金属纤维无石棉增强抗磨材料制备技术

    （1）非金属纤维无石棉增强材料的配方和加工工艺

    （2）抗磨剂生产技术

  2. 连续 SiC〔碳化硅〕纤维生产技术

    （1）聚碳硅烷分子量及分子量分布控制技术

    （2）有机硅聚合物连续纺丝技术

    （3）二步不熔化处理技术

    （4）聚碳硅烷裂解合成工艺

  3. 具有下列特征的碳纤维制品加工技术

    （1）细编穿刺织物技术

    （2）三向锥体织物技术

  4. 氮化硼〔BN〕纤维防潮涂层制备技术

  5. 氧化锆纤维隔热材料制备技术

  6. 化学气相沉积法〔CVD〕法制备碳化硅〔SiC〕纤维技术

编号：053104X

技术名称：人工晶体生长与加工技术

控制要点：1. 二氧化碲〔TeO_2〕及钼酸铝〔$Al_2(MoO_4)_3$〕单晶生长工艺及基片的精加工技术

  2. 超长〔>250mm〕铌酸锂晶片的制作方法

    （1）长度 >280mm，直径 >40mm 铌酸锂晶的生长技术

    （2）长度 >250mm，铌酸锂单晶片精加工技术

  3. 长度 >180mm 的硅酸铋〔BSO〕、锗酸铋〔BGO〕单晶生长工艺及晶片加工技术

  4. 75—3 水溶性光致抗蚀掩孔干膜制备工艺

  5. 制造自泵浦相位共轭器〔SPPCM〕用钨青铜光析变单晶生长工艺

  6. 铌酸钾〔$KNbO_3$〕晶体的原料处理技术和生长工艺

7. 磷酸氧钛钾〔KTP〕晶体生长控制技术

8. 具有下列性能的抗辐射人造水晶生长工艺

　　（1）品质因数〔Q〕值≥3×10^6

　　（2）包裹体级别不低于 IECI〔国际电工技术委员会〕的 A 级

　　（3）铝〔Al〕含量≤1ppm

　　（4）腐蚀隧道密度≤10 条/cm^2

9. 稀土—铁（Tb—Dy—Fe 系）超磁致伸缩单晶材料的制备技术

　　（1）提拉法无污染磁悬浮冷坩埚晶体生长工艺

　　（2）单晶成分及结构控制技术

10. 四硼酸锂、三硼酸锂〔LBO〕晶体的生长工艺

11. 掺钕硼酸铝钇〔NYAB〕晶体的生长工艺

12. 钛酸钡锶〔SBT〕晶体的生长工艺

13. 偏硼酸钡〔BBO〕晶体的生长工艺

14. 硼铍酸锶〔SBBO〕晶体的生长工艺

编号：053105X

技术名称：聚合物基复合材料生产技术

控制要点：1. 用于航天器壳体的纤维增强树脂基复合材料生产技术

　　　　　2. 用于高压容器〔压办≥25MPa〕的纤维增强树脂基耐烧蚀、隔热、防热、复合材料生产技术

　　　　　3. 容重 1.5～1.7g/cm^2，烧蚀率≤0.22mm/s 的纤维增强树脂基耐烧蚀复合材料生产技术

　　　　　4. 热熔法工艺中树脂基体配方

黑色金属冶炼及压延加工业

编号：053201X

技术名称：钢铁冶金技术

控制要点：1. 耐温≥850℃高温合金生产技术

　　　　　2. 军用隐身材料的配方及生产技术

　　　　　3. 耐温≥2000℃的发散（汗）冷却材料的配方及生产技术

有色金属冶炼及压延加工业

编号：053301X

技术名称：有色金属冶金技术

控制要点：1. 无毒（不合氰化物）堆浸提金技术及配方

2. 氧化铝生产中以种分母液回收原液中镓的"溶解法"工艺

3. 强度≥520MPa铍材制备的制粉和固结工艺

4. 同时具有下列特性的高温超导线、带制造技术

（1）临界温度＞77K，长度＞100m，临界电流密度＞$1 \times 10^4 A/cm^2$（在77K，自场强下）

5. 同时具有下列特性的高温超导薄膜制造技术

（1）临界温度＞77K，面积＞$5cm^2$，临界电流密度＞$1 \times 10^6/cm^2$（在77K，零场强下）

编号：053302X

技术名称：非晶、微晶金属冶金技术

控制要点：1. 非晶材料的卷取技术

2. 自蔓延高温合成与制备技术

（1）硬质耐冲击材料制备技术

（2）纳米级晶粒制备技术

3. 纳米级超细粉的制备技术

金属制品业

编号：053401X

技术名称：热处理技术

控制要点：1. 模具热处理技术

（1）稀土—硼共渗剂配方

（2）稀土—硼共渗处理工艺

2. 稀土、碳、氮共渗和稀土、碳共渗的配方及工艺

3. 装载机斗齿材料的配方及热处理工艺

编号：053402X

技术名称：金属基复合材料生产技术

控制要点：1. 金属—陶瓷纳米级材料制备技术

（1）WC—Co〔碳化钨—钴亚〕微米级粉末制备技术

（2）WC—Co〔碳化钨—钴〕亚微米晶粒复合材料制备技术

2. 纤维增强铝基复合材料的制备技术

3. 超混杂铝基复合板的制备技术

（1）竹材改性工艺

（2）改性竹材增强铝复合工艺

（3）维尼纶增强铝复合工艺

4. 化学气相渗制备复合材料技术

通用设备制造业

编号：053501X

技术名称：铸造技术

控制要点：1. 耐高温覆膜砂添加剂的配方

2. 下列大中型薄壁变曲面铸件电渣熔铸技术

（1）非稳定状态下各种温度场的确定

（2）构造电渣熔铸变曲面构件的软件包

编号：053502X

技术名称：通用设备制造技术

控制要点：1. 金属离心机转子成型技术

（1）波纹成型工艺

（2）转筒旋压工艺及表面处理工艺

（3）转子装配、调试工艺

2. 金属离心机上、下阻尼器制造技术

（1）上阻尼壳体成型工艺

（2）装配调整工艺

（3）上、下阻尼结构参数、性能参数检测原理、方法及所用
实验测试装置

编号：053503X

技术名称：通用零部件制造技术

控制要点：1. 钛合金球形高压容器整体成形工艺

2. 三环式减速（或增速）传动装置制造技术

（1）设计参数的选择

（2）制造工艺技术

编号：053504X

技术名称：燃气轮机制造技术

控制要点：同时具有下列指标的燃气轮机高温叶片材料生产技术

    1. 不含钽的镍基合金铸造与加工

    2. 用于工作温度≥850℃的表面防高温腐蚀涂层，寿命≥10000h

编号：053505X

技术名称：锅炉制造的燃烧技术

控制要点：1. 为锅炉设计提供煤质资料的煤特性试验研究软件技术

    2. 亚临界循环（包括控制循环和自然循环）燃煤锅炉的可靠性评价

专用设备制造业

编号：053601X

技术名称：制冷与低温工程技术

控制要点：温度 <6K 的杜瓦瓶设计技术

编号：053602X

技术名称：消防技术

控制要点：1. 电气火灾鉴定技术

    2. 可燃液体贮罐烟雾灭火技术

      （1）结构设计及其工艺参数

      （2）烟雾剂配方及其制备工艺

编号：053603X

技术名称：刑事技术

控制要点：1. 指纹自动识别的算法、处理技术

    2. 人体死后时间测试技术

      （1）制造管状流通组装式化学传感器生产工艺

      （2）传感器专用的试剂配方

    3. 激光痕检技术

      （1）谐振腔自校准设计技术

      （2）染料激光器设计技术

    4. 酶标单克隆抗体的制备技术

编号：053604X

技术名称：医用诊断器械及设备制造技术

控制要点：1. 同时具有下列指标的医用核磁共振成像装置主磁体

制造技术：

    （1）磁场均匀性：50cm 球空间〔DSV〕，最大偏差 $\leq 18.3 \times 10^{-6}$，均方根值 $\leq 5.1 \times 10^{-6}$；30cm 球空间〔DSV〕，最大偏差 $\leq 2.4 \times 10^{-6}$，均方根值 $\leq 0.7 \times 10^{-6}$

    （2）中心磁场感应强度 $\geq 0.6T$〔特斯拉〕（6000 高斯）

    （3）磁场稳定性 $< 0.1 \times 10^{-6}/h$

2. 医用传像束制造技术

    （1）直径 $\leq 0.012mm$ 光学纤维单丝拉制技术

    （2）截面直径 $\leq 1.1mm$，长度 $\geq 780mm$ 光学纤维传像束制造技术

3. B 型超声波诊断仪换能器结构、材料及制造工艺

4. 医学传感器制造技术

    （1）呼吸氧分压传感器制造技术

    （2）呼吸流量传感器制造技术

    （3）呼吸率及呼吸波传感器制造技术

    （4）呼吸压差传感器制造技术

    （5）人体血压传感器制造技术

    （6）脉率及脉波传感器制造技术

    （7）心功能传感器制造技术

    （8）酶免疫传感器制造技术

    （9）生理传感器的设计制造工艺和测试技术

    （10）数字电容式微位移（分辨率 $\geq 0.01\mu m$）传感器的设计制造工艺和测试技术

交通运输设备制造业

编号：053701X

技术名称：船型设计与试验技术

控制要点：1. 水下机器人浮体材料和密封材料的配方与结构

    2. 浅吃水及超浅吃水肥大型船技术

        （1）浅吃水肥大型：型宽与吃水深度比（B/T）≥ 3.5；方型系数（Cb）≥ 0.82

        （2）超浅吃水肥大型：型宽与吃水深度比（B/T）≥ 4.0；方型系数（Cb）≥ 0.82

3. 气垫船的围裙技术

4. 冲翼艇船型设计与试验技术

5. 气翼艇船型的技术

6. 喷水推进技术

7. 内河推轮、拖轮〔1.1≤（螺旋桨直径/吃水）≤1.4〕倒车舵、导管舵、襟翼舵推进操作系统技术

8. 内河船舶〔1.1≤（螺旋桨直径/吃水）≤1.4〕艉型流场技术

9. 船舶螺旋桨整流毂帽技术

　　（1）消除毂帽空泡技术

　　（2）毂形、小叶翼型剖面设计方法

10. 船舶油水分离技术

编号：053702X

技术名称：船用设备制造技术

控制要点：船舶靠岸声呐

1. 软件

2. 换能器制造工艺

3. 信号处理模块

编号：053703X

技术名称：船舶建造工艺

控制要点：1. 直径＞3m 的铜合金螺旋桨铸造反变形技术

　　（1）叶片压力面螺距和叶片倾角的变形

　　（2）叶片背面加工余量的减少的保证最佳几何形状

2. 柴油机双层隔振技术

编号：053704X

技术名称：船用材料制造技术

控制要点：系列高分子减振降噪材料的化学配方及制造工艺

编号：053705X

技术名称：航空器设计与制造技术

控制要点：复杂组合体亚音速〔＜340m/s〕气动力计算源程序

编号：053706X

技术名称：航空器零部件制造及试验技术

控制要点：直升机旋翼动平衡试验台的调速和测试系统

编号：053707X

技术名称：航空材料生产技术

控制要点：1. 含稀土的铝锂合金的制备技术

    （1）所含稀土元素的种类与含量及加入稀土元素的方法

  2. 含钨〔W〕同时含铪〔Hf〕量 1.5% ~ 2.5% 的定向凝固高温合金生产技术

    （1）合金成分的选择与控制

    （2）冶炼工艺和定向结晶工艺

    （3）热处理工艺流程及规范

  3. 多极各向异性铸造磁钢的生产技术

    （1）制造工艺

    （2）测磁技术

  4. 单晶涡轮叶片连接用中间层合金的制备技术

    （1）Ni — Co — Cr — W — Hf〔镍—钴—铬—钨—铪〕系合金的成分

    （2）中间层合金的制备工艺

电气机械及器材制造业

编号：053901X

技术名称：电工材料生产技术

控制要点：1. 中压（10 ~ 35kV）等级真空断路器触头材料制造技术

  2. 滞燃、耐弧不饱和聚脂玻璃纤维增强塑料的配方与制造技术

  3. 330kV、500kV、100kN、160kN、210kN、300kN 抗拉强度合成绝缘子的配方

  4. 真空接触器用铜—钨—碳化钨（Cu — W — WC）触头材料的生产技术

编号：053902X

技术名称：电线、电缆制造技术

控制要点：1. 同时满足下列条件的不燃烧电缆绝缘材料的配方及制备工艺

    （1）使用温度 > 250℃

    （2）800℃明火 ≥ 1.5h 不燃烧

    （3）耐电压 ≥ 2500V

2. 核电站用对称射频电缆的制造工艺

3. 导电用稀土铝导线的配方和制造工艺

4. 高速挤出聚氯乙烯电缆料的配方

5. 核电站用电力、控制和仪表电缆的制造工艺

6. 高温（120℃）铝护套潜油泵电缆的制造技术

通信设备、计算机及其他电子设备制造业

编号：054001X

技术名称：电子器件制造技术

控制要点：1. 宽带小型化隔离器制造技术

   （1）超倍频程宽带〔相对带宽≥70%〕小型化隔离器设计及制造工艺

   （2）极窄铁磁共振线宽 ΔH＜2 奥斯特的铁氧体材料配方及制备工艺

   （3）超宽带〔相对带宽≥70%〕匹配技术及宽温〔－55℃～＋125℃〕补偿技术

  2. 宽带〔2～8GHz〕悬置带线频分器设计技术及制造工艺

  3. 压电陀螺敏感器件制造技术

   （1）支撑系统的设计与制造工艺

   （2）压电换能器的贴接工艺

   （3）金属振梁的结构设计、工艺及热处理技术

   （4）校零系统结构设计及组装技术

   （5）校零信号处理技术

  4. 声表面波器件设计技术

   （1）声表面波滤波器（频率＞2GHz，带外抑制＞70dB，插入衰耗＜1.5dB）

   （2）声表面波抽头延迟线（码位＞1023位，工作频率＞600MHz）

   （3）声表面波卷积器（码位＞1023位，工作频率＞600MHz）

   （4）声表面波固定延迟线（频率＞2GHz，延迟时间＞300μs）

   （5）声表面波色散延迟线（频率＞500MHz，时带积＞10000，旁瓣抑制＞32dB）

（6）声表面波脉压线（旁瓣抑制＞32dB，二阶杂波信号模拟计算技术，副瓣抑制加权补偿方法，相位误差补偿技术）

5. 声表面波器件制造技术

（1）组合技术

（2）匹配技术

（3）大面积〔220mm×20mm〕光刻技术

6. 驻波加速管耐回轰电子枪设计及制造技术

7. 多注速调管设计及聚焦技术

8. 离子束处理改善栅网电子发射技术

编号：054002X

技术名称：半导体器件制造技术

控制要点：1. 中心锥形槽状光敏门极的大功率光控双向晶闸管

（1）Cr—Ni—Ag〔铬—镍—银〕金属阻挡层烧结技术

（2）SiO_2〔二氧化硅〕和 Si_3N_4〔氮化硅〕绝缘膜门极形成工艺

2. 导电电阻＜2Ω的二极管制造技术

3. 单晶发光屏用原材料配备技术和外延技术

编号：054003X

技术名称：传感器制造技术

控制要点：1. 电子对撞机谱仪用霍尔探头的设计制造与标定技术

2. 远场涡流测试探头的设计与制造技术

编号：054004X

技术名称：微波技术

控制要点：高功率〔百兆瓦级〕微波技术

1. 脉冲功率技术与强流电子束加速技术

2. 爆炸磁压缩技术

编号：054005X

技术名称：光纤制造及光纤通信技术

控制要点：1. 二氧化碳〔CO_2〕激光传输光纤制造技术

（1）10.6μm 处光损耗＜1dB/m 的玻璃光纤的成分及制备技术

（2）10.6μm 处光损耗＜0.5dB/m 的晶体光纤制备技术

（3）10.6μm 处光损耗 <1dB/m 的空芯光纤制备技术

2. 双坩埚的制造及 20 孔坩埚拉制光学玻璃纤维技术

3. 光纤拉丝被覆流水线技术的工艺参数

4. 可编程数字锁相频率合成技术；DDS + PLL 跳频信号源

编号：054006X

技术名称：计算机硬件及外部设备制造技术

控制要点：1. 巨型计算机〔运算次数 ≥1300 亿次〕制造技术

（1）总体设计技术

（2）主机、操作系统技术

（3）主机、辅机、外部设备的制造和开发技术

2. 并行计算机多端口存储器高速通信机制的实现技术

3. 并行计算机全对称多处理机的总线和中断控制的设计技术

编号：054007X

技术名称：无线通信技术

控制要点：1. 天线阵技术

（1）超过一个倍频程的宽带〔中心频率 ≥100%〕天线阵

（2）宽带〔在 C 波段 >800MHz〕馈源精密加工工艺

2. 微波直接调制分频锁相固态源加工工艺技术

3. 带宽 >100MHz、动态范围 >90dB 的集成声光外差接收技术

4. C/No 低于 46dB. Hz 的 CDMA 突发信号快速捕获技术

编号：054008X

技术名称：机器人制造技术

控制要点：水下自治或半自治机器人制造技术及控制技术

编号：054009X

技术名称：计量基、标准制造及量值传递技术

控制要点：1. 准确度 $\leq 2 \times 10^{-4}$，年稳定性 $\leq 10^{-4}$ 的镯环形电感器的制造技术

（1）电感线圈的绕制、屏蔽技术

（2）镯环形电感线圈温度补偿技术

（3）防潮防震技术

2. 射频电压标准射频座结构设计及薄膜辐条状热变电阻制造技术

3. 标准时间的卫星传递技术

4. 氦—氖稳频〔波长相对变化量 $\Delta\lambda/\lambda = 10-10 \sim 10-11$〕光器碘室、激光管、谐振腔镜制造工艺及参数

5. 电替代辐射计接收腔制造技术

（1）吸收率≥0.998 的电替代辐射计中金属腔的制造工艺

（2）金属腔的电加热器制造技术

编号：054010X

技术名称：空间材料生产技术

控制要点：1. 返回式卫星烧蚀材料的配方及生产工艺

2. 卫星姿态控制推力器催化剂的配方及生产工艺

编号：054011X

技术名称：空间仪器及设备制造技术

控制要点：通道数 >150 的遥感成像光谱仪制造技术

仪器仪表及文化、办公用机械制造业

编号：054101X

技术名称：热工量测量仪器、仪表制造技术

控制要点：同时具有下列指标的双涡街流量计制造技术

1. 用于管道直径 50 ~ 2000mm

2. 测量精度高于 0.5%

3. 流速≥0.2m/s

4. 管道介质为水与温度≤300℃蒸汽

编号：054102X

技术名称：机械量测量仪器、仪表制造技术

控制要点：高精度圆度仪

1. 大尺寸（φ50 ~ φ1000）圆度与圆柱度在线测量技术

2. 为提高主轴回转精度和测量精度（±0.005/μm）的误差分离与误差补偿技术

编号：054103X

技术名称：无损探伤技术

控制要点：探伤用驻波电子直线加速器用加速管的制造技术

编号：054104X

技术名称：材料试验机与仪器制造技术

控制要点：1. 贴片光弹性在线、动态、同步检测技术

　　　　　2. 液氢高速〔>4 万转/min〕轴承试验机设计技术

　　　　　　（1）主轴低温〔低于-240℃〕变形控制技术

　　　　　　（2）热传导及热隔离技术

　　　　　　（3）加载系统

编号：054105X

技术名称：计时仪器制造技术

控制要点：1. CCD〔光电耦合器件〕终点摄像计时及判读专用设备中成像传感技术及控制方式

　　　　　2. 游泳〔蹼泳〕成套计时记分专用设备中的触摸板传感方式及制作工艺

编号：054106X

技术名称：精密仪器制造技术

控制要点：1. 高精度〔在 5.1mm 处分辨率>20μm〕反射式声显微镜

　　　　　　（1）声镜制造技术

　　　　　　（2）声镜成像和 V（Z）曲线原理和阴影成像法

　　　　　2. 柴油机振型现代激光光测研究

　　　　　　（1）非球面透镜设计和制造技术

　　　　　　（2）二路光路系统设计结构技术

　　　　　3. 四坐标探针位移机构技术

　　　　　　（1）四坐标位移机构的设计及制造工艺

　　　　　　（2）高频率响应〔≥20kHz〕压力探针的设计制造工艺

编号：054107X

技术名称：地图制图技术

控制要点：我国地理信息系统的关键算法和系统中具有比例尺>1∶100 万的地形及地理坐标数据

编号：054108X

技术名称：地震观测仪器生产技术

控制要点：1. 观测频带到直流，灵敏度≥1000V·s/m 的地震计生产技术

　　　　　2. 井孔径<130mm，周期>1s，灵敏度≥500V·s/m 的井下三分向地震计生产技术

编号：054109X

技术名称：玻璃与非晶无机非金属材料生产技术

控制要点：1. 镀膜机多头小离子源制造技术

　　　　　　（1）离子束辅助蒸发工艺

　　　　　　（2）离子束斑合成技术

　　　　　2. 制作坩埚用 F1 强化铂的成分及其制作技术

工艺品及其他制造业

编号：054201X

技术名称：工艺品制造技术

控制要点：1. 金属工艺品生产技术及工艺

　　　　　　（1）斑铜表面处理工艺

　　　　　2. 漆器工艺品制造技术及工艺

　　　　　　（1）点螺漆器的原料加工及制作工艺

　　　　　3. 刺绣品的制作技术及工艺

　　　　　　（1）双面三异绣、三异缂丝工艺及摘小针处理方法

　　　　　　（2）明代四团龙织金纱龙袍、花缎龙袍、孔雀羽织金妆花的

　　　　　　　　 技术诀窍

　　　　　4. 其他工艺品的制作技术及工艺

　　　　　　（1）鼻烟壶等工艺品的内画技艺

编号：054202X

技术名称：文物保护及修复技术

控制要点：1. 古代饱水漆木器脱水定型技术的催化剂应用及配方

　　　　　2. 古代字画揭裱技术

编号：054203X

技术名称：文物复制技术

控制要点：1. 古代丝织品复制技术

　　　　　2. 古代字画照相复制技术的乳剂配方工艺

　　　　　3. 古铜镜表面处理工艺

编号：054204X

技术名称：大型青铜器复制技术

控制要点：1. 成套古代编钟复制技术

2. 秦始皇陵出土铜车马复制技术等

建筑装饰业

编号：054901X

技术名称：中国传统建筑技术

控制要点：油饰彩画颜料与绘制工艺

其他建筑业

编号：055001X

技术名称：建筑环境控制技术

控制要点：精度为 ±0.01℃ 的恒温控制技术

水上运输业

编号：055401X

技术名称：港口设备制造技术

控制要点：1. 具有无动力、自动平衡、不间断作业功能设备的制造技术

2. 木材、废钢专用滑块式单索多瓣抓斗、异步启闭废钢块料抓斗设计技术

3. 悬链斗矿石卸船机技术资料

4. 集装箱装卸关键技术

编号：055402X

技术名称：液体货物运输技术

控制要点：1. 溢油化学处理制剂的配方及单体合成工艺

2. 水面浮油监视报警设备制造技术

电信和其他信息传输服务业

编号：056001X

技术名称：通信传输技术

控制要点：1. 电视、电话保密技术

（1）密码设计技术

2. 我国自行研制并用于军事领域的信息传输、加密、解密技术

3. 水下低频电磁通信技术

（1）应用低频电磁场进行水下通信的技术

（2）低噪声放大技术

（3）高灵敏度和抗干扰技术

4. 通信保密技术

专为我国研制、设计、生产的各类通信保密机和通信加密技术

编号：056002X

技术名称：计算机网络技术

控制要点：巨型计算机〔运算次数≥1300 亿次〕网络系统、并行处理技术

编号：056003X

技术名称：空间数据传输技术

控制要点：1. L 频段便携式、效率为 65%、可折叠式、伞状抛物面天线的设计与生产工艺

2. Ku 频段平面天线用的损耗小于 10^{-4} 的介质材料生产技术

3. 机星地实时传输数据的编码及压缩技术

编号：056004X

技术名称：卫星应用技术

控制要点：1. 涉及下列内容之一的双星导航定位系统

（1）入站信号实时捕获单元的信号格式、器件结构和制造工艺

（2）出站信号快速捕获单元的信号捕获方法、电路结构和专用芯片

（3）系统的信息传输体制、调制方式、帧结构

2. 图像快速处理方法及软件

计算机服务业

编号：056101X

技术名称：信息处理技术

控制要点：1. 智能汉字语音开发工具技术

2. 字符式汉字显示控制器的设计、制造工艺

3. 计算机中文系统的核心关键技术

4. 工程图纸计算机辅助设计〔CAD〕及档案管理系统光栅/矢量混合信息处理方法

5. 中文平台技术（中文处理核心技术）

    6. 信息存取加、解密技术

    7. 中外文翻译技术。

    8. 少数民族语言处理技术

    9. 汉字、语音识别技术

    10. 汉语或少数民族语音合成技术

    11. 汉字压缩、还原技术

    12. 印刷体汉字识别技术、程序结构、主要算法和源程序

    13. Videotex〔可视图文〕系统的汉字处理技术及网间控制技术

    14. 具有交互和自学习功能的脱机手写汉字识别系统及方法

    15. 用于计算机汉字输入识别方法中的手写体样张、印刷体样张以及汉语语料库

    16. 汉字识别的特征抽取方法和实现文本切分技术的源程序

编号：056102X

技术名称：计算机应用技术

控制要点：1. 并行图归约智能工作站

           2. CIMS〔计算机集成制造〕实验工程

软件业

编号：056201X

技术名称：计算机通用软件编制技术

控制要点：1. 巨型计算机〔运算次数≥1300 亿次〕软件技术

           2. 并行计算机的微内核和多线程的实现技术，程序并行性识别技术及并行优化编译源程序

编号：056202X

技术名称：信息安全防火墙软件技术

控制要点：信息安全防火墙软件技术

专业技术服务业

编号：057601X

技术名称：海洋环境仿真技术

控制要点：1. 海洋环境仿真、背景干扰仿真

2. 内插滤波技术和模拟通道时延误差的修正技术

3. 建模

编号：057602X

技术名称：大地测量技术

控制要点：我国大地控制网整体平差方法及软件技术

编号：057603X

技术名称：精密工程测量技术

控制要点：我国重点工程精密测量的技术和方法

编号：057604X

技术名称：真空技术

控制要点：真空度 $< 10^{-6}$ mPa 的超高真空获取技术

编号：057605X

技术名称：声学工程技术

控制要点：1. 有源噪声控制的系统设计技术和算法软件

2. 声功率 >10000 W 的气动声源设计技术和制造工艺

编号：057606X

技术名称：计量测试技术

控制要点：1. 六氟化硫微量含水量测量技术

（1）检测限十万分之三（体积分数）的传感器制造技术

2. 氯化钠温度定点技术

（1）相平衡态时氯化钠密度值

（2）密封腔改善热传导技术和防腐蚀技术

（3）定点黑体防泄露技术

编号：057607X

技术名称：目标特征提取及识别技术

控制要点：1. 目标特征光谱

2. 目标特性及相关数据库

3. 目标图像特征提取

地质勘查业

编号：057801X

技术名称：地球物理勘查技术

控制要点：地磁场测定灵敏度≤0.01nT（包括单光系、多光系）氮光泵磁力仪探头制造技术

卫生

编号：058501X

技术名称：中医医疗技术

控制要点：1. 国家名老中医及获省部级以上科技进步一、二等奖的疾病诊疗系统的医理设计及有效方药

2. 股骨颈重建术治疗股骨颈骨折颈吸收伴头缺血性坏死的技术

附录三 中华人民共和国技术进出口合同登记管理办法

第一条 为规范自由进出口技术的管理，建立技术进出口信息管理制度，促进我国技术进出口的发展，根据《中华人民共和国技术进出口管理条例》，特制定本办法。

第二条 技术进出口合同包括专利权转让合同、专利申请权转让合同、专利实施许可合同、技术秘密许可合同、技术服务合同和含有技术进出口的其他合同。

第三条 商务主管部门是技术进出口合同的登记管理部门。

自由进出口技术合同自依法成立时生效。

第四条 商务部负责对《政府核准的投资项目目录》和政府投资项目中由国务院或国务院投资主管部门核准或审批的项目项下的技术进口合同进行登记管理。

第五条 各省、自治区、直辖市和计划单列市商务主管部门负责对本办法第四条以外的自由进出口技术合同进行登记管理。中央管理企业的自由进出口技术合同，按属地原则到各省、自治区、直辖市和计划单列市商务主管部门办理登记。

各省、自治区、直辖市和计划单列市商务主管部门可授权下一级商务主管部门对自由进出口技术合同进行登记管理。

第六条 技术进出口经营者应在合同生效后 60 天内办理合同登记手续，支付方式为提成的合同除外。

第七条 支付方式为提成的合同，技术进出口经营者应在首次提成基准金额形成后 60 天内，履行合同登记手续，并在以后每次提成基准金额形成后，办理合同变更手续。

技术进出口经营者在办理登记和变更手续时，应提供提成基准金额的相关证明文件。

第八条 国家对自由进出口技术合同实行网上在线登记管理。技术进出口经营者应登录商务部政府网站上的"技术进出口合同信息管理系统"（网址：jsjck-qy. fwmys. mofcom. gov. cn）进行合同登记，并持技术进（出）口合同登记申请书、技术进（出）口合同副本（包括中文译本）和签约双方法律地位的证明文件，到商务主管部门履行登记手续。商务主管部门在收到上述文件起 3 个工作日内，对合同登记内容进行核对，并向技术进出口经营者颁发《技术进口合同登记证》或《技术出口合同登记证》。

第九条 对申请文件不符合《中华人民共和国技术进出口管理条例》第十八条、第四十条规定要求或登记记录与合同内容不一致的，商务主管部门应当在收到申请文件的 3 个工作日内通知技术进出口经营者补正、修改，并在收到补正的申请文件起 3 个工作日内，对合同登记的内容进行核对，颁发《技术进口合同登记证》或《技术出口合同登记证》。

第十条 自由进出口技术合同登记的主要内容为：

（一）合同号

（二）合同名称

（三）技术供方

（四）技术受方

（五）技术使用方

（六）合同概况

（七）合同金额

（八）支付方式

（九）合同有效期

第十一条 国家对自由进出口技术合同号实行标准代码管理。技术进出口经营者编制技术进出口合同号应符合下述规则：

（一）合同号总长度为 17 位。

（二）前9位为固定号：第1－2位表示制合同的年份（年代后2位）、第3－4位表示进口或出口国别地区（国标2位代码）、第5－6位表示进出口企业所在地区（国标2位代码）、第7位表示技术进出口合同标识（进口Y，出口E）、第8－9位表示进出口技术的行业分类（国标2位代码）。后8位为企业自定义。例：01USBJE01CNTIC001。

第十二条　已登记的自由进出口技术合同若变更本办法第十条规定合同登记内容的，技术进出口经营者应当办理合同登记变更手续。

办理合同变更手续时，技术进出口经营者应登录"技术进出口合同信息管理系统"，填写合同数据变更记录表，持合同变更协议和合同数据变更记录表，到商务主管部门办理手续。商务主管部门自收到完备的变更申请材料之日起3日内办理合同变更手续。

按本办法第七条办理变更手续的，应持变更申请和合同数据变更记录表办理。

第十三条　经登记的自由进出口技术合同在执行过程中因故中止或解除，技术进出口经营者应当持技术进出口合同登记证等材料及时向商务主管部门备案。

第十四条　技术进出口合同登记证遗失，进出口经营者应公开挂失。凭挂失证明、补办申请和相关部门证明到商务主管部门办理补发手续。

第十五条　各级商务主管部门应加强对技术进出口合同登记管理部门和人员的管理，建立健全合同登记岗位责任制，加强业务培训和考核。

第十六条　中外合资、中外合作和外资企业成立时作为资本入股并作为合资章程附件的技术进口合同按外商投资企业有关法律规定办理相关手续。

第十七条　商务部负责对全国技术进出口情况进行统计并定期发布统计数据。各级商务主管部门负责对本行政区域内的技术进出口情况进行统计。

第十八条　本办法自公布之日起30日后施行。自2002年1月1日起施行的《技术进出口合同登记管理办法》（对外贸易经济合作部2001年第17号令）同时废止。